NORTEAMÉRICA Y ESPAÑA: UNA HISTORIA DE ENCUENTROS Y DESENCUENTROS

[NORTH AMERICA AND SPAIN: A HISTORY OF CONVERGENCES AND DIVERGENCES]

Edited by

Silvia Betti

Title: *Norteamérica y España: una historia de encuentros y desencuentros*
[North America and Spain: A History of Convergences and Divergences]

ISBN-13: 978-1-940075-71-6
ISBN-10: 1-940075-71-8

Design: © Ana Paola González
Cover Design: © Jhon Aguasaco
Cover Image: Jhon Aguasaco
Editor in Chief: Carlos Aguasaco
Assistant Editor: Ana Serra Alcega
E-mail: carlos@artepoetica.com
Mail: 38-38 215 Place, Bayside, NY 11361, USA.

© *Norteamérica y España: una historia de encuentros y desencuentros* [North America and Spain: A History of Convergences and Divergences] edited by Silvia Betti.
© *Norteamérica y España: una historia repleta encuentros y desencuentros* [North America and Spain: A History of Convergences and Divergences] edited by Silvia Betti, 2019 for this edition Escribana Books an Imprint of Artepoética Press Inc.

Todos los trabajos del presente volumen se sometieron a una doble evaluación a ciegas.
The articles included in this books were subjected to a double-blind peer review.

Acknowledgements: This book is the result of a call for articles issued by Escribana Books (An imprint of Artepoetica Press) following the Fourth International Conference on the Historical Links between Spain and North America celebrated in New York in April 2018. This annual conference alternates locations between Alcalá and New York. Escribana Books thanks the organizing institutions (Instituto Franklin -UAH, Instituto Cervantes NY, and Division of Interdisciplinary Studies of City College of New York) for making this volume possible.

All rights reserved. No part of this publication may be reproduced, distributed, or transmitted in any form or by any means, including photocopying, recording, or other electronic or mechanical methods, without the prior written permission of the publisher, except in the case of brief quotations embodied in critical reviews and certain other noncommercial uses permitted by copyright law. For permission requests, write to the publisher, addressed "Attention: Permissions Coordinator," at the following address: 38-38 215 Place, Bayside, NY 11361, USA

NORTEAMÉRICA Y ESPAÑA: UNA HISTORIA DE ENCUENTROS Y DESENCUENTROS

[NORTH AMERICA AND SPAIN: A HISTORY OF CONVERGENCES AND DIVERGENCES]

Edited by
Silvia Betti

New York, 2019

ÍNDICE

INTRODUCCIÓN
"CUANDO DONALD TRUMP TOMÓ POSESIÓN DE LA CASA BLANCA…"
SILVIA BETTI　　　　　　　　　　　　　　　　　　　　　　　　　　　7

PLAN DE OBRA
SILVIA BETTI　　　　　　　　　　　　　　　　　　　　　　　　　　　13

EPINICIOS GRATULATORIOS AL CONDE DE GALVE: BETWEEN
COLONIAL VASSALAGE AND NOVOHISPANIC PRIDE
LEONOR TAIANO　　　　　　　　　　　　　　　　　　　　　　　　　23

MIRADAS RECÍPROCAS. *EL PAÍS DE LOS FUEROS*, JOHN ADAMS
Y ESTADOS UNIDOS COMO REFERENTE PARA EL FUERISMO Y
EL NACIONALISMO VASCO
CORO RUBIO　　　　　　　　　　　　　　　　　　　　　　　　　　　39

UNA ESTADOUNIDENSE EN LA ESPAÑA ROMÁNTICA: LAS CARTAS
DE VIAJE DE CAROLINE ELIZABETH CUSHING
MANUEL JOSÉ DE LARA RÓDENAS　　　　　　　　　　　　　　　　　52

"ATRAVESANDO POR INMENSAS OLAS". ESTADOS UNIDOS
Y EL PRIMER ABOLICIONISMO ESPAÑOL (1864-1866)
CARMEN DE LA GUARDIA HERRERO　　　　　　　　　　　　　　　64

LA REPÚBLICA NORTEAMERICANA, MODELO DE GOBIERNO
PARA INTELECTUALES Y POLÍTICOS ESPAÑOLES LIBERALES
DE PROYECCIÓN DEMOCRÁTICA
FRANCISCO M. BALADO INSUNZA　　　　　　　　　　　　　　　　78

PARTICIPACIÓN CATÓLICA E INDIFERENCIA RELIGIOSA ENTRE
LA COLONIA HISPANOPARLANTE DE NUEVA YORK DURANTE
EL ÚLTIMO TERCIO DEL SIGLO XIX
MIGUEL ÁNGEL HERNÁNDEZ FUENTES　　　　　　　　　　　　　92

THE IRISH FAMINE: FROM EUROPE TO NORTH AMERICA
JOSÉ MANUEL ESTÉVEZ-SAÁ　　　　　　　　　　　　　　　　　　　107

"LA PRENSA SERÁ NUESTRA MEJOR ARMA": LA LABOR DE LA
AGENCIA DE PRENSA DE LA LEGACIÓN ESPAÑOLA EN WASHINGTON
DURANTE LA GUERRA DE INDEPENDENCIA CUBANA
ANA VARELA-LAGO　　　　　　　　　　　　　　　　　　　　　　　124

MISIÓN Y CONFLICTO: ENFRENTAMIENTOS ENTRE ESPAÑA
Y ESTADOS UNIDOS EN LAS ISLAS DE LA MICRONESIA
A FINES DEL SIGLO XIX
María Dolores Elizalde 137

¿EL PRINCIPAL ENEMIGO DEL PUEBLO VASCO? ETA Y
ESTADOS UNIDOS (1959-1975)
Santiago de Pablo 153

EL ORIGEN DE LA REVISTA *IBÉRICA POR LA LIBERTAD* EN
EL MARCO DE LA GUERRA FRÍA
Marianne Leijte 165

FRANCISCO DE VITORIA IN DANIEL PATRICK MOYNIHAN'S
ON THE LAW OF NATIONS
Fernando Gómez Herrero 177

LA CONSTRUCCIÓN DE EUROPA Y SU RED ESPAÑOLA EN
LOS ESTADOS UNIDOS DE AMÉRICA (1945-1959)
José Ramón Rodríguez Lago 204

NUEVAS FORMAS EN POLÍTICA: DE LA RIGIDEZ ESPAÑOLA AL
ENGAGEMENT AMERICANO
Alicia Ors Ausin 218

RELACIONES CULTURALES Y POLÍTICA CULTURAL EXTERIOR
DE ESPAÑA
Ana Vázquez Barrado 224

"ESTE ES UN PAÍS DONDE HABLAMOS INGLÉS, NO ESPAÑOL".
LA PRESENCIA DEL ESPAÑOL EN LOS ESTADOS UNIDOS DE TRUMP
Silvia Betti 242

EL ACONTECIMIENTO DEL HUMANISMO MEXICANO:
AGUSTÍN YÁÑEZ Y GABRIEL MÉNDEZ PLANCARTE
Héctor Aparicio 251

EL EXPRESIONISMO ABSTRACTO NORTEAMERICANO: EL LENGUAJE
ARTÍSTICO QUE NOS UNE A TRAVÉS DE ELGRECO Y POLLOCK
Antonio Fernández Martín 264

EL NUEVA YORK DE ELVIRA LINDO: LUGARES COMPARTIDOS,
VIDAS INESPERADAS / ELVIRA LINDO'S NEW YORK:
SHARED PLACES, UNEXPECTED LIVES
Yolanda López López 272

HEALING FROM VIOLENCE AND NEGLECT: ABSENCE,
INVISIBILITY AND CULTURAL RECOVERY IN 21ST CENTURY
AFRO-MEXICAN POETRY
Kathryn Méndez 282

BIODATA 294

INTRODUCCIÓN

"CUANDO DONALD TRUMP TOMÓ POSESIÓN DE LA CASA BLANCA..."

Silvia Betti
Alma Mater. Università di Bologna
Academia Norteamericana de la Lengua Española (ANLE)

Cuando Donald Trump tomó posesión de la Casa Blanca en enero de 2017, después de haber ganado las elecciones el 8 de noviembre de 2016, nadie podía creerlo. ¿Cómo podía un hombre que había hecho declaraciones xenófobas durante toda su campaña dirigirse de forma imparcial a un país entero, formado por todas las etnias y culturas del mundo? La respuesta no tardó en llegar.

    Los ataques a los inmigrantes no terminaron, y siguen hoy en día como durante su campaña. En este libro, a pesar de atacar el presidente a los que vienen de determinados países del mundo, nos dedicamos al colectivo "hispanounidense" por ser el más representativo en este momento en los Estados Unidos, por ser el más ligado a la historia de este inmenso territorio. No cabe duda de que la población latina en los Estados Unidos es una población en auge, formada por grupos nacionales de orígenes heterogéneos, concentrada en grandes ciudades y con expectativas de crecimiento altas. Las culturas de estas distintas comunidades hispanas son ricas y diversas. Estas comunidades presentan diferentes niveles de aculturación, se relacionan con miembros de la sociedad estadounidense. Los hispanos no comparten solamente la lengua, sino también otros elementos que los diferencian de los anglosajones, entre ellos, por ejemplo, el catolicismo frente al protestantismo, la importancia de la familia, otra cultura del cuerpo. Se trata de grupos étnicos formados por identidades sociales muy diferentes, y que presentan una gran complejidad: una considerable riqueza de razas (negros, mestizos, etc.), de clases (nuevos pobres y nuevos ricos) y, ya, de generaciones (primera, segunda, tercera...) (Noya *et al.*).

Por lo que atañe al país de origen, cada nacionalidad ha vivido una incorporación distinta a los Estados Unidos. La integración se vio afectada por factores de tipo político, social y temporal, así que se pueden observar muchos modelos de asimilación a la sociedad estadounidense. Estas variables influyen en su asimilación, pero también en su actitud ante los Estados Unidos y hacia la comunidad latina: "en sí construyen su identidad con o contra lo anglosajón" (Noya *et al.*).

Los latinos, hispanos o "hispanounidenses" (neologismo que debería aparecer ya en el DLE) forman entonces una sociedad muy variada, un crisol de culturas impresionante y fascinante al mismo tiempo. Ejercitan todas las profesiones, pertenecen a todas las clases sociales y sus orientaciones políticas son muy diversas (desde el republicano Rubio hasta la demócrata Ocasio-Cortés). Y aunque la mayor parte es católica también los hay judíos, musulmanes, protestantes y ateos. Luis Rojas Marcos, además, observa que comparados con el resto de la población, los grupos hispánicos son más jóvenes, en algunos casos de inferior escolaridad, tienen familias más numerosas, se divorcian menos y gozan de una esperanza de vida más alta.

La realidad de los "hispanounidenses" (así como de otros migrantes), se ha complicado no solo después del 11 de septiembre de 2001, sino también con las oleadas de nuevos inmigrantes, cuyo flujo, por otra parte, no se ha interrumpido nunca, y en particular ahora, sin duda, con Donald Trump de presidente. Migrantes, como "deseantes", porque cada persona que abandona su tierra con una maleta llena de esperanzas, encierra el deseo de construir y mejorar sus condiciones en el país de acogida (Betti). Algo que parece no entender Trump, a pesar de ser uno de ellos, por sus orígenes familiares, por su historia personal.

Estos "hispanounidenses" no quieren comunicarse solo en inglés, a pesar de los ataques de la nueva Administración, hispanófoba y discriminatoria. Hoy, si no hablas inglés, no puedes obtener la ciudadanía estadounidense. Los hispanos se aferran a su cultura y lengua como a un clavo ardiendo. Aprenderán inglés, pero jamás abandonarán la lengua materna, médula de su identidad. Como subraya Chmiel (88): "Tener un código común refuerza la identidad, a la vez que diferencia a una comunidad del resto". Sommer (872) sostiene que los migrantes que se aferran a su lengua materna una vez llegados a los Estados Unidos, no son malagradecidos; sino complicados. Hay anglosajones que no pueden soportar ver un letrero en español u oír a un grupo de amigos hablando, conversando en esa lengua. "Pero las personas desplazadas de otros países a menudo defienden su libertad de expresión viviendo con códigos dobles (o múltiples), muchas veces prologando [sic] su uso durante varias generaciones".

La lengua española, en todo caso, es vital en este país, que, por ejemplo, si se va en metro desde Downton Manhattan hasta el norte, a Spanish Harlem o Astoria en Queens, cuando se baja se nota que el inglés casi ha desaparecido. En los vecindarios hispanos se habla español, los carteles y letreros están en español, la música que se oye en los supermercados es música latina. Lo mismo ocurre en decenas de otras partes de Nueva York, o Los Ángeles y en ciudades enteras de Florida, Texas o California.

Pero en la "America First" del señor Trump el español (la primera lengua europea que se habló en esa misma América) no tiene cabida. Este odio a todo lo hispano ha contagiado a muchos estadounidenses, los cuales se sienten legitimados a interrogar, atacar o insultar a la gente que habla español por las calles o en las escuelas, como el caso del agente fronterizo O'Neal, o el de la profesora de Nueva Jersey, solo por citar dos sucesos recientes. El español para muchos anglos representa el símbolo de una "invasión", de un choque de culturas, como lo definía Samuel Huntington en sus prejuiciados escritos sobre los nuevos inmigrados. Y es el miedo el factor que los ha llevado a votar por Trump, el miedo al "otro", el miedo a lo desconocido. Y nos hace pensar en "un regreso del *melting pot* más que en un futuro multicultural y multilingüe para EE. UU." (Badillo y Hernández). Estados Unidos todavía no sabe cómo asimilar la presencia del español. Por esto, con Trump se ha reforzado el monolingüismo en inglés como aspecto clave de la identidad del país. Porque para el presidente y su Administración, la división de los Estados Unidos es identitaria, con la pérdida del inglés como señal evidente, y no política, o económica (Badillo). Según el presidente y sus seguidores, su actitud es de "patriotas", no de racistas, porque defienden la unidad nacional que, según ellos, requiere el uso de una sola lengua (marco asimilacionista). El borrar el español de la página oficial de la Casa Blanca "no fue, como algunos lo explicaron en su momento, una medida transitoria con la que se pretendía mejorar la información contenida, sino una verdadera declaración de principios" (Rivera Garza 1).

Sin embargo, a pesar de todos estos ataques, un estudio del Pew Research Center revela que el español es la lengua más hablada en los hogares estadounidenses (solo por detrás del inglés). De este modo, el español no solo se sitúa como la segunda lengua del país sino también como aquella cuyos hablantes (casi en la totalidad también conocedores del inglés) son más jóvenes (Ureña). Pero si el paso de la diglosia al bilingüismo es un hecho en muchos territorios estadounidenses, en otros hablar español comporta todavía un estigma. El prestigio cultural que esta lengua adquiere en los departamentos universitarios desaparece cuando se recorren los territorios del Midwest donde el anglosajón medio la considera solo la lengua de la pobreza, la droga y el crimen.

Así que este libro aparece en un momento particularmente importante de la historia de este país, cuando utilizar el español entraña más que nunca un "acto de subversión".

Es gracias a la labor de organismos como el City College of New York División of Interdisciplinary Studies, el Instituto Cervantes de Nueva York y el Instituto Franklin de la Universidad de Alcalá que se pudo organizar otro encuentro, otro congreso internacional, el IV, sobre los vínculos históricos entre España y Norteamérica. A través del encuentro entre diferentes estudiosos y diversas disciplinas se analizaron estos vínculos desde múltiples perspectivas, enriqueciéndose así el panorama de los estudios hispánicos.

En este libro colectivo, de estudios sugerentes, ricos de inspiraciones por la caracterización poliédrica del fenómeno, se profundiza en los vínculos entre España y los Norteamérica, a través de investigaciones interdisciplinares. Los trabajos recogidos en este volumen, escritos en inglés y español, las lenguas principales del país, se presentan siguiendo una especie de orden cronológico desde el periodo novohispano hasta la diáspora africana por parte del gobierno de México como la "tercera raíz" de México, cerrando idealmente el círculo de la época colonial con la que se abre el volumen, y aportando cada uno de ellos un enfoque diferente sobre diferentes temas, que configuran una investigación polifónica sobre las relaciones entre el país europeo y el anglosajón.

REFERENCIAS

Badillo, Á. "Torres y muros frente al multiculturalismo: hispanos y español en la presidencia de Donald Trump". *Real Instituto Elcano. Análisis del Real Instituto Elcano ARI 11/2018*. 26 enero 2018. Web. 21 diciembre 2018.

Badillo, Á. y R. Hernández. ""El español se cuida solo": desafíos para una geopolítica lingüística del español ante el horizonte multilateral". *Real Instituto Elcano*. 18 enero 2019. Web. 21 de febrero de 2019.

Betti, S. "Una cuestión de identidad… español y spanglish en los Estados Unidos". *Camino Real* 8: 11. (2016): 61-76. Print.

Chmiel, S. "El milagro de la eterna juventud". *La juventud es más que una palabra*. M. Margulis. Ed. Buenos Aires: Biblos, 1996: 85-101. Print.

Lopez, M., J. Krogstad y A. Flores. "Most Hispanic parents speak Spanish to their children, but this is less the case in later immigrant generations". *Pew Hispanic Center* 2 abril 2018. Web. 21 diciembre 2018.

Noya, J. *et al.* "La imagen de España en Estados Unidos". *Real Instituto Elcano*. 27 octubre 2008. Web. 20 enero 2009.

Rivera Garza, C. "Estar alerta. Escribir en español en los Estados Unidos hoy". *Mexamérica. Revista de la Universidad de México* (mayo 2018). Print.

Rojas Marcos, L. "Hispanos en EE.UU.: una convivencia en peligro". *El País* 17 febrero 2003. Print.

Sommer, D. "El contrapunteo latino entre el inglés y el español: notas para una nueva educación sentimental". *Revista Iberoamericana* LXVI: 193. (octubre-diciembre 2000): 863-876. Print.

Ureña, D. "El español en la política de EE.UU.". *The Hispanic Council* (abril 2018). Print.

PLAN DE OBRA

Este libro es un apasionante recorrido a través de la historia, la política, las relaciones entre España y los Norteamérica, la participación católica e indiferencia religiosa entre la colonia hispanoparlante de Nueva York, el rol de la prensa durante la Guerra de la Independencia cubana, el papel de las mujeres en momentos históricos fundamentales, como el primer abolicionismo español, hasta el arte, la literatura, el cine en la época contemporánea...

Abre este camino **Leonor Taiano**, quien nos acompaña, con su sugestivo capítulo en inglés, "*Epinicios gratulatorios al conde de Galve*: Between Colonial Vassalage and Novohispanic Pride", a través de la historia colonial, y la relación entre el vasallaje colonial y la presencia de un orgullo novohispano, que es la base para analizar los *Epinicios gratulatorios al conde de Galve,* desde la perspectiva de la tradición encomiástica europea, y la forma en que estas composiciones poéticas son el resultado de un proceso creativo producido por un grupo de poetas novohispanos influenciados por elementos geográficos, sociales, culturales e históricos específicos. Los *Epinicios gratulatorios al conde de Galve...* proporcionan un punto de encuentro de la cultura tradicional europea y la identidad novohispana y representan, según la autora, una clara expresión de aculturación que sigue siendo uno de los rasgos constantes del barroco novohispano.

"Miradas recíprocas. *El país de los fueros* visto por John Adams y Estados Unidos como referente para el fuerismo y el nacionalismo vasco", de **Coro Rubio**, cuenta el viaje que Adams hizo en noviembre de 1779 por el norte de España hasta llegar a Vizcaya. Adams anotó en su diario de viaje que Álava, Guipúzcoa y Vizcaya tenían un sistema de gobierno completamente opuesto al del resto de España, y que, "aunque pudiera parecer sorprendente oír hablar de provincias libres en este país –como buen republicano de ultramar asociaba la monarquía a tiranía–, era un hecho que el espíritu de orgullo e independencia del pueblo, tan esencialmente diferente de las otras provincias que un viajero lo percibía incluso en sus semblantes, su aire y su manera de hablar, había "inducido" a la Corona a respetar sus "antiguas libertades", de manera que cada rey, al subir al trono, juraba observarlas". La autora explica en su interesante estudio que las similitudes que los fueristas republicanos notaron entre el sistema político estadounidense y el régimen foral contrastaban con las observaciones que Adams hizo en 1787. "Se recordaron los elogios de Adams y no sus críticas, convirtiéndole en un 'amigo de los vascos'". Y sigue "señalando lo equívoco de considerar a este una verdadera democracia y advirtiendo sobre su impronta aristocrática, crítica que, elevada a denuncia, también realizaron los liberales progresistas vascos del siglo XIX".

"Una estadounidense en la España romántica: las cartas de viaje de Caroline Elizabeth Cushing" de **Manuel José de Lara Ródenas** narra el largo viaje realizado por Caroline Elizabeth Cushing a través de las cartas dirigidas a su padre (fingidas en parte, ya que la labor de redacción se hizo cuando Caroline Elizabeth ya estaba en su casa de Estados Unidos). Como muchas mujeres de su tiempo y condición, Caroline Elizabeth Cushing viajó a Europa (Francia y España) durante 1829 y 1830 con su marido. Murió en 1832 a la temprana edad de 30 años, ya de vuelta a los Estados Unidos, mientras redactaba las cartas con sus apuntes y recuerdos de su viaje europeo. Su obra, que se compone de dos volúmenes correspondientes a sus itinerarios por Francia y España, se publicaría póstumamente ese mismo año. El volumen dedicado a España apareció publicado con un total de 27 cartas. La obra de Caroline Elizabeth Cushing situada entre los viajes del estadounidense Washington Irving y el inglés Richard Ford, y anterior al del francés Théophile Gautier, presenta ya muchos de los ingredientes que extendieron la idea exótica y distintiva de lo español.

El sugerente artículo de **Carmen de la Guardia Herrero**, "'Atravesando por inmensas olas'. Estados Unidos y el primer abolicionismo español (1864-1866)", nos lleva a los vínculos políticos entre los dos países y analiza las relaciones entre políticos e intelectuales de la época sobre el tema del primer abolicionismo español y las influencias estadounidenses, mostrando un retrato interesante también sobre el compromiso de muchas mujeres, cuya presencia e influencia fue determinante en aquel importante momento histórico. La autora quiere indagar la recepción y la influencia que el abolicionismo estadounidense tuvo en España, en particular durante el periodo de la Guerra de Secesión americana (1861-1865) cuando el debate sobre la esclavitud había pasado a la primera línea política en este país.

Sigue a este capítulo, un retrato de la República norteamericana que fue vista, según **Francisco M. Balado Insunza**, como un modelo por intelectuales y políticos españoles liberales, quienes defendieron la República norteamericana por su esencia, por sus valores y principios, una "democracia modélica". El retrato que hace este autor, con un título muy explicativo: "La República norteamericana, modelo de gobierno para intelectuales y políticos españoles liberales de proyección democrática", pretende ser, en palabras del mismo Balado Insunza, "la introducción de una reflexión sobre el corpus teórico de cada posición, sus referencias y diferencias en términos culturales o de mentalidad, sus raíces éticas, sus derivadas coyunturales o sus implicaciones económicas, sociales o territoriales e, incluso, el grado de imbricación que tales ideas tuvieron en la sociedad española del momento histórico analizado (segunda mitad del siglo XIX y comienzos del siglo XX)" permitiendo, en definitiva, abordar las relaciones entre España y Estados Unidos desde perspectivas casi inexploradas.

Miguel-Ángel Hernández Fuentes titula su capítulo "Participación católica e indiferencia religiosa entre la colonia hispanoparlante de Nueva York durante el último tercio del siglo XIX". En su estudio habla del librepensamiento, de la masonería, del movimiento obrero y pone de relieve que los católicos de origen español más acomodados frecuentaron diversas parroquias neoyorquinas. Quienes estaban vinculados a la masonería y al librepensamiento también pertenecían a este grupo, a pesar de que sus convicciones les apartaban del culto católico. Las clases populares, en cambio, no se sentían cómodas en esos lugares de culto, porque no conocían la lengua y por su diferente extracción social, "perdiendo los hábitos religiosos que habían alimentado su fe durante su estancia en España". Hernández Fuentes observa que la colonia española no era muy grande si comparada con otros grupos lingüísticos y, por esta razón, como por la falta de un apostolado específico, y "las dificultades de vivir en una sociedad tan diferente a la propia, la influencia de las misiones protestantes y las corrientes de acción contrarias a la fe, hicieron que la participación religiosa fuera algo extraño para muchos de ellos".

José Manuel Estévez-Saá, en "The Irish Famine: From Europe to North America", estudia algunas obras que describen el terrible periodo de la hambruna irlandesa del siglo XIX: *My Dream about You*, de Nuala O'Faolain, que apareció en 2001, una novela que ciertamente ofrece una nueva forma de lidiar con las consecuencias inmediatas de la hambruna irlandesa. Y la de Joseph O'Connor de 2002, *Star of the Sea*, ambientada en el trágico 1847, cuando un variado grupo de irlandeses se embarca hacia América. A estas, sigue *Redemption Falls*, publicada en 2007, la secuela de O'Connor de *Star of the Sea* y el segundo volumen de su trilogía planeada sobre el éxodo irlandés al continente americano. Según Estévez-Saá parece bastante claro que O'Faolain y O'Connor eran conscientes de la necesidad de recuperar una perspectiva histórica sobre el pasado, así como de ofrecer una nueva visión sobre él. Se trata de novelas muy diferentes, pero los textos ofrecen un propósito similar, el de abordar un episodio tan traumático en la historia de Irlanda, evitando el sentimentalismo y analizándolo desde perspectivas múltiples y novedosas. Ambos autores comparten también una de las técnicas narrativas más destacadas en sus novelas, la combinación de hechos y documentos históricos y la dimensión imaginativa que querían incluir y que convierten sus textos en ficciones. Además, estas novelas, que tratan abiertamente con el pasado, también tienen una clara proyección no solo en el presente sino también hacia el futuro.

"'La prensa será nuestra mejor arma': la labor de la agencia de prensa de la Legación española en Washington durante la Guerra de Independencia cubana", de **Ana Varela Lago**, nos lleva al momento de la Guerra de la Independencia de Cuba y la importancia de la prensa en aquellos tiempos. Este trabajo se ocupa de analizar el establecimiento, en 1895, de una agencia de noticias en los Estados Unidos cuya labor sería contrarrestar la narrativa cubana y presentar la perspectiva española. Varela Lago analiza la correspondencia entre la Legación española en Washington y esta agencia de prensa durante el conflicto en Cuba y le permite explicar cómo funcionaba y quiénes estaban a su cargo. El fracaso de la empresa, aclara la autora, también muestra las dificultades con las que se enfrentaba, desde la falta de medios hasta la desconfianza con la que mucho del público estadounidense solía responder a las noticias provenientes del Gobierno español.

En "Misión y conflicto: enfrentamientos entre España y Estados Unidos en las islas de la Micronesia a fines del siglo XIX", **María Dolores Elizalde** nos transporta a un mundo lejano, el Pacífico del siglo XIX, a las islas de la Micronesia, situadas en mitad del Océano y, por tanto, muy importantes como bases en las rutas de comunicaciones (piénsese en las dos Guerras mundiales). En 1885, nota Elizalde, "España fue obligada a ocupar unos territorios que estaban bajo su soberanía desde el siglo XVI, pero en los cuales nunca había habido representantes de la Corona ni del Estado". Hay que subrayar que desde mediados de siglo, se había asentado en Carolinas una importante misión norteamericana de la American Board of Commisioners for Foreign Missions. La autora observa que el proceso hacia la independencia de estas islas fue largo y complejo, y nos dice que "En su evolución, y en la sucesiva soberanía sobre ellas por parte de España, Estados Unidos, Alemania y Japón, se reflejan claramente la importancia que tuvo la fuerza del imperio informal, es decir, la labor realizada por misioneros y comerciantes previamente a cualquier acción del Estado, para la reivindicación posterior de estas islas, condicionados, además, por el valor estratégico de estos archipiélagos en la política internacional".

En "¿El principal enemigo del pueblo vasco? ETA y Estados Unidos (1959-1975)" de **Santiago de Pablo** se investiga, por un lado, la relación amistosa entre Estados Unidos y el Partido Nacionalista Vasco (PNV), que lideró el Gobierno vasco en el exilio entre 1937 y 1979, y por el otro, otro nacionalismo vasco, completamente diferente, el representado por la organización terrorista ETA (*Euskadi Ta Askatasuna*, País Vasco y Libertad), que trató de fusionar el independentismo con un socialismo revolucionario de raíz marxista, no exento de contradicciones, según de Pablo. La actitud de ETA ante Estados Unidos durante el franquismo fue hasta cierto punto contradictoria, como observa en su trabajo el autor, por una serie de razones que vemos explicadas a lo largo del capítulo.

Marianne Leijte en "El origen de la revista *Ibérica por la libertad* en el marco de la Guerra Fría" nos ofrece una personal interpretación de un momento político particularmente delicado. Leijte describe el nacimiento de la revista en la época de la Guerra Fría y sus implicaciones políticas (informar al público acerca del mensaje político antifranquista, y sobre todo anticomunista), ya que *Ibérica* estaba apoyada por la diplomacia pública estadounidense: "la política a través de la cual la Administración estadounidense intentaba ganar la mente y corazones de la población en la Guerra Fría". Esta autora cuenta que la revista *Ibérica por la libertad* fue creada y gestionada desde Nueva York por la española exiliada Victoria Kent y la americana Louise Crane. Esta publicación constituiría desde 1954 hasta 1974 una voz a través de la cual los opositores al régimen de Franco, en España o fuera del país, podían compartir sus impresiones y discutir sus opiniones sobre el pasado, presente y futuro de este país.

"Francisco de Vitoria in Daniel Patrick Moynihan's *On the Law of Nations*" de **Fernando Gómez Herrero** es un fascinante estudio sobre una historia que comienza hace cincuenta años. Su hilo genealógico principal incluye al senador estadounidense Daniel Patrick Moynihan (1927-2003), y la novelista inglesa Evelyn Waugh (1903-1966), a través de la cual surgirá la figura de Francisco de Vitoria. Con el presente estudio, Gómez Herrero aborda la naturaleza ideológica de la sabiduría ingeniosa de dos autores que operan principalmente en el Atlántico norte de habla inglesa. Gómez Herrero, gracias a estas dos figuras, analiza detenidamente el texto *On the Law of Nations* (1990).

José Ramón Rodríguez Lago, en su documentado estudio "La construcción de Europa y su red española en los Estados Unidos de América (1945-1959)", asume que en la construcción de Europa, la cooperación transatlántica fue una de las bases para el inicial éxito del proyecto de integración europeo. Este investigador subraya que si, por un lado, existían los mitos del aislacionismo sin fisuras y del *Spain is different*; por el otro, existían las acciones desarrolladas por muchos españoles que "desde la óptica liberal, la socialista o la demócrata-cristiana contribuyeron en los inicios de este proceso de integración, contando con las relaciones establecidas previamente en los Estados Unidos".

Llegamos a la actualidad con el estudio "Nuevas formas en la política: de la rigidez española al *engagement* americano", donde **Alicia Ors Ausin** analiza de forma sugerente cómo la rígida España necesitaba nuevas formas para ilusionar a su electorado, apareciendo así un importante elemento emocional: la conexión, o *engagement* americano, y la construcción de historias que conecten, el *storytelling*. Es decir, contar una historia aprovechando una atmósfera inspiradora y sensorial, con el objetivo de conectar emocionalmente con la audiencia.

Ana Vázquez Barrado, en "Relaciones culturales y política cultural exterior de España", observa que hay que pensar "cómo describir los beneficios de la cultura y el arte, su valor cultural; cómo contribuye a una sociedad floreciente, a la educación y a la economía, y cómo estos beneficios son interdependientes, y hacerlo de la forma adecuada según quien sea nuestro interlocutor". La autora aclara que se debe trabajar más en la comunicación con la difusión y promoción de estos relatos.

El trabajo de **Silvia Betti**, "'Este es un país donde hablamos inglés, no español'. La presencia del español en los Estados Unidos de Trump", narra los avatares del español en la época de Trump. Las dificultades, el miedo, pero también la esperanza de un bilingüismo reconocido en este país. En este panorama global y mestizo, de particular interés es actualmente el territorio estadounidense porque las continuas migraciones de hispanos hacia el norte han cambiado el perfil de los Estados Unidos, no solo desde el punto de vista cultural, social y económico, sino también lingüístico e identitario, debido al contacto entre el inglés y el español. La relación entre el inglés y el español en esa peculiar realidad se caracteriza por muchos contactos e intercambios, generando una situación de compenetración y, se podría afirmar, de mutua dependencia.

Héctor Aparicio se inclina hacia el mundo del humanismo en el capítulo: "El acontecimiento del humanismo mexicano:

Agustín Yáñez y Gabriel Méndez Plancarte" tratando precisamente el tema del humanismo, en particular del humanismo mexicano que, nos dice, es diferente al de la tradición europea del Renacimiento, porque el humanismo mexicano concierne al hombre, de carne y hueso. Aparicio estudia las figuras de Yáñez y Méndez Plancarte para mostrar la relación transatlántica entre la producción intelectual española y la reinterpretación que llevan a cabo los estudiosos mexicanos. De manera concreta, explica Aparicio, "el vínculo que existió entre la formulación de las ideas de Yáñez, las publicaciones de la editorial de José Ortega y Gasset, *Revista de Occidente*, los índices del humanismo de Méndez Plancarte y la lectura que hacen, tanto este padre michoacano como el autor de *Al filo del agua*, de Marcelino Menéndez y Pelayo".

El capítulo titulado: "El Expresionismo abstracto norteamericano: el lenguaje artístico que nos une a través de El Greco y Pollock", de **Antonio Fernández Martín** nos acerca al mundo del arte y la relación entre España y Estados Unidos a través de dos figuras como las de El Greco y Pollock. Los estudios de Jackson Pollock sobre El Greco, y los grandes del pasado, lo relacionan con el arte español continuando así con los vínculos históricos que se produjeron desde el descubrimiento del Nuevo Mundo.

Yolanda López López nos acompaña por la Nueva York de hoy, gracias a la escritora española Elvira Lindo, que pasó muchos años en esta ciudad, como el título del capítulo nos cuenta de forma iluminadora: "El Nueva York de Elvira Lindo: lugares compartidos, vidas inesperadas" López subraya que Elvira Lindo, después de haber vivido muchos años en la Gran Manzana, publicaba las novelas *Lugares que no quiero compartir con nadie* (2011) y *Noches sin dormir* (2015), y también escribía el guion de la película *La vida inesperada* –dirigida por Jorge Torregrosa en 2014, donde se encuentran de forma equilibrada la nostalgia y la sonrisa–. "Aportaciones que [prosigue López] producto de su propia experiencia en el entorno, perfilaban desde la mirada de la escritora y periodista española, la imagen de la ciudad a través del formato literario y cinematográfico". La autora nos cuenta que "las vinculaciones culturales y las referencias literarias y cinematográficas están presentes de forma recurrente en los textos de Elvira Lindo" porque ella ha sabido vivir, descubrir y recrear la ciudad, y la vida misma.

"Healing from Violence and Neglect: Absence, Invisibility and Cultural Recovery in 21st Century Afro-Mexican Poetry" es el capítulo en inglés escrito por **Kathryn Méndez**, la cual considera que la escasez de producción literaria de las comunidades afro-mexicanas es el resultado de dos fuerzas igualmente dañinas, la violencia histórica durante la conquista y los períodos coloniales. El reciente reconocimiento de la diáspora africana por parte del gobierno de México como la "tercera raíz" de México, así como el creciente interés en la producción artística por parte de los afro-mexicanos, no significa que puedan deshacerse siglos de violencia y abandono.

Aquí termina un recorrido histórico cultural rico de sugerencias. Cada capítulo nos lleva a un mundo no solo de relaciones entre España y Norteamérica, sino de sugestiones que profundizan en los múltiples aspectos de estos vínculos, tan fuertes como, en muchos casos, actuales.

Deseo agradecer a los profesores Juan Carlos Mercado y Carlos Aguasaco, a todo el equipo del City College of New York, División of Interdisciplinary Studies, al Instituto Cervantes de Nueva York, al Instituto Franklin de la Universidad de Alcalá, su inestimable apoyo, y sobre todo a Julio Cañero su invitación a editar este rico volumen. Y *last but not least* quiero dedicar unas palabras a la labor constante de la Academia Norteamericana de la Lengua Española (ANLE) y, en particular, a su ex director, Gerardo Piña-Rosales, quien durante estos años y sin el apoyo ni del Gobierno español ni del estadounidense ha trabajado, luchado por y para la lengua española en los Estados Unidos, tarea no fácil en un territorio donde no se quiere, ahora más que nunca, reconocer el valor del otro idioma *de facto* de la nación.

Este volumen quiero dedicarlo a la memoria de una persona inolvidable, Laurie Piña, quien me permitió poder participar en este encuentro, con su acogida maternal y su infinita gentileza...

Silvia Betti

EPINICIOS GRATULATORIOS AL CONDE DE GALVE: BETWEEN COLONIAL VASSALAGE AND NOVOHISPANIC PRIDE

Leonor Taiano
University of Notre Dame du Lac

1. INTRODUCTION

As can be noted from the title of this essay, the relationship between colonial vassalage and the presence of a Novohispanic pride serves as the basis to analyze the *Epinicios gratulatorios al conde de Galve* from a perspective that not only takes into account the European encomiastic tradition, but also examines the form in which these poetic compositions are the result of a creative process produced by a group of Novohispanic poets who have been influenced by specific geographical, social, cultural, and historical factors.

In general terms, this essay is divided into three parts. Firstly, I mention the two most important research trends in Spanish American Baroque. Secondly, I allude to the coincidence in time between Gaspar de la Cerda administration and the Nine Years War. Thirdly, I carry out a descriptive analysis of *Epinicios Gratulatorios*, which allows me to demonstrate how these poets eulogize Gaspar de la Cerda, the figure of power, but at the same time ennoble the Novohispanic territory.

This research approach is based on the hypothesis that these *epinicia*[1] constitute a good "specimen" on the harmonious relationship between colonial vassalage and Novohispanic pride within the Novohispanic Baroque.

2. SPANISH AMERICAN BAROQUE: IMITATION OR SUBVERSION

In *Viaje al silencio*, Mabel Moraña distinguishes two classification trends regarding the Spanish American Baroque: a) It was considered as a prolongation of its European prototype, b) It has been regarded as the Hispanic American Cultural founding period (Moraña 50).

The first trend, explicitly Eurocentric, includes those critics who judge that Spanish American Baroque corresponds to the "most classic" period of Hispanic American literary writing, due to the influence of the metropolitan models (Moraña 51). Nevertheless, those who follow this line do not deny the presence of a national *ethos*, they consider that Novohispanic intellectuals do not have a sentiment of hostility or animosity towards Spain. In the case of the creoles, for example, while agreeing that there is a Creole consciousness, nonetheless see it as something defenseless and inconsistent, devoid of a real ideology (Lasarte 135).

The second trend considers Spanish American Baroque as a foundational phase of Latin American literature. This period would represent the origin of a mestizo code of identity, born out of the combination of European, Amerindian and African cultures. From this perspective, analyzing the Hispanic American Baroque means not only a matter of sifting through this hybridization during the colonial time, but it also means to evaluate the source of Latin American social and cultural attributes, including the emergence of nationalist and chauvinist currencies (Moraña 51).

Raquel Chang-Rodríguez can be included among the scholars who had followed the second trend. According to her, the greatest characteristics of Baroque Colonial Art arose out of two factors. The first one would involve the presence of indigenous and African artists. The second one is the remoteness of the colonial territories regarding the metropole. Both these features would have been generated a hybridization reflected on a highly complex and genuine art. *Indiano* artists did not seek for the reproduction of reality, but they wanted to unravel the depth of their own identity by means of their painting, sculpture, literature or music (Chang-Rodríguez 161).

On the basis of this understanding, one could say that "the derealization of Spanish Baroque" and the "realization of New Spanish Baroque" imply the emergence of an artistic-ideological koine that not only marked the artistic production of indigenous, mulattos and mestizos, but also influenced over the *criollo* cultural production. The external sources in conjunction with the indigenous basis generated autonomy of expression that revolved around the aggrandizement of Hispanic American subjects and the beauty of the Indian landscape, as can be noted in *Epinicios Gratulatorios*.

In a similar vein, Juan Vitulli and David Solodkow consider that Spanish Colonial Baroque coincides with what they called "the period of appropriation and resignification of Spanish Baroque." This phase is associated with the negotiations between the creole elites and the Habsburg power. It involves a series of ideological, rhetorical and policy strategies that reflect a sort of Creole pact with the imperial rationale and, simultaneously, a Novohispanic identity assertion (Vitulli & Solodkow 33).

María Soledad Borbón emphasizes that creole obsequiousness and sycophancy were not free of charge. Royal celebrations (marriages, Religious festivals, royal entries, exequies, among others) offered to the colonial elite a possibility to "negotiate" their social and political status with the mainland. Although the celebrations represented an exorbitant expense for the colonial territories, they were considered necessary to confirm the patronage linkages between the crown and the colonial subjects of the Spanish King (Barbón 312).

Based on the aforementioned, it is important to circumscribe *Epinicios Gratulatorios* within a text corpus that simultaneously confirms their vassalage to Spain and demonstrates a Novohispanic pride. This merging can be appreciated in all the silvas and sonnets that commemorate Gaspar de la Cerda's triumph. They not only extol Gaspar de la Cerda's feat, but they also laud Guárico and La Española as gnostic spaces, generators of victory and immortality (Lezama 141). In *Epinicios*, the colonial landscape denatures European encomiastic tradition. The

Pythoness, Dafne, Thetis, Mars, among others, are adapted to the "Novohispanic peculiarities" making a difference between the self and the other.

3. GASPAR DE LA CERDA ADMINISTRATION AND THE NINE YEARS WAR

As I have mentioned at the beginning of this essay, Gaspar de la Cerda government, which started in 1688 and ended in 1696, is chronologically linked to the Nine Years War, also known as the War of the Grand Alliance or War of the League of Augsburg (1688-1697). This armed conflict originated in Europe as a result of the succession crisis in Cologne and the Palatinate, after that Pope Innocent XI (in the case of Cologne) and the Holy Roman Emperor, Leopold I (regarding the Palatinate) refused to support the candidate suggested by Louis XIV and presented their own aspirants. After these nominations, the French monarchy decided to invade Cologne and to attack the Palatinate, which led to the breakdown of the Truce of Ratisbon (1684) and a return to the appalling spiral of violence (Taiano 94-97). The aftermaths of this French aggression were diplomatic troubles and war: Spain, England, the Holy Roman Empire, Bavaria, the Margraviate of Brandenburg, Saxony, the Palatinate, Portugal and the United Provinces of the Netherlands –namely the League of Augsburg' member countries– decided to fight against France, whose allies were the Ottoman Empire and the British Jacobites (Taiano 94-97).

As a consequence, hostilities between the two opposing camps took place in different European scenarios. Ireland (battles of Boyne and Aughrim), the Dutch Republic (battles of Walcourt, Staffarda, Ceachy Head, Steinkerque, Landen), Italy (battle of Marsaglia) and several Mediterranean locations, in which France caused considerable damages. Foremost among these was the siege of Barcelona in 1697, whose immediate effects were the Spanish capitulation on August 8th; the removal from office of the viceroy Francisco de Velasco; the momentary presence of two viceroys: Diego Hurtado de Mendoza y Sandoval (Spanish crown's representative) and Louis Joseph de Bourbon (French crown's representative). Subsequently, it gave rise to the signing of the Treaty of Ryswick, in December of the same year, in which Spain recovered Catalonia, the fortress of Mons, Luxemburg and Coutrai; the Holy Roman Empire recovered Freiburg, Breishach and Philippsburg; and France obtained the territories of Strasbourg, Pondicherry, New Scotland and the western part of Santo Domingo (Gutiérrez Lorenzo 76).

The expulsion of the French enemy from Santo Domingo was precisely one of the most pressing goals of Gaspar de la Cerda. In fact, the most important military operations that happened during his mandate were those against those French who dwelled in the island:

1. The first one took place in 1691, in a ground and naval offensive, which concluded with the Spanish victory in the Guárico savannah (La Limonade); the death of Pierre-Paul Tarin de Cussy, French governor of the island; the death of several lieutenants and 400 rank-and-file French soldiers against 47 Spanish casualties and 130 slightly injured. Furthermore, the Spanish obtained booty of 52235 pesos from two frigates and other smaller vessels.
2. The second one happened in 1695, in which Spaniards and British captured French vessels, took African slaves and made a large number of prisoners (Gutiérrez Lorenzo 76-78).

The first triumph was widely publicized in two texts written by Carlos de Sigüenza y Góngora: *Relación de lo sucedido a la Armada de Barlovento* and *Trofeo de la justicia española*, the latter includes the *Epinicios Gratulatorios* (Leonard 67).

It is remarkable that while there is extensive literature on palatial poetry in New Spain and many studies on Gaspar de la Cerda's literary patronage, little has been said about the *Epinicios Gratulatorios*. Although there is no information on the way the *epinicia* were performed in the viceroyal court, the fact that its program was included in the *editio princeps* of *Trofeo de la justicia española* may reflect that they had some magnitude within the Novohispanic cultural life.

A closer examination of its paratextual elements allows us to see that what at the first sight appears to be a stilted frontispiece and a convoluted dedication, characteristic of the Spanish Baroque, are revealing records of a Novohispanic sentiment. The *epinicia's* creators are part of a delimited intellectual and ideological core: the *cultísimos ingenios mexicanos*[2]. Their inspiration has a geographic connotation. They are located in a specific *civitas:* The Mexican or Novohispanic. Even though there are no anti-Spanish sentiments within the poems, there is a desire to differentiate Novohispanics from Europeans.

EPINICIOS
GRATULATORIOS
CON QUE ALGUNOS DE LOS CULTISIMOS INGENIOS MEXICANOS,
VATICINANDOLE CON NUMEN POETICO MAYORES PROGRESOS
EN EL FELICISIMO TIEMPO DE SU GOBIERNO
CELEBRARON
Al Excelentísimo Señor
DON GASPAR DE SANDOVAL, CERDA, SILVA
Y MENDOZA
Conde de Galve, Virrey de la Nueva España
CON LA OCASIÓN
De deberse únicamente a sus providentísimos influjos
LA VICTORIA
Que por mar y tierra, consiguieron las católicas armas americanas de los franceses poblados en
EL GUARICO
Lugar de la Costa Septentrional de la
ISLA ESPAÑOLA,
El día 21 de enero de este año de 1691[3]

The *epinicia* have as common factor the image of New Spain as the scenario of Gaspar de la Cerda's glory. Accordingly, the poetic voices overlap the main action of the victory with allusions to Gaspar de la Cerda's providencialism. As a result of this merger, the poets give a mythological dimension to the battle itself, to the Novohispanic soldiers and to the viceroy administration. They adopt the Greek *epinicia*'s formal characteristics to create a series of encomiastic *cantos* that immortalize the victors of Guárico and praise the divine origin of Gaspar de la Cerda's lineage. Nevertheless, the poems diverge from the Greek tradition by means of the aggrandizement of the Novohispanic *imago*. The *ingenios mexicanos* make evident their double purpose: to praise Gaspar de la Cerda and to ennoble the intellectual-military-picturesque Novohispanic grandeur.

The first *epinicion* was written by Sor Juana Inés de la Cruz. This composition has been underestimated by several literary critics who have focused on its "abortive" motifs and its excessive artificiality (Buxó 217-224). Substantially, most of the scholars had unnoticed the fact that "The Tenth Muse" transfers to New Spain the *Aeneid*'s episode in which the Pythoness prophesies Aeneas's victory, who, according to tradition, was an ancestor of Gaspar de la Cerda (Fernández de Béthencourt 145). The spatial transfer from Europe to New Spain is progressive within the poem. In the incipit, the poetic voice confesses her impossibility to picture the momentous feat that heralded the advent of Gaspar de la Cerda's immortality and the Armada de Barlovento's prestige. The poem refers to the Hippocrene as the *laudador*'s place devoted to writing. However, the poetic voice cannot find the words to embody Gaspar de la Cerda's heroic matters. Her creation is an abortion. Her raucous voice cannot be harmonized with the grandeur and majesty of the battle. Nevertheless, she arrives to break the silence to laud the viceroy. She is swamped by confusing thoughts, but she does not fail to recognize Gaspar de la Cerda's perfection as well as the courage and devotion of the Novohispanic soldiers. Her vision is a combination of delirium and fascination. Her rapture is a dominant motif within the poem. The abortive images reflect the effort and inability to see the mystical, enigmatic and symbolic elements of the Novohispanic victory. At the same time, she interprets the warlike encounter as a perfect coalition between the concrete-earthly state and the subtle-mystical World. The victory has a spatial character (Novohispanic), a temporal context (the Nine Years War) and a divine origin (according to tradition, Gaspar de la Cerda is a descendant of Aeneas).

> en orden bien dispuesto, el conveniente
> no esperado socorro, remitiendo
> la que al Mar de Occidente
> defensa es auxiliar, valiente Armada,
> que dominando el viento
> por su título goza el Barlovento:
> náutico alivio a míseras querellas
> de los que el insufrible
> peso ya en el recelo padecían,
> del extranjero yugo que temían. (vv. 111-120)

Francisco de Ayerra's *epinicion* refers at the outset to Gaspar de la Cerda's commandment, in which he gave the order to fight against the French in Santo Domingo. The viceroy is described as a prominent strategist in warfare. This silva praises his talent as an army-builder. His heroism consists in his discipline and successful war tactics. The poet refers to the *pluma providente* to indicate that Gaspar de la Cerda has been destined to be the ideal governor of New Spain. He is provident, sagacious and pious, surrounded with valuable Novohispanic soldiers, who fight against the impious French enemies and are protected by the providence. Ayerra uses Greek mythology as a literary resource. He refers to Nereid Thetis, mother of Achilles, as the patron goddess who protects the viceroy and his soldiers. She assumes a geopolitical role since she acts in defense of the Spanish crown's interests and the security of the Novohispanic people.

> Al corte de tu pluma providente
> No solo Tetis dividió su plata
> Mas vistieron las lises escarlata,
> Tintos los campos en carmín ardiente. (vv. 1-4)

The silva alludes to the finest symbol of French monarchy: the *fleur-de-lis*[4], in the poem these flowers are stained with the French soldiers' spilled blood. Ayerra delegitimizes the divine right of the French monarchy to promote the legitime character of the Spanish Crown. Additionally, the French presence in West Indies is labelled as illegal through the lexical association *francés pirata* (v. 6). It is evident that Ayerra is trying to pigeonhole the adversaries in the category of *Hostis humani generis*, namely enemies of all humankind. In his epinicion, Cussy and his men are not only committing an offense against the Spanish crown, but their presence in Santo Domingo becomes a crime against the universal law of society. Finally, the poetic voice continues to sing its praises to Gaspar de la Cerda and his providentialism. He wonders what could have happened if, besides signing the order of attack, the viceroy would have participated personally in this battle:

> ¿Qué fuera si el arnés de Marte armado,
> El Guárico entre sangre, y entre espuma
> Vibrar te viera estoque acicalado? (vv. 9-11)

As I pondered this question, it seemed to me that it includes two important elements. The first one is the desire to justify Gaspar de la Cerda's absence in the battlefield. In fact, the silva concludes by stating no *fue menester tu espada en suma* (v.12). The second one, as a result of the first one, implies that those who overcame superhuman obstacles understood the complexity of the circumstances that surrounded them and won the battle were the Novohispanic soldiers. As such, the count of Galve becomes the individual hero whose glory is based on the anonymous Novohispanic heroes who defend Spain by putting their lives on the line during the Nine Years war.

In Francisco de Acevedo's sonnet, there is also a desire to justify the viceroy's absence. Gaspar de la Cerda is assimilated to the mythological representation of the sun-hero, whose reflection defeats the enemy. The poem is an exaltation of his brilliance:

> El influjo del Sol está presente.
> El rayo con el golpe mata ardiente,
> Pero amedrenta con la voz tonante;
> Y para que se logre lo triunfante,
> El amago le sobra a lo valiente. (vv. 4-8)

Naturally, the sun rays that reflect Gaspar de la Cerda's splendor are the soldiers who are fighting in their own territory.

The Novohispanic *plethus* is the one that undertakes the challenge of war. They are the anonymus people whose strength and loyalty complements Gaspar de la Cerda's illuminated heroism.

Juan de Guevara, on his part, uses the concept of triumph to indicate that military reward, ovations and the honors of war should be granted to Novohispanic soldiers. Although he does not undermine Gaspar de la Cerda's providentialism, his poem points out that the salvation of the empire and its inhabitants are due to the brilliant Novohispanic collaboration.

> Si infestaba el francés el continente
> De costas españolas,
> Que con alternas olas,
> Circunda el espumoso mar indiano,
> Triunfo es ya del valor americano. (vv. 1-5)

Xavier Zapata's turns Gaspar de la Cerda into the protector of *la Isla Española*, the first territory to be conquered by the Spanish Empire. The association between *la pluma providencial* and the battlefield highlight the importance of the event. Despite the presence of an aggressive external enemy. New Spain can never be at risk of instability because the Count of Galve's position as head of the viceroyalty is unassailable. Gaspar de la Cerda's power is devolved to him by God. By virtue of his divine power, he has the privilege of victory. The triumph of Guárico is a *donum Dei*.

> Como era tuya, gran Señor, la gloria
> Con que la Isla Española aseguraste
> Por eso a su defensa adelantaste
> Aunque antes que las armas, la victoria. (vv. 1-4)

In the same vein, Antonio Morales de Pastrana's sonnet establishes a link between Spain and the New World. The poet highlights the function that, since the days of Columbus, Santo Domingo had for the Monarchy of Spain. This reference illustrates and reconfirms the collaboration between the Armada de Barlovento and the Count of Galve. It also states the French illegitimacy in these territories. The military importance of

Guárico, Gaspar de la Cerda's strategic geniality and the Novohispanic's expertise and warrior spirit are the elements that provide the blessing, the power and the victory for Spain.

> En el valor isleño fue notoria
> Contra francés impulso provocarla;
> Dando su ardiente esfuerzo al intentarla,
> Voz a la fama, asuntos a la historia. (vv. 5-8)

On the other hand, Gaspar de Guevara's sonnet praises directly the Spaniards from the New World, whose *virtus* and physical courage ensure constant victory over the enemy. They lead to success in battle, with the notable exceptions of military skill and wisdom.

> Al soberbio francés que abatió luego
> El coraje español del occidente
> De su contraste dicen lo impaciente,
> Con voces de metal, lenguas de fuego. (vv. 1-4)

Like previous poets, Alonso Ramírez de Vargas draws attention to the importance of Gaspar de la Cerda's influence to guarantee the victory. In his poem, the poetic voice defines virtue in terms of warfare. He praises the viceroy for exercising his providential talent to ensuring military assistance to the Armada de Barlovento. The poem seeks to explain the relationship between the viceroy and his army. The first one undertook his responsibility as commander of the Army. The second one was the example of military virtus, whose prowess assumes an essential role in the rehabilitation of Spain's grandeur.

> Por tierra, y mar la ardiente bizarría
> Tus órdenes guardó, dando a la historia
> Materia, en que celebre tu memo0.ria,
> De donde nace, a donde muere el día. (vv. 5-8)

As regards Antonio de Peralta's *epinicion*, it constitutes a poem of kleos. Gaspar de la Cerda and his soldiers have a transcendent mission. The poetic voice's approach to glory and immortality is openly focused on annihilating the French adversary reputation in order to increase the glorious reputation of the viceroy and the Armada de Barlovento. This *epinicion* connects the heroes of New Spain with the usage of mythological exempla of the past. His poem is the necessary condition for posterity to learn about Gaspar de la Cerda and Novohispanic soldiers' reputation.

> Voló en tu orden su ardor tan encendido,
> Que antes que de fuego dieras muestra,
> Ya a Francia había llegado el estallido. (vv. 12-14)

In fact, Peralta's *epinicion* creates a necessary *philia* among the viceroy and the soldiers. Additionally, the poet reintegrates the victors into their geographic group and civic community through different strategies, one of which is by the appropriation and transformation of the Hellenic tradition. *Kleos* becomes a part of the Novohispanic ideology of war.

> No a ti, sino al Francés la bizarría
> Española, dio asunto a tanta historia,
> Que tendrá siempre día su memoria
> De tu memoria en el eterno día. (vv. 5-8)

In his *epinicion*, Diego Joseph de Bustos uses the image of the Byzantine emperor Justinian to praise the viceroy. By means of this assimilation, the poet presents Gaspar de la Cerda as the restorer of the Spanish Empire in the West Indies. In parallel, his government becomes a golden period for New Spain. From an economic, martial and civil perspective. The victory of Guárico is comparable to the military campaigns led by Belisarius and Nanses that resulted in the annexation of new territories.

> De el Príncipe al rescripto Justiniano
> Habla (no acaso) le llamó divina:
> Porque si como oráculo fulmina,
> Como sentencia se resiste en vano. (vv. 1-4)

As can be observed from the descriptive analysis of the *Epinicios Gratulatorios*. These poems fulfilled their encomiastic function towards Gaspar de la Cerda. They also promote the image of Novohispanic soldiers. The poems state that both, the viceroy and the soldiers, deserve immortality. The *epinicia* were ornaments to promote the Count of Galve's triumph in the court. Nevertheless, they praise not only Gaspar de la Cerda's providential order, but also eulogize with ardor the Novohispanic soldiers, who fight valiantly in the armies of their viceroy. They are the anonymous, but heroic *plethus* from overseas. The *ingenios mexicanos* go beyond the mere imitation of the Greek literary canon, which extols the victor from a family of noble descent. They also grant to the anonymous Novohispanic soldiers their access to immortality.

The poets take over the essential features of Pindar's encomiastic poetry such as the finest tributes to the victor's lineage and extoling the praises of the territory. They emphasize that the victors' strength lies in their characteristic courage and sense of honour. By means of poetry, the count of Galve and his Novohispanic subjects will go on record for posterity. In a complex system of *encomion*, the Mexican *laudadores* are an active part of the Spanish empire, since they are the witnesses of extraordinary feats. They are the heralds of Gaspar de la Cerda's fame and the Novohispanic soldiers' glory. The *Epinicia* are configurated as an instrument that celebrates the victory of the viceroy against the illegitimate French presence in Santo Domingo. They also embed the Novohispanic community to which belong the *ingenious novohispanos*. These poets are the demiurge who offer their *Novohispanic Sophia* to the Spanish empire.

The combination of flatteries to the authority who represents the Spanish hegemony, to the soldiers who embody the courageous Novohispanic men and enhancement of the territory causes that the Epinicios Gratulatorios gain a double importance: they simultaneously pray vassalage to the Spanish crown and become a sort of Historic-Artistic Monument about the Novohispanic soldiers courage and the Battle of Guárico. They are the proof of consciousness-raising forms of Novohispanic regionalism, which under the guise of a poetic building transmit a message of territorial identity.

Consequently, there is a strong correlation between the encomiastic purpose of the texts, the function of memory and the questions of territorial identity within the Epinicia. These not only immortalize Gaspar de la Cerda, the Novohispanic soldiers and the *ingenious mexicanos*, but are the proof of a collective identity created on a territorial basis. The *Epinicios Gratulatorios* combine eulogies to the viceroy with an important Novohispanic symbolic load, giving them a considerable persuasive power in the Mexican palatial life and the Madrilenian Royal Court. They show the strategic talent of Gaspar de la Cerda, a Spanish nobleman, while bringing to light the importance of the Novohispanic subjects.

4. CONCLUSIONS

This essay analyzed the *Epinicios gratulatorios al conde de Galve* by considering not only the influence of European encomiastic tradition, but also how these poetic compositions were the result of a process of interpretation/creation that the *ingenios mexicanos* made of their spatiotemporal situatedness. In order to carry out an effective analysis, I elected to follow the line taken by those scholars who defined Novohispanic Baroque as a foundational period of Latin American Literature. This perspective allowed me to discuss the possibility of a harmonious relationship between the poets' vassalage to the Spanish King and the presence of a regional sense of pride. In addition, it was possible to establish the poets' discursive strategies used to commend Gaspar de la Cerda administration and extol New Spain.

After close examination of the poems, it may be concluded that they are part of a Novohispanic text corpus. They incorporate a great many traits characteristics of Classic European literature as well as characteristics directly borrowed from Spanish sources. The *Epinicios Gratulatorios* provide a meeting point of traditional European culture and Novohispanic identity. They represent a clear expression of acculturation which remained one of the constant traits of Novohispanic Baroque.

In conclusion, the study of these poems is important for understanding both the modes of reception and integration of European literary forms and the process of the creation of a Mexican literary tradition. The adoption and adaptation of literary models from European encomiastic poetry provide yet another type of evidence for the profound cultural and historical links between Spain and New Spain.

REFERENCIAS

Ardao, A. *La inteligencia latinoamericana*. Montevideo: Universidad de la República, 1987. Print.
Fernández de Béthencourt, F. *Historia genealógica y heráldica de la monarquía española: Casa Real y Grandes de España*. Vol. 5. Madrid: Enrique Teodoro, 1904. Print.
Barbón, M. S. "Siempre pronta a rendir y manifestar su vasallaje: criollismo y lealtad en las fiestas monárquicas". *Poéticas de lo criollo. La transformación del concepto "criollo" en las letras hispanoamericanas (siglo XVI al XIX)*. Buenos Aires: Ediciones Corregidor (2009): 309-330. Print.
Buxó, J. P. *Sor Juana Inés de la Cruz: lectura barroca de la poesía*. Vol. 59. Andalucia: Editorial Renacimiento, 2006. Print.
Chang-Rodríguez, R. "Poesía lírica y patria mexicana". *Historia de la literatura mexicana: La cultura letrada en la Nueva España del siglo XVII*. Vol 2. México y Buenos Aires: Siglo XXI, 2002: 153-194. Print.
Gutiérrez Lorenzo, M. P. *De la corte de Castilla al virreinato de México: el conde de Galve (1653-1697)*. Vol. 12. Madrid: Excma. Diputación Provincial, 1993.Print.
Lasarte, P. "Algunas reflexiones en torno a una relación literaria: Juan del Valle y Caviedes y Francisco de Quevedo". *La formación de la cultura virreinal* 2 (2004): 135. Print.
Leonard, I. A. *Don Carlos de Sigüenza y Góngora: A Mexican savant of the seventeenth century*. Vol. 18. Berkeley: University of California Press, 1929. Print.

Lezama Lima, J. *La expresión americana*. México: Fondo de cultura económica, 2013. Print.
Loscalzo, D. *La parola inestinguible: studi sull'epinicio pindarico*. Vol. 90. Roma: Edizioni dell'Ateneo, 2003. Print.
Martínez-San Miguel, Y. "Saberes americanos: la constitución de una subjetividad colonial en los villancicos de Sor Juana". *Revista iberoamericana* 63:181. (1997): 631-648. Print.
Montagnier, J-P C. "Le Te Deum en France à l'époque baroque: Un emblème royal". *Revue de musicologie* (1998): 199-233. Print.
Moraña, M. *Viaje al silencio: exploraciones del discurso barroco*. México: Universidad Nacional Autónoma de México, 1998. Print.
Sigüenza y Góngora et alter. "Epinicios Gratulatorios". *Trofeo de la justiciar Española en el castigo de la alevosía francesa*. México: Herederos de la viuda de Bernardo Calderón. 1691. Print.
Taiano, L. *Entre mecenazgo y piratería: Una recontextualización de Infortunios de Alonso Ramírez*. Tromsø: Universitetet i Tromsø, 2014. Print.
Vitulli, J. y D. Solodkow. "Ritmos diversos y secuencias plurales: hacia una periodización del concepto "criollo". *Poéticas de lo criollo: la transformación del concepto "criollo" en las letras hispanoamericanas (siglo XVI al XIX)*. Buenos Aires: Corregidor, 2009: 9-58. Print.

NOTAS

1   *Epinicion*, Greek *epinikion*, also spelled *epinician*, plural *epinicia* or *epinikia*, lyric ode honoring a victor in one of the great Hellenic games or in a war.
2   These *cultísimos ingenios mexicanos* were Sor Juana Inés de la Cruz, Francisco de Ayerra, Alonso Ramírez de Vargas, Antonio de Peralta, Francisco de Acevedo, Gaspar de Guevara, Antonio Morales Pastrana and Juan de Guevara. The event was organized by Carlos de Sigüenza y Góngora and Francisco Ayerra.
3   As previously mentioned, the program of the Epinicia was included in the *Editio princeps* of *Trofeo de la justicia Española en el castigo de la alevosía francesa*. I had the opportunity of consulting a Photostat reproduction of this text at the Rare Book Collection of the New York Public Library.
4   The French heraldic coat of arms is formed by three *fleur-de-lis*, namely lilies, which evoke the Most Holy Trinity (Montagnier 199).

MIRADAS RECÍPROCAS. EL PAÍS DE LOS FUEROS, JOHN ADAMS Y ESTADOS UNIDOS COMO REFERENTE PARA EL FUERISMO Y EL NACIONALISMO VASCO[1]

Coro Rubio
Universidad del País Vasco (UPV/EHU)

En febrero de 2011, el alcalde de Bilbao Iñaki Azkuna, del Partido Nacionalista Vasco, inauguró un monumento a John Adams en el centro de la ciudad, junto al edificio de la Diputación Foral de Vizcaya, un busto en bronce con peana y una inscripción recogiendo en euskera, castellano e inglés estas palabras que Adams escribió en 1787 sobre los vascos: "Esta gente extraordinaria ha preservado su antigua lengua, genio, leyes, gobierno y costumbres sin cambios, mucho más que cualquier otra nación de Europa". La iniciativa fue muy aplaudida desde medios nacionalistas vascos, que recordando las loas que Adams dedicó a los fueros le bautizaron como "el amigo de los vascos". Adams se había interesado por el País Vasco al buscar referentes en Europa para nutrir el debate sobre la forma de gobierno más adecuada para la joven República estadounidense. Un siglo después serían políticos vascos, fueristas, quienes harían la operación inversa, buscando referentes para legitimar los fueros como modelo de libertades democráticas y alimentar el debate sobre la forma que debía adoptar el Estado español. En clave distinta, también lo haría años después el nacionalismo vasco. El objetivo de este estudio es analizar esas miradas.

1. *A CONTRACTED ARISTOCRACY*. JOHN ADAMS Y EL PAÍS VASCO

En noviembre de 1779, en plena Guerra de Independencia de Estados Unidos, John Adams, uno de sus *Founding Fathers*, que en 1797 se convertiría en su segundo presidente, viajó a Francia enviado por el Congreso para negociar un tratado de paz con Gran Bretaña. La accidentada travesía marítima obligó al barco a recalar en el primer puerto al que pudo llegar, El Ferrol, en el extremo occidental de España. Adams decidió proseguir el viaje hasta París por tierra, atravesando Galicia, León, Burgos y, finalmente, Vizcaya (Kagan 118-119; Smith). En el diario que escribió durante su viaje se quejó de las malas carreteras que tuvo que utilizar, de los sucios alojamientos en los que pernoctó, de la pobreza y miseria que observaba por doquier. Convertido en turista accidental, no hizo sino confirmar los prejuicios sobre España que traía consigo, especialmente la idea de que la monarquía, en connivencia con la aristocracia y el clero, había empobrecido a los españoles (Kagan 124). Pero su impresión sobre el territorio vasco fue distinta.

Adams entró en las Provincias Vascongadas por el sur, y se detuvo en la localidad alavesa de Espejo, donde ya advirtió signos de mayor vitalidad económica, comercial. Llegó a Bilbao el 15 de enero de 1780 y permaneció en la ciudad hasta el 21, pernoctando buena parte de esos días en la casa de Diego Gardoqui, influyente comerciante y banquero bilbaíno. Gardoqui era dueño de la empresa José Gardoqui e hijos, que había provisto de suministros militares a las tropas de George Washington, y, gracias a su posición social, relaciones con la Corona y conocimientos de inglés, llegaría a ser embajador de España en Estados Unidos entre 1785 y 1789 (Chaparro 121): una estatua construida en 1977 en la ciudad de Filadelfia, junto a la basílica de San Pedro y San Pablo, recuerda su figura. Él sirvió de guía a Adams, y es lógico pensar que fue él quien le suministró información sobre los vascos.

Adams escribió sus impresiones sobre Bilbao (*vid*. Agirreazkuenaga), y sobre el territorio vasco en general, interesándole las posibilidades comerciales que vio en él y también su sistema jurídico-político. Consignó en su diario que las provincias de Álava, Guipúzcoa y Vizcaya eran tres provincias libres cuyas leyes –en referencia a los fueros– habían jurado observar inviolables los reyes de España ("three free Provinces whose Laws the Kings of Spain have hitherto been sworn to observe inviolate"), que no tenían en ellas aduanas ni oficiales, y resultaban atractivas para el comercio estadounidense porque no había aranceles que pagar (*Adams Family Papers* 14). Se refería así al sistema arancelario establecido por los fueros, que permitía la libre entrada de productos comerciales por vía marítima al disponer una línea de aduanas interiores. Las Provincias Vascongadas y Navarra eran los únicos territorios de la monarquía hispánica que conservaban sus fueros de origen medieval, códigos específicos para cada territorio que regulaban su administración interior y relaciones con la Corona, y que sobrevivieron a la uniformización jurídica introducida por los borbones a inicios del siglo XVIII. Esos fueros, que Adams percibió como muy favorables al comercio (en su diario hay constantes referencias a posibilidades de comercio entre Estados Unidos y España), le interesaron vivamente.

Escribió en sus anotaciones del viaje que Álava, Guipúzcoa y Vizcaya tenían un sistema de gobierno diametralmente opuesto al del resto de España, y que, aunque pudiera parecer sorprendente oír hablar de provincias libres en este país –como buen republicano de ultramar asociaba la monarquía a tiranía–, era un hecho que el espíritu de orgullo e independencia del pueblo, tan esencialmente diferente de las otras provincias que un viajero lo percibía incluso en sus semblantes, su aire y su manera de hablar, había "inducido" a la Corona a respetar sus "antiguas libertades", de manera que cada rey, al subir al trono, juraba observarlas:

> It may seem surprising, to hear of free Provinces in Spain: But such is the Fact, that the High and independent Spirit of the People, so essentially different from the other Provinces, that a Traveller perceives it even in their Countenances, their Dress, their Air, and ordinary manner of Speech, has induced the Spanish Nation and their Kings to respect the Ancient Liberties of these People, so far that each Monarch, at his

Accession to the Throne, has taken an Oath, to observe the Laws of Biscay.
The Government here, is therefore diametrically opposite to that of Gallicia, and the other Provinces. (*Adams Family Papers* 14)

Añadía que el rey de España era ante todo señor de Vizcaya ("The King of Spain has never assumed any higher Title than that of Lord of Biscay"), que no tenía tropas permanentes porque este territorio disponía de un sistema militar específico, y que estaba representado en él por un corregidor cuya autoridad era muy pequeña. Mencionaba también a la Diputación General de Vizcaya, diciendo que estaba formada por dos diputados elegidos "por el pueblo" ("who are biennially elected by the People"), presentándola así como institución democrática, aunque fuera en realidad una institución de Antiguo Régimen (*Adams Family Papers* 14). Adams reparó igualmente en que el sistema de posesión de la tierra era muy diferente al de Castilla, que no existían grandes propiedades, y que las tierras pertenecían "por lo general" a sus habitantes. En suma, su positiva impresión sobre el País Vasco, moldeada por sus principios políticos, sus prejuicios sobre España y las explicaciones que pudiera haberle ofrecido Gardoqui, le llevó a retratarlo como tierra de libertades. Su percepción sobre los fueros, a los que se refería empleando la palabra *Constitution* y presentaba como un sistema de libertades que limitaban la autoridad real, era la interpretación que sostenían las élites vascongadas, de las que Gardoqui formaba parte. A través de él pudo haberle llegado una imagen del País Vasco que fueron forjando desde el siglo XVI escritores eruditos defensores de los fueros como Garibay, Zaldivia, Isasti, Henao, Moret, Fontecha, y, ya a mediados del siglo XVIII, Manuel de Larramendi –quien defendió que Guipúzcoa constituía una comunidad perfecta, regida por sus fueros y libertades, asociada a la monarquía española pero capaz de existir por sí misma en el concierto de las naciones, formando cuerpo político independiente o bien asociado a otro cuerpo, monárquico o imperial, mayor (Portillo 42-43)–, y que se difundía dentro y fuera de él.

Unos años más tarde, en enero de 1787, siendo embajador de Estados Unidos en Londres, y pocos meses antes de celebrarse la Convención de Filadelfia que dio a luz a la Constitución de Estados Unidos, Adams publicó *A Defence of the Constitutions of Government of the United States of America,* en 3 volúmenes, donde volvió a hablar del País Vasco. En esta obra defendió la república como forma de gobierno y el sistema de separación de poderes, apoyándose en ejemplos de la Europa de su tiempo y de la Antigüedad, y señalando los fallos que veía en ellos. En el primer volumen, estableció una clasificación de las formas de gobierno modernas distinguiendo entre *Aristocratical Republic, Monarchical Republics* y *Democratical Republics,* categoría esta última en donde incluyó a Vizcaya –*Biscay,* topónimo que Adams utilizaba tanto refiriéndose solo a este territorio como también, como era usual, englobando a Guipúzcoa y Álava– junto a los grisones suizos y la República de San Marino.

Al hablar de Vizcaya volvía a describir un territorio diferenciado del resto de España, explicando que estaba habitado por un pueblo extraordinario que había preservado intactos su idioma, carácter, leyes y costumbres ancestrales, más que cualquier otra "nación" de Europa ("this extraordinary people have preserved their ancient language, genius, laws, government, and manners, without innovation, longer than any other nation of Europe"); un pueblo de origen celtíbero, asimilable a los antiguos cántabros –recogía así las tesis vascoiberista y vascocantabrista sostenidas por los escritores foralistas desde el siglo XVI–, de inquebrantable amor a la libertad y aversión a la servidumbre ("Of Celtic extraction, they once inhabited some of the finest parts of the ancient Boetica; but their love of liberty, and unconquerable aversion to a foreign servitude, made them retire, when invaded and overpowered in their ancient feats, into these mountainous countries, called by the ancients Cantabria"), que, con ayuda de una orografía montañosa, había logrado preservar su libertad y defenderse de invasiones extranjeras (*A Defense* 16-17). Mencionando las tesis historicistas de la época sobre la conformación del Señorío de Vizcaya –incluido el mito de la elección de un primer señor de sangre real y origen escocés–, sostenía que el territorio se había incorporado a Castilla mediante un pacto y en calidad de señorío ("a treaty, by which they united their country, under the title of a lordship, with Castile, by which convention the king of Spain is now lord of Biscay"); que el señor de Vizcaya, que era el rey de Castilla, estaba obligado a jurar respeto a las prerrogativas del Señorío; y que el territorio no tenía rey sino señor, pues se trataba de una república ("It is a republic; and one of the privileges they have most insisted on, is not to have a king: another was, that every new lord, at his accession, should come into the country in person, with one of his legs bare, and take an oath to preserve the privileges of the lordship") (*A Defense* 17). Hacía, en suma, una lectura republicana y constitucional del orden foral, traduciendo a su cultura política la lectura de los escritores foralistas del siglo XVIII.

También retrató en su obra a los vascos reproduciendo una imagen muy difundida en la época y que se acabaría consolidando como fuerte estereotipo: activos, valientes, fuertes, con aptitudes para la guerra y la navegación, y la reputación de ser los mejores soldados y marineros de España, y también los mejores cortesanos. Afirmaba que esas cualidades merecían la estima de los reyes, quienes les habían permitido hasta el momento conservar esas grandes exenciones de las que se mostraban tan celosos ("Their valuable qualities have recommended them to the esteem of the kings of Spain, who have hitherto left them in possession of those great immunities of which they are so jealous". *A Defense* 18). Atribuyó a las "libertades" de que el territorio disfrutaba la vitalidad de su comercio, y alabó sus tierras bien cultivadas, las grandes y cómodas casas y graneros que poblaban el paisaje, el buen estado de sus carreteras, y el bienestar del pequeño campesinado, en contraste con el resto de España. Llegó a escribir que era como sentirse en Connecticut ("In riding through this little territory, you would fancy yourself in Connecticut". (*A Defense* 19).

Pero en este escrito de 1787, a diferencia del de 1780, Adams se mostró muy crítico con el orden foral. Observaba –concretando para el caso de Vizcaya, pero con conclusiones extensibles a las otras dos provincias– dos grandes problemas. El primero, que aunque se consideraba una democracia, la autoridad no estaba reunida en un centro, sino que había, por el contrario, tantos gobiernos distintos como ciudades y merindades, albergando así el sistema el riesgo de la disgregación ("disposition to division"). Ese riesgo –argumentaba– se había manifestado ya en la separación entre Vizcaya, Guipúzcoa y Álava, y podía extenderse aún más.

> The disposition to division, so apparent in all democratical governments, however tempered with aristocratical and monarchical powers, has shewn itself, in breaking off from it Guipuscoa and Allaba; and the only preservative of it from other divisions, has been the fear of their neighbours. They always knew, that as soon as they should fall into factions, or attempt innovations, the court of Spain would interpose, and prescribe them a government not so much to their taste. (*A Defense* 20)

Adams, que como miembro del Federalist Party defendía para Estados Unidos un gobierno federal fuerte frente al poder de los Estados, un centro capaz de frenar las tendencias disgregadoras de las partes que componían la república, percibía en el sistema político de Vizcaya una débil estabilidad intrínseca. Pero además señalaba otro grave problema: que los cargos públicos se elegían entre unas pocas familias nobles, nativas y residentes, sin mancha de ascendencia mora, judía o conversa o de haber sido condenados por la Inquisición, que no se dedicaran al comercio y que tuvieran cierta riqueza, normas que habían establecido precisamente quienes se beneficiaban de ellas. Concluía a partir de ahí que habían creado una restringida aristocracia bajo la apariencia de una democracia liberal: "¡Estadounidenses, ¡cuidado!", advertía ("Thus we see the people themselves have established by law a contracted aristocracy, under the appearance of a liberal democracy. Americans, beware!". *A Defense* 20). Y concluía que aunque fuera un régimen tan democrático como algunos pensaban, no podía considerarse aplicable a ningún otro país ("yet, if it were as democratical as it has been thought by some, we could by no means infer [...] the utility or practicability of such a government in any other country." (*A Defense* 20).

2. LA MIRADA HACIA ESTADOS UNIDOS DESDE EL PAÍS VASCO

Algo más de dos décadas después de que Adams escribiera esas reflexiones, el vendaval revolucionario que sacudió España y la irrupción del constitucionalismo liberal plantearon un reto formidable a la pervivencia de los fueros, al tratar de construir un Estado unitario que pusiera fin a la pluralidad jurídica del Antiguo Régimen. Las élites vascongadas respondieron elaborando un discurso en defensa de los fueros presentándolos como útiles mecanismos de administración territorial, perfectamente compatibles con las Constituciones liberales porque compartían –afirmaron– una misma esencia liberal, leyes consuetudinarias que garantizaban el orden social y el bienestar de los vascos y que constituían la esencia misma de su identidad (*vid.* Rubio Pobes). En torno a ese discurso se articuló un grupo político y una nueva ideología, el fuerismo, que se convirtió rápidamente en hegemónica en las Provincias Vascongadas. Los fueristas del reinado isabelino, afines en su mayor parte al liberalismo moderado, buscaron en el escenario internacional referentes en los que apoyar su reclamación, modelos del tipo de Estado que defendían para España y permitiera garantizar la pervivencia del orden foral. Y miraron hacia Europa, singularmente hacia Gran Bretaña, que representaba a su entender la combinación perfecta entre libertad moderna y respeto a la tradición. Estados Unidos no suscitó interés hasta el último tercio del siglo XIX, hasta que apareció un fuerismo republicano –el del reinado isabelino fue marcadamente monárquico– que miró hacia este país como modelo de república federal y descentralización administrativa, el tipo de Estado que defendió para España considerando que tendrían perfecta cabida en él los fueros vascos, entendidos como sistemas democráticos que podían servir de base para constituir esa república.

Uno de los más importantes representantes de este tipo de fuerismo, Casimiro Jausoro, publicó en 1872 en Madrid *El fuero y la revolución. Defensa de las instituciones vascongadas y comparación del sistema descentralizador con el régimen político-administrativo actual,* donde trataba de "demostrar la superioridad de nuestro sistema descentralizador sobre el progreso moderno" comparándolo con Estados Unidos (*El fuero* XI). Comenzaba afirmando que España había importado su revolución liberal desde Francia, y esta a su vez desde América del Norte, pero que las dos primeras eran "malas copias" del original, la revolución americana, a la que no se parecían "en nada" (*El fuero* 78-79). Explicaba que los emigrantes puritanos europeos que colonizaron Estados Unidos formaron con el tiempo una nueva sociedad, libre e igualitaria, en la que no cabía otro gobierno que la república. Para Jausoro, esta era la más elevada forma de gobierno, aunque no resultaba adecuada para cualquier pueblo en cualquier situación, sino solo para el que reuniera las mismas características de libertad e igualdad que Estados Unidos. España no era uno de ellos, aunque conservaba "un resto de descentralización" en las Provincias Vascongadas "por fortuna y para ejemplo" de los demás territorios que la componían (*El fuero* 90). Como solución para España, proponía mirar a su pasado, a los tiempos anteriores a la centralización que la carcomía y "que las Provincias Vascongadas conservan con cariño", asegurando que "no necesita buscar fuera de su casa lo que en su casa tiene" (*El fuero* 96). Jausoro defendía regenerar España recuperando la libertad que representaban los fueros, y al hacerlo obtener un gobierno como el estadounidense, una república federal que además de ser la mejor forma de gobierno sería la más adecuada al pueblo español, en cuanto autóctona, tradicional, no importada del extranjero. Estados Unidos más que modelo a copiar era para Jausoro espejo en el que ver reflejada la excelencia del sistema foral.

Julián Arrese, uno de los más destacados republicanos alaveses, miró también hacia Estados Unidos para defender una república descentralizada en España edificada sobre la base de extender a toda ella el régimen foral. En su obra *Descentralización universal o el fuero vascongado aplicado a todas las provincias*, publicada en 1873, defendió el sistema foral como la materialización más perfecta del ideal de descentralización democrática, estableciendo un paralelismo con el sistema de gobierno estadounidense, y llegando incluso a defender su superioridad sobre él. Asimiló así el vínculo existente entre las Provincias Vascongadas al que ligaba las partes que componían Estados Unidos; vio una equivalencia entre el poder de los Estados de la república trasatlántica y el poder provincial representado según fuero en las Juntas Generales; apreció similitudes en la separación de poderes (aunque no fuera tal en el caso vasco), considerando a la Diputación foral un poder ejecutivo equivalente a la presidencia estadounidense; observó una analogía entre los ayuntamientos vascongados y los de Estados Unidos; y, finalmente, un mismo rechazo a las distinciones sociales con títulos de nobleza (*Descentralización* 37, 62, 91, 97). Pero es más, para Arrese el sistema foral era superior al estadounidense en su carácter democrático, pues en este las reformas constitucionales se proponían y discutían por el Parlamento para someterlas después a la aprobación del pueblo mientras que "el procedimiento vascongado es más democrático, porque en vez de descender las reformas del congreso al pueblo, suben del pueblo al congreso" (*Descentralización* 103). Estados Unidos le sirvió, como a Jausoro, de espejo en el que observar la excelencia y modernidad del sistema foral.

Ni Arrese ni Jausoro recordaron sin embargo a Adams. Los fueristas republicanos fueron quienes elaboraron en el País Vasco el discurso más desarrollado sobre Estados Unidos, pero la memoria del paso de Adams por Vizcaya sería recuperada más tarde por el nacionalismo vasco. Fundada por Sabino Arana en los años noventa del siglo XIX, esta ideología rompió el vínculo identitario con España defendiendo el derecho del pueblo vasco a ser un Estado independiente y vio en los fueros un conjunto de libertades expresión de la soberanía nacional vasca. Arana albergó la esperanza de lograr la independencia para *Euzkadi* con ayuda de Estados Unidos y de Gran Bretaña (De la Granja 21), y en mayo de 1902 envió a Theodore Roosevelt un telegrama de felicitación por la independencia de Cuba señalando que si Europa imitara su ejemplo también sería libre la nación vasca, que durante siglos gozó de libertad regida por una "Constitución que mereció elogios de Estados Unidos", refiriéndose con toda probabilidad a Adams. Miraba así hacia Estados Unidos como paradigma de libertad –en los años cuarenta volvería a hacerlo, buscando su apoyo en una situación muy crítica (*vid.* Mota)–. Pero la recuperación efectiva de la memoria de Adams, y su utilización como referente de autoridad para poner en valor las "libertades vascas", se produciría un siglo más tarde, en 2011, con la inauguración de la estatua en Bilbao que hemos mencionado. Fue entonces cuando uno de los dirigentes más veteranos del Partido Nacionalista Vasco, Iñaki Anasagasti, escribió en su blog que "de alguna manera nuestros Fueros influyeron en la Constitución norteamericana", haciendo suya la conclusión de un artículo publicado en 1947 en la revista vasquista *Gernika*. *Eusko Jakintza* que dedujo del interés de Adams por los fueros que "aunque poco, Vizcaya influyó en la Constitución americana" (Navascués 410). En un bucle fabuloso, Adams, y a través de su figura Estados Unidos, servía para elevar al rango de referente constitucional internacional a la foralidad vasca y, como había hecho Arrese, elevarla por encima del paradigma de libertad que aquel país representaba.

3. CONCLUSIÓN

Las similitudes que los fueristas republicanos quisieron observar entre el sistema político estadounidense y el régimen foral contrastaban con las advertencias que John Adams hizo en 1787, señalando lo equívoco de considerar a este una verdadera democracia y advirtiendo sobre su impronta aristocrática, crítica que, elevada a denuncia, también realizaron los liberales progresistas vascos del siglo XIX. Aunque esos fueristas republicanos fueron quienes elaboraron en el País Vasco el discurso más desarrollado sobre Estados Unidos, realizando una lectura del fuero como sistema de libertades democráticas comparables al paradigma estadounidense y base para construir la república española, la memoria del paso de Adams por Vizcaya sería recuperada por el nacionalismo vasco. Como toda memoria, fue selectiva: se recordaron los elogios de Adams y no sus críticas, convirtiéndole en un "amigo de los vascos". Aunque en claves distintas, la mirada hacia Estados Unidos fue utilizada tanto por el fuerismo republicano decimonónico como por el nacionalismo aranista para poner en valor las "libertades vascas", si bien el primero elaboró en torno a esa comparación toda una propuesta el sobre modelo de Estado que debía aplicarse en España para conservarlas.

REFERENCIAS

A Defense of the Constitutions of Government of the United States of America by John Adams. London: C. Dilly and John Stockdale, Vol. I, Letter IV (1787): 16-20. Print.

Adams Family Papers: An Electronic Archive. Massachusetts Historical Society. John Adams autobiography, part 3, "Peace" 1779-1780, sheet 14 of 18 [electronic edition]. 16-01-1780. Web. 28 marzo 2018.

Agirreazkuenaga, J. "John Adams, USAko bigarren presidentearen ikuspegiak 1780ko Bilboko egonaldiaren ondoren eta Bilbo ezagutzeko, XVIII mende bukaerako gida". *Bidebarrieta* 14 (2003): 85-91. Print.

Arrese, J. *Descentralización universal o el fuero vascongado aplicado a todas las provincias, con un examen comparativo de las instituciones vascongadas, suizas y americanas*. Madrid: Librería de Victoriano Suárez, 1873. Print.

Chaparro, Á. "Diego María de Gardoqui y los Estados Unidos. Actuaciones, relaciones e influencias de un vasco en el nacimiento de una nación". *Vasconia* 39 (2013): 101-140. Print.

De la Granja, J. L. *Ángel o demonio: Sabino Arana. El patriarca del nacionalismo vasco*. Madrid: Tecnos, 2015. Print.

Jausoro, C. *El fuero y la revolución. Defensa de las instituciones vascongadas y comparación del sistema descentralizador con el régimen político-administrativo actual*. Madrid: Imprenta Española, 1872. Print.

Kagan, R. L. "The Accidental Traveler: John Adam's Journey through Northen Spain, 1779-1780". *Espacio, tiempo y forma* 28 (2015): 117-132. Print.

Mota, D. *Un sueño americano. El Gobierno vasco en el exilio y Estados Unidos*. San Sebastián: IVAP, 2016. Print.

Navascués, L. J. "John Adams y su viaje a Vizcaya en 1779". *Gernika. Eusko Jakintza* III y IV (1947): 395-419. Print.

Portillo, J. Mª. *Crisis atlántica: autonomía e independencia en la crisis de la monarquía hispánica*. Madrid: Marcial Pons, 2006. Print.

Rubio Pobes, C. *Revolución y tradición. El País Vasco ante la Revolución liberal y la construcción del Estado español (1808-1868)*. Madrid: Editorial Siglo XXI, 1996. Print.

Smith, J. L. "The Remarkable Spanish Pilgrimage of John Adams". *Journal of the American Revolution*, 23 noviembre 2016. Web. 28 marzo 2018.

NOTAS

1   Este estudio, parte de una investigación más amplia, se ha realizado en el marco del proyecto MINECO/FEDER HAR2015-64920-P, Grupo UPV/EHU GIU 17/005.

UNA ESTADOUNIDENSE EN LA ESPAÑA ROMÁNTICA: LAS CARTAS DE VIAJE DE CAROLINE ELIZABETH CUSHING

Manuel José de Lara Ródenas
Universidad de Huelva

Solo muy recientemente se ha despertado en España el interés por las viajeras extranjeras que, a lo largo principalmente de los siglos XVIII, XIX e inicios del XX, visitaron la Península Ibérica y dejaron testimonio escrito de sus andanzas e impresiones. Este novedoso interés ha venido de la mano, naturalmente, de la poderosa salida a escena de la historia de la mujer y de la consecuente multiplicación de estudios que, en distintos aspectos historiográficos, la tienen como protagonista. Como afirma Sara Beatriz Guardia en el prólogo de la obra colectiva *Viajeras entre dos mundos*, que ha sacado a relucir un buen número de mujeres viajeras hasta ahora poco o nada conocidas,

> [...] el impulso decisivo de las vanguardias historiográficas y feministas de la segunda mitad del siglo XX ha logrado rescatar para la memoria histórica y colectiva la existencia de muchas de estas mujeres, y a las viajeras como sujeto histórico. A esta producción debemos un conocimiento veraz sobre el tránsito femenino por las rutas atlánticas que unen los continentes europeo y americano. (Guardia 13)

En el caso de los trabajos sobre libros de viajes en España, resulta particularmente patente que aún hoy, con notables excepciones, sigue existiendo un déficit de análisis sobre tales viajeras, y eso a pesar de que, a su escala, no han faltado. De hecho, en la exhaustiva *Bibliografía de viajes en España y en Portugal*, publicada en 1896 por el hispanista Raymond Foulché-Delbosc y que pasa por ser una obra pionera en la materia, se recogen 40 títulos de obras escritas por mujeres, cifra significativa en términos absolutos aunque obviamente no en términos relativos, pues ese conjunto supone solo el 4,7 % de todas las registradas, que se eleva a 858. El problema no es solo el reducido número de ellas, sino el hecho de que apenas han merecido mayor atención que el registro de su existencia.

En este contexto, no resulta extraño que la obra *Letters, Descriptive of Public Monuments, Scenery, and Manners in France and Spain*, de la estadounidense Caroline Elizabeth Cushing, escrita con motivo de su viaje por Francia y España de 1829-1830 y publicada póstumamente en dos tomos en 1832, no goce en la historiografía española –ni norteamericana– de la relevancia que sin duda merece. Ya Foulché-Delbosc incorporó su referencia en su mencionada *Bibliografía* de 1896 y Carrie Evangeline Farnham la citó a menudo en su obra clásica sobre los *Viajeros americanos en España*, de 1921, pero lo cierto es que, en la actualidad, la obra de Cushing sigue sin poseer traducción al castellano y tal carencia hace más difícil su puesta en valor en España. Tampoco ha tenido ninguna otra edición, ni en inglés ni por supuesto en ninguna otra lengua, después de aquella de 1832.

Hace casi veinte años, no obstante, Pere Gifra le dedicó un breve trabajo en el XXI Congreso de la Asociación Española de Estudios Anglo-Americanos, con el propósito explícito de contribuir "in this ongoing recovery of noncanonical American women writers with a twofold purpose, namely, to situate Caroline Cushing's travel book in the corpus of antebellum American travel writing on Spain, and to focus on the difference that gender makes in her construction of abroad" (Gifra 509). Pero el estudio de Gifra constaba solo de cinco páginas y, desde entonces, no se ha hecho ningún esfuerzo añadido para conseguir la incorporación del libro al listado canónico de los libros de viajeras por España. Quizás, sin embargo, por la frescura de sus descripciones y apreciaciones, por haberse generado al unísono con otro libro paralelo de su marido, Caleb Cushing, con el que puede compararse, y por la prematura muerte de su autora después de su viaje, la obra de Caroline Elizabeth Wilde (pues tal era su nombre de soltera) estaba destinada a ocupar un papel más destacado que el que hoy tiene en el panorama de viajeros románticos por España.

Como muchas mujeres de su tiempo y condición, Caroline Elizabeth Cushing no viajó por su propia iniciativa. Natural de Cambridge (Massachussets) y casada en 1824 con el matemático y abogado Caleb Cushing, que estaba destinado a tener una larga trayectoria política y diplomática, se trasladó con él a Europa en 1829, dedicándose a viajar junto a su marido por España y Francia durante ese año y el siguiente. De vuelta en los Estados Unidos, su temprano fallecimiento en 1832 en Newburyport (Massachussets) a la edad de 30 años le sorprendió mientras redactaba las cartas en que ponía en orden sus apuntes y recuerdos de su viaje europeo. Su obra, organizada en dos volúmenes correspondientes a sus itinerarios por Francia y España, se publicaría póstumamente ese mismo año. Al final, el volumen dedicado a España apareció publicado con un total de 27 cartas, aunque no era este el plan inicial completo, pues la última carta que alcanzó a redactar antes de su fallecimiento se refería a su estancia en Murcia y, por tanto, faltó todo lo que ella y su marido viajaron por el levante español hasta llegar a Francia.

Caleb Cushing, el marido, también publicaría sus impresiones del viaje en dos tomos que titularía *Reminiscences of Spain* y que aparecerían en 1833 en Boston. A diferencia de la obra de su mujer, que es una suma de comentarios bastante vívidos acerca de lugares y costumbres, las *Reminiscences* de Caleb Cushing se organizan en torno a un conglomerado de monumentos y, sobre todo, de personajes históricos, no muy claramente ordenados pero llenos de citas y referencias literarias. Puestos a enfrentar los resultados de su viaje en común, no cabe duda de que la obra de Caroline resulta más accesible a lectores medios interesados en paisajes y hábitos, pues tiene un particular gusto en la descripción de ambientes domésticos y costumbres exóticas, en tanto que los volúmenes de Caleb están más dirigidos a amantes de la historia y de las epopeyas legendarias de los españoles. Hoy, como afirma Gifra, ni uno ni otro son recordados, aunque no está de más certificar que "while the publication of Caleb Cushing's sketchbook came under a small yet favourable critical scrutiny in the New England intellectual circles, his wife's letters remained largely ignored" (Gifra 511).

En verdad, ella no dudaba de la relativa simplicidad de su estilo y de su falta de erudición. Planteada la obra como un conjunto de cartas dirigidas a su padre (fingidas en parte, pues la labor de redacción se realizó cuando ya estaba en su casa de Estados Unidos), ya en la primera de ellas le advertía de que "you will not, of course, expect from me grave or learned dissertations", pues "the anticipations of instruction and pleasure, which arise in the mind upon the prospect of visiting those foreign countries, which are deeply interesting, by reason of their scenery or public monuments, or as the theatres of great historical events, are necessarily of the most vivid and glowing description" (Cushing C. E. 1: 1). Según veremos más tarde, no faltan ingenuidad y algunos prejuicios –como Cushing reconoce– en el tipo de mirada sorprendida que a veces dirige a la realidad que atraviesa.

El matrimonio Cushing salió de Bruselas el 29 de julio de 1829 y, tras visitar numerosas ciudades y pueblos de Francia y España, llegó finalmente a El Havre, el 30 de abril del año siguiente, para iniciar su viaje de regreso a los Estados Unidos, vía Inglaterra. En lo que respecta fundamentalmente al trayecto español, ese periplo en bucle que comenzaba por el País Vasco, bajaba por las dos Castillas y, tras recorrer Andalucía, volvía al norte por la costa mediterránea era un itinerario bastante frecuente en viajeros que querían recorrer las principales ciudades españolas en un número de meses relativamente ajustado, pues en líneas generales reproducía las principales vías de comunicación de la Península. Wilhem von Humboldt, por ejemplo, según recuerda Félix Pillet, había seguido el mismo itinerario cuando visitó España entre 1799 y 1800: "Desplazándose desde París, donde llevaba varios años viviendo, hizo su recorrido leyendo la obra de Ponz, iniciando su marcha por el País Vasco hasta Andalucía, deteniéndose en Madrid, para luego desde Murcia subir todo el levante y salir por Cataluña" (Pillet 365). Es decir, exactamente el mismo viaje.

No sabemos con seguridad cuándo estuvo de regreso el matrimonio Cushing en su casa de Newburyport, pero es evidente que Caroline inició de inmediato la redacción de las *Letters*. La dedicatoria de la obra, que apareció al frente del primer volumen, está fechada en enero de 1831 y, contrariamente a lo que sucede a menudo, parece que fue escrita al principio de la labor de redacción y no al final. Lo decimos porque a su fallecimiento, ocurrido el 28 de abril de 1832, dos días después de cumplir los 30 años, aún no estaba concluido el segundo tomo, como hemos visto. Muy rápidamente, después de la prematura muerte de su autora, su marido recogió los originales y los llevó a la imprenta de E. W. Allen, situada en la propia Newburyport, en la que ya había publicado algunos trabajos tiempo atrás. El trabajo de impresión fue diligente, pues, antes de cumplirse siete meses desde la muerte de la autora, los dos volúmenes se encontraban impresos y circulando. El primer tomo, además, apareció con un grabado que recogía el retrato de la infortunada autora, sin que se diera cuenta de los nombres del dibujante ni del grabador.

Cuando el matrimonio Cushing inició su viaje, en 1829, España estaba de moda en Estados Unidos entre los amantes de las historias y costumbres extranjeras, especialmente por la obra del neoyorquino Washington Irving. De hecho, Irving había publicado el año anterior en la editorial G. & C. Carvill de Nueva York su libro *A History of the Life and Voyages of Christopher Columbus* y ese mismo año de 1829, mientras comenzaban su viaje a España, la *Chronicle of the Conquest of Granada*, en la editorial Carey, Lea & Carey de Filadelfia, aunque escondido bajo el nombre de un imaginario Fray Antonio Agapida. En sus *Letters*, Caroline Elizabeth Cushing menciona ambos libros y, por lo que narra, al menos tenía delante de sí el de la Conquista de Granada, sirviéndole de guía o referencia mientras visitaba la ciudad. Por desgracia, cuando los Cushing llegaron a Granada, hacía poco más de medio año que Washington Irving había abandonado definitivamente la ciudad, pues el 29 de julio anterior había emprendido camino rumbo a Londres para desempeñar el puesto de secretario de la embajada norteamericana en la capital británica (Garnica 35).

Otra obra que la autora conocía fue el *Voyage pittoresque et historique de l'Espagne*, del francés Alexandre de Laborde, que fue publicado en París entre 1806 y 1820 con 349 grabados. No en vano, lo cita cuando trata de la Puerta de la Justicia de la Alhambra. Es prácticamente imposible que lo llevara consigo, pues la obra apareció en cuatro volúmenes de lujo en tamaño de gran folio, pero es evidente que lo consultó al menos mientras escribía. Por lo demás, al margen de estos libros, no menciona fuentes intelectuales especialmente significativas. Al contrario que su marido, que en su libro hace uso de una constante erudición, la prosa de Caroline Elizabeth Cushing apenas incorpora referencias literarias o históricas de calado. En consecuencia, pocos más autores o personajes cita. Cuando entra en La Mancha le asalta el recuerdo de don Quijote, aunque lo resuelve en tres renglones: "After a short ride of two leagues from Aranjuez, we entered the province of La Mancha, the country of the renowned Don Quixote" (Cushing C. E. 2: 170). Naturalmente, va citando personajes históricos conforme los va necesitando en sus descripciones, pero lo hace sin excesiva convicción y sin un verdadero deseo de profundizar en las memorias del país.

Comparada con el estilo denso del marido, esta ligereza de la prosa es de agradecer para lectores interesados en las descripciones de un país que estaba construyendo entonces su imagen exótica. De hecho, más allá de la enumeración comentada de todas las localidades que va atravesando y de los principales monumentos que visita, lo más relevante de la obra es su dibujo de personajes y caracteres, con los que va trazando su peculiar idea de lo español. En principio, y como muchos otros viajeros que antes y después recorren España y contribuyen a reelaborar su exotismo, también Caroline Elizabeth Cushing tiene la impresión de que, al cruzar la frontera del Bidasoa, está entrando en un espacio acusadamente distinto del resto de la Europa que conoce. Y no solo porque encuentra en Irún que todos hablan el vascuence, que las ropas que llevan son diferentes de las que se usan al norte de los Pirineos y que su nivel de vida es llamativamente más bajo, sino porque la apariencia es la de estar entrando en un país situado a una enorme distancia de la vecina Francia.

Esta imagen de una España distinta y en cierto modo lejana de la civilización occidental no estaba aún construida del todo en aquellos años, y Cushing ya la advierte y certifica. En realidad, no tiene un buen concepto de lo español, como revela su opinión de que la indolencia es una de las características del país, idea que bien pudo haberla aprendido en las obras de Voltaire y Montesquieu y que por entonces era uno de los principales tópicos existentes sobre el carácter hispánico. Es más, Caroline Elizabeth Cushing va un poco más allá y, cuando, cerca de Vélez-Rubio, se encuentra un corro de gitanos sentados en el suelo desayunando, no duda en afirmar que los hombres del grupo "were an exact personification of all my preconceived ideas of a murderous Spaniard, -which I had so erroneously supposed would apply to the national character in general. I could easily imagine them capable of any and every crime". Su guía por aquellos contornos, un tal Salvador, no ayuda demasiado en esto, pues, a la vista de los gitanos, choca las palmas de sus manos y concluye que son "muy mala gente, muy mala gente" (Cushing C. E. 2: 336). Quizás la escasa difusión de la obra nos impide otorgarle una especial responsabilidad en la construcción de ciertos tópicos españoles que después perdurarían, pero es evidente, como recuerda Araújo Carruana, que muchos viajeros estuvieron en condiciones de fijar "una serie de estereotipos y clichés que acabaron por difundirse en todo el mundo –o por lo menos, en todo el mundo europeo y anglosajón– y que, "de esta manera, lo que en un inicio era solo una opinión podía transformarse en juicio definitivo y absoluto" (Araújo 7).

 Desde su entrada en territorio español, la autora no deja de permanecer atenta a la posible confirmación de estos negativos conceptos, y pronto se alarma ante las noticias de bandas de ladrones y salteadores acechando los caminos. No es lo peor del viaje, pues, de hecho, no hacen su aparición. Peor es quizás la incomodidad y deficiente servicio de las ventas y posadas (que también había sufrido Irving), lo que le genera la imagen de recorrer un país en muchos sentidos bárbaro. Eso no obsta, sin embargo, para que pudiera encontrar en esas ventas la oportunidad de palpar más de cerca la aparente idiosincrasia de la sociabilidad española, al menos en sus aspectos más folklóricos. Aprovechando, por ejemplo, que la autora sabía tocar la guitarra y que, al parecer, la llevaba consigo todo el viaje, tocó para un pequeño grupo de viajantes y arrieros en una venta de la localidad granadina de Huétor de Santillán. Al conjuro del sonido de la guitarra –"a sound which never proves indifferent to the ears of a Spaniard"–, uno de los concurrentes se animó a pedir el instrumento, "whose hand mechanically striking upon the chords the all-inspiring *seguidilla*, away sprang the *muchac[h]a* and her nearest neighbour, to try their agility at the *fandango*; snapping their fingers as they danced, in imitation of the castanets, which, for a wonder, were not at hand" (Cushing C. E. 2: 328). Magnífico final de fiesta para la construcción del tópico flamenco, aún entonces en mitad de su proceso.

Quizás hay algo de condescendencia en este gusto por el exotismo español de Caroline Elizabeth Cushing. Realmente, en relación a la mayor parte de los españoles que ve por el camino, Cushing tiene la impresión de que se conforman con su miserable condición y de que, con un poco de comida, bebida y tabaco, pueden soportar todas las privaciones de la vida. Especial atención le merece la bota, en la que los españoles beben usualmente el vino, y, en su descripción, se cuida bien de precisar que, aunque la costumbre es la de pasar la bota de unos a otros, "many of these persons uniformly accustom themselves to hold the bag at a considerable distance from their mouths, and then, by inclining their heads backward, the wine passes into the throat, without the tube being touched to the lips at all" (Cushing C. E. 2: 176). Y así tranquiliza su visión higiénica de las cosas, procedente entonces de otro tipo de mundo.

En cuanto al tabaco, para ella un producto de primera necesidad en España, se sorprende de la extendida costumbre de fumar en cigarros de papel. Según su opinión, casi todos los españoles fuman, de tal manera que el tabaco se encuentra "among the requisites of Spanish comfort; and it is indeed, to the nation generally, almost as much an article of necessity as food itself". El tabaco no está acompañado, sin embargo, de ciertos productos con los que en Europa se ha conformado la alta sociabilidad del momento, especialmente el té, el café y la mantequilla, "if not absolutely unknown in Madrid, and indeed all over Spain, are at least so scarce as to be within reach of very few". No ocurre lo mismo con el chocolate, pues es un ingrediente usual tanto en el desayuno como en la cena, al menos en Madrid. Efectivamente, el desayuno, servido a las siete de la mañana, consiste generalmente en chocolate con pan, complementado con un vaso de agua, y "at eight or nine o'clock in the evening, it is costumary to have either a cup of chocolate, or a supper of soup and meat, as you like".

Esa es la cena, pues el almuerzo se toma a las tres de la tarde. A la hora de preparar la comida, "the greatest difference is in the oil and garlic, which accompany every Spanish dish, almost without exception" (Cushing C. E. 2: 177, 52 y 53).

Desde luego, hay otras costumbres que le interesan particularmente, como las relativas al vestido. En Vitoria observa con detenimiento y aprobación la mantilla española, aunque ya la había podido ver en el sur de Francia, y afirma que, en su opinión, su gracia "cannot be equalled in beauty of effect by any bonnet". Le dedicará algunos párrafos salpicados a lo largo del libro, extendiéndose en descripciones de sus distintas variantes locales. Luego afirma que las mujeres españolas, para salir de casa, se visten casi exclusivamente de negro, en especial en Madrid y Castilla, y que los caballeros salen normalmente con capa, "very handsomely, of broadcloth, and faced with either red, blue, or black velvet" (Cushing C. E. 2: 22, 23 y 57). Respecto a otros elementos de la vida cotidiana, le sorprende el brasero, que sustituye a la chimenea en España, y que es tanto más útil para mitigar el frío en las habitaciones de las posadas por cuanto las ventanas no poseen cristales. La ausencia de chimeneas y cristales en las ventas españolas es lugar común en las apreciaciones de los viajeros extranjeros, así como la presencia del brasero, y Carrie Evangeline Farnham trae a colación en su libro bastantes testimonios sobre ello.

El matrimonio Cushing va a los toros en Madrid. No se trata de una corrida cualquiera, sino de un festejo organizado para celebrar el matrimonio del rey Fernando VII con María Cristina de Borbón, presentes ambos en la plaza. Es significativa la forma que tiene la autora de anotar, con asombrado lujo de detalles y pormenores, todo lo que ve: vestidos, colores, ritos, músicas, aplausos y, al fin, lo que es en sí la lidia. Toda una carta (10 páginas) dedica a la descripción de la corrida, con adjetivos tan ricos en matices que no cabe duda de que el espectáculo es de su entera satisfacción. Ante sí misma, Caroline Elizabeth Cushing se siente tan sorprendida al dejar sus reparos iniciales y sumarse a la fiesta colectiva que siente que no tiene más remedio que explicarlo en su libro. No fue la única vez que Caroline Elizabeth fue a los toros. Animada de esa "indescribable excitement and animation of spirits", días después asistió a una segunda corrida, en la que se mataron 18 toros, aunque esa vez las sensaciones fueron distintas. La lidia fue tan peligrosa que la viajera estuvo todo el tiempo "in continual dread and anxiety". Tan desagradable fue el festejo, tan "excesively irksome and unpleasant", que la estadounidense salió de la plaza de toros "fully persuaded that, in this respect, I could never learn to be a Spaniard" (Cushing C. E. 2: 129 y 130).

Muchos más comentarios hizo sobre el carácter español a lo largo de su periplo de casi cinco meses y 344 páginas. Basten, sin embargo, estas pinceladas para poner de relieve lo mucho que igualmente puede extraerse de las *Letters* de Caroline Elizabeth Cushing como materia de estudio y acopio de referencias para la mejor comprensión de la realidad española de la primera mitad del siglo XIX. Por su mirada atenta (y norteamericana) a todo lo exótico y diferente, por su minuciosidad acerca de las circunstancias y vicisitudes de su recorrido, por su interés en la anotación de los hábitos y costumbres de los grupos populares, por sus descripciones de paisajes y piezas del patrimonio arquitectónico español y, por supuesto, por tratarse de una mujer, la obra de Cushing nos aporta un testimonio de primera magnitud que no estamos en condiciones de seguir ignorando. Por desgracia, la obra de Cushing ha pasado desapercibida en los últimos casi doscientos años y ya van siendo necesarias, e incluso urgentes, tanto una nueva edición que se sume a la de 1832 como, fundamentalmente, una traducción al español. Situada estratégicamente entre los viajes del estadounidense Washington Irving y el inglés Richard Ford, y anterior en una década al del francés Théophile Gautier, que pasan por ser los grandes artífices de la imagen romántica de España, ya hay en la obra de Cushing muchos de los ingredientes que extendieron la idea exótica y distintiva de lo español. Reivindicar en ese sentido las *Letters, Descriptive of Public Monuments, Scenery, and Manners in France and Spain*, de Caroline Elizabeth Cushing, es tratar de entender con qué criterios selectivos y bajo qué miradas se levantó esa perdurable e imaginativa construcción cultural.

REFERENCIAS

Araújo Carruana, N. "Prólogo". *Viajeras al Caribe*. La Habana: Casa de las Américas, 1983. Print.

Cushing, C. *Reminiscences of Spain, the Country, Its People, History, and Monuments*. 2 volúmenes. Boston: Carter, Hendee and Co. and Allen and Ticknor, 1833. Print.

Cushing, C. E. *Letters, Descriptive of Public Monuments, Scenery, and Manners in France and Spain*. 2 volúmenes. Newburyport: K. W. Allen & Co., 1832. Print.

Farnham, C. E. *American Travellers in Spain: The Spanish Inns, 1776-1867*. Nueva York: Columbia University Press, 1921. Print.

Foulché-Delbosc, R. *Bibliographie des voyages en Espagne et en Portugal*. París: H. Welter, 1896. Print.

Garnica Silva, A. "Los caminos de Washington Irving por Andalucía". *De Colón a la Alhambra: Washington Irving en España*. A. Garnica Silva et al. Ed. Sevilla: Universidad Internacional de Andalucía, 2014: 15-37. Print.

Gifra Adroher, P. "Caroline Cushing's Letters from Spain reconsidered". *Actas del XXI Congreso Internacional de A.E.D.E.A.N.* F. Toda Iglesia et al. Ed. Sevilla: Universidad de Sevilla, 1999: 509-514. Print.

Guardia, S. B. Ed. *Viajeras entre dos mundos*. Centro de Estudios La Mujer en la Historia de América Latina, 2011. Print.

Irving, W. *A History of the Life and Voyages of Christopher Columbus*. Nueva York: G. & C. Carvill, 1829. Print.

Irving, W. (bajo el seudónimo de Fray Antonio Agapida). *Chronicle of the Conquest of Granada*. Filadelfia: Carey, Lea & Carey, 1829. Print.

Laborde, A. de. *Voyage pittoresque et historique de l'Espagne*. 4 volúmenes. París: Imprimerie de Pierre Didot l'Ainé, 1806-1820. Print.

Pillet Capdepón, F. "Viajeros por los paisajes de España: del siglo XVIII a la actualidad". *Cuadernos de Turismo* 38 (2016): 365-387. Print.

NOTAS

1   Investigación enmarcada en el Proyecto I+D de la AEI "La vida emocional de las mujeres: experiencias del mundo, formas de la sensibilidad. Europa y América, 1600-1900" (HAR2015-63804-P).

"ATRAVESANDO POR INMENSAS OLAS". ESTADOS UNIDOS Y EL PRIMER ABOLICIONISMO ESPAÑOL (1864-1866)[1].

CARMEN DE LA GUARDIA HERRERO
Universidad Autónoma de Madrid

"Abolicionista: Nombre que se dice en América y principalmente en los Estados Unidos a los partidarios de la abolición de la esclavitud de los negros que gimen bajo un yugo tan odioso", así definía ese término, entonces novedoso, el diccionario general de Ramón Joaquín Domínguez de 1853. La aparición por primera vez de la forma activa de la palabra, en los diccionarios de español, en pleno debate abolicionista en Estados Unidos, así como su propia definición, mostraba la importancia que el abolicionismo estadounidense tuvo en la génesis de los movimientos abolicionistas españoles y antillanos.

Para los reformadores sociales de la segunda mitad del siglo XIX, españoles, cubanos y puertorriqueños, no solo el término procedía de Estados Unidos. La República Federal fue para ellos todo un modelo, entre otras cosas, por la fuerza y vigor de su sociedad civil. Los movimientos de reforma románticos estadounidenses ocuparon miles de páginas en las obras de los reformadores españoles preocupados por "la cuestión social".

En este capítulo queremos explorar la recepción y la influencia que el abolicionismo estadounidense tuvo en España sobre todo durante el periodo de la Guerra de Secesión americana (1861-1865) donde el debate sobre la esclavitud había pasado a la primera línea política en la República Federal. En España, último de los imperios coloniales que mantenía la esclavitud en vigor, fue el momento en que aquellos que se enfrentaron con la institución esclavista, los abolicionistas, se organizaron y crearon la primera de las muchas sociedades abolicionistas. La estrecha relación entre el abolicionismo estadounidense y la primera sociedad abolicionista española creemos que se aprecia en tres de los aspectos que caracterizaron al movimiento en España. Por un lado en la propia composición de las redes. Las organizaciones antiesclavistas españolas tuvieron estrechos vínculos trasatlánticos y contaron con militantes estadounidenses; también fue importante para los reformistas españoles la exaltación de la figura del presidente Abraham Lincoln; y por último, en el abolicionismo hispánico, al igual que había ocurrido en el estadounidense, la presencia e influencia de mujeres fue determinante.

1. ABOLICIONISTAS DE LAS DOS ORILLAS

Ya entre los primeros organizadores del abolicionismo instituido en España destacaron miembros de círculos vinculados a Estados Unidos o porque habían nacido allí, o por estar casados con estadounidenses y, en casi todos los casos, por pertenecer a las comunidades protestantes y también a la masonería.

Julio Vizcarrondo Coronado, una de las figuras más importantes de este primer abolicionismo, había nacido en San Juan de Puerto Rico en el seno de una familia de plantadores esclavistas, en 1829, y había ampliado estudios, como muchos de los jóvenes antillanos, en Madrid y París. A su regreso a Puerto Rico y debido a su labor periodística que fue muy crítica con el sistema político y contra la esclavitud comenzaron sus problemas. Para muchos políticos puertorriqueños sus ideas eran "excesivamente" democráticas.

En 1850, perseguido en la Isla, Vizcarrondo se exilió a Estados Unidos, ampliando estudios allí y entrando en contacto con las redes del reformismo romántico estadounidense. Además, en su estancia neoyorquina conoció y se casó con Harriet Brewster, mujer muy activa en todos los movimientos de reforma, sobre todo, en el feminista y en el abolicionista (Corwin 157-158).

Harriet Brewster había nacido en Filadelfia en una familia cuáquera de gran tradición abolicionista. Comprometida con diferentes causas sociales fue amiga de uno de los fundadores de la American Anti-Slavery Society y editor del *Liberator*, William Lloyd Garrison, como muestra su correspondencia. "Tengo una cita con la Señora de Vizcarrondo, en 23 Oeste con la calle 10", escribía Garrison a su amigo el también abolicionista Wendell Philips (Garrison 566). En 1854 el matrimonio viajó a Puerto Rico y después a España ya en 1863. En Puerto Rico los Vizcarrondo iniciaron un programa claramente reformista. Por un lado liberaron a todos los esclavos de la plantación familiar e iniciaron una ingente labor filantrópica. Pero pronto comenzaron a tener problemas políticos en Puerto Rico por su actitud abolicionista y republicana y se trasladaron a Madrid donde continuaron su labor reformadora.

El compromiso de Vizcarrondo y Brewster con el abolicionismo les llevó, nada más llegar a España, a reunir a los antillanos residentes en la Villa y Corte con la finalidad de aunar esfuerzos para terminar con la esclavitud en Puerto Rico y Cuba (Rodríguez 484).

Otra de las parejas que sirvieron como vehículo de estas redes transnacionales de abolicionistas fue la constituida por el diplomático estadounidense Horatio J. Perry (1824-1891) y la poeta extremeña Carolina Coronado (1811-1911) que al estar casada con un estadounidense y por la falta de derechos civiles de las mujeres españolas en el siglo XIX, adquirió esa nacionalidad (Surwillo 410)

Horatio Perry había nacido en Keene, New Hampshire, y había estudiado en Harvard. Participó en la Guerra, para muchos autores claramente esclavista, entre Estados Unidos y México (1846-1848). Conocía bien la lengua española y esa fue una de las razones para su nombramiento como secretario de la legación estadounidense en Madrid, en 1849, por el presidente Zachary Taylor (1849-1850). Es más, era el único de los diplomáticos estadounidenses de su periodo que hablaba español y por ello fue un interlocutor muy querido por las autoridades españolas.

Perry ocupó su cargo en Madrid durante más de veinte años aunque con interrupciones siendo secretario durante el mandato de diferentes embajadores de Estados Unidos en Madrid y también representó a su país, en momentos caracterizados por políticas diferentes frente a la esclavitud. Así trabajó con el embajador Daniel M. Barringer (1849-1853); con Pierre Soulé (1853-1855), con el que mantuvo una pésima relación por sus miradas antagónicas frente a la institución esclavista; con Carl Schurz (1861-1862), ya durante la presidencia de Abraham Lincoln; con Gustav Koerner (1862-1865) y con John Parker Hale (1865-1869). Algunas veces actuó como embajador interino debido a ausencias de los titulares.

Horatio Perry se casó con la poeta Carolina Coronado en 1852. Y desde el principio se sabía que en su casa se recibía a reformadores extranjeros y a políticos españoles, y que en estas tertulias se hablaba de la necesidad de abolir la esclavitud. "Fui muchas veces a la casa de Madrid de una escritora (Carolina Coronado) y allí vi a los hombres más prominentes de España", escribía sobre la tertulia de los Perry-Coronado, el norteamericano William Cullen Bryant en 1859, y continuaba: "Políticos, juristas, eclesiásticos, escritores, líderes del partido liberal, jefes de los absolutistas, que iban y venían con tan poco protocolo como si estuvieran paseando por el Paseo del Prado" (127).

Carolina Coronado y Horatio Perry conocían bien la prensa y las redes abolicionistas transnacionales. Horatio desde su época de estudiante en el área de Boston donde el movimiento abolicionista estaba fuertemente arraigado, y Carolina por sus planteamientos filantrópicos. Entre los numerosos estadounidenses invitados a las tertulias de su residencia madrileña no solo estuvo el escritor Cullen Bryant. En el año 1855, también la frecuentó el poeta abolicionista e hispanista James R. Lowell que era un personaje habitual en los círculos abolicionistas estadounidenses (Pérez Rodríguez 10-30).

El empeño de Horatio Perry con el abolicionismo le ocasionó que fuera separado de su función diplomática en Madrid dos veces. Primero, durante seis años entre 1854 y 1861 y, después, definitivamente en 1869. En el año 1854 se enfrentó con dureza al embajador de Estados Unidos, Pierre Soulé, durante la presidencia de Franklin Pierce (1853-1857). Soulé era defensor de la economía esclavista y de los intereses expansionistas sureños y redactó, a sugerencia del secretario de Estado estadounidense, William L.

Marcy, y junto a los embajadores de Estados Unidos en Londres y en París, James Buchanan y John Y. Mason, el Manifiesto de Ostende en 1854. En este texto se defendía el derecho de los Estados Unidos a la anexión de Cuba mediante la compra de la Isla a España o si fuera necesario por la fuerza. El nombramiento de Pierre Soulé como embajador de Estados Unidos en Madrid reflejó ese apoyo del ejecutivo a las políticas defendidas por expansionistas y esclavistas.

Las relaciones entre embajador y secretario no fluyeron con naturalidad. Los duros enfrentamientos entre Pierre Soulé y Perry pronto transcendieron los muros de la embajada de Estados Unidos en Madrid y se hicieron públicos. Soulé publicó una carta en el periódico *The National Inteligence* donde acusaba a Perry de deslealtad y hasta de ser un espía del gobierno español. Y la réplica de Horatio J. Perry no se hizo esperar. En una carta abierta al presidente de los Estados Unidos publicada en *The New York Daily Times* el 11 de abril de 1855 afirmó: "Yo nunca he sido espía para nadie ni de nadie. Nunca he dejado de cumplir con mi deber con el Señor Soulé como secretario de esta legación".

Las consecuencias del duro enfrentamiento público fueron diferentes para los dos diplomáticos. La presidencia, no podía ser de otra manera, apoyó al embajador. "Señor, teniendo como tiene usted un cargo diplomático y una de las misiones más importantes de la diplomacia estadounidense, el presidente ha visto con sorpresa y preocupación una carta abierta en un periódico dirigida a él", le escribía a Horatio J. Perry, el secretario de Estado, W.L. Marcy, el 26 de mayo de 1855, "… Por esta improcedencia el presidente considera que es su obligación revocarle del cargo que ahora ocupa", concluía el texto del ejecutivo cesando de manera fulminante al secretario de la legación en Madrid.

Este amargo cruce de acusaciones públicas entre los dos diplomáticos estadounidenses en Madrid, era solo un reflejo de los difíciles momentos que atravesaba Estados Unidos en los años previos a la Guerra de Secesión. Abolicionistas y esclavistas estaban cada vez más enfrentados.

El alejamiento de Horatio J. Perry de la legación estadounidense en Madrid fue largo. El "castigo" se mantuvo durante seis años y hasta que no se produjo un viraje claro en las políticas del ejecutivo americano, Perry no pudo volver a su actividad diplomática.

De la misma manera que ocurría en Estados Unidos, el debate abolicionista en España también se agudizó en la década de los sesenta del siglo XIX.

2. ABRAHAM LINCOLN Y LOS ABOLICIONISTAS ESPAÑOLES

En todas esas reuniones, en todos los mítines públicos, en revistas y periódicos una figura emergía con fuerza: la del presidente Abraham Lincoln, que fue ensalzado y hasta venerado por los partidarios de la abolición de la esclavitud españoles.

Desde 1860, año en que fue elegido presidente, y hasta 1865, en que fue asesinado, más de 260 artículos fueron publicados sobre el presidente americano en los periódicos españoles. Y entre ellos destacan multitud de bosquejos biográficos. "Nuestros lectores saben muy bien que nosotros somos extraños a todas las cuestiones políticas, pero hay hechos que convierten dichas cuestiones en cuestiones sociales", afirmaba el inicio de uno de estos perfiles biográficos de Abraham Lincoln, publicada en *Escenas contemporáneas* en el año 1865, "damos a nuestros lectores la biografía ... del alma de estos acontecimientos transcendentales (la abolición de la esclavitud), de la representación viva de esa idea en cuya defensa se está derramando tanta sangre", concluía el texto (Nueva época, 2, 1865: 17-20).

También ya en el año 1865 se imprimía en La Habana el primero de una serie de libros en español relacionados o con el presidente o con el magnicidio. *La causa célebre del asesinato del presidente Lincoln*, recogía "Todos los incidentes de este célebre proceso, del que se espera la aclaración de hechos y la rectificación de presunciones que la conciencia pública desea", escribía el autor en la introducción. A ese primer libro le siguieron muchos más. En 1866 se publicaba *La Vida de Abran (sic) Lincoln, décimo sesto presidente de Estados Unidos*, de Justo Zaragoza. Las publicaciones fueron constantes durante el siglo XIX.

Pero esta pasión por Lincoln no incluía un conocimiento de sus políticas que eran complejas y trascendían el debate sobre la abolición de la esclavitud. Para muchos historiadores los graves problemas políticos estadounidenses no eran lo más importante para los abolicionistas españoles. La visión de estos reformadores sociales fue reduccionista. Solo veían el conflicto como un enfrentamiento entre aquellos estadounidenses favorables a la abolición frente a los que sin bagajes defendían la esclavitud. La política del presidente de Estados Unidos tenía muchos matices. Lincoln, durante los primeros momentos de su presidencia, tuvo una posición prudente frente a la abolición de la esclavitud en los estados que habían roto con la Unión. Quería evitar la secesión que aquellos estados esclavistas, que todavía estaban dudosos sobre si inclinarse o no a favor de los estados secesionistas. Por ello, se habló poco de la esclavitud en los primeros discursos de Lincoln. La insistencia era en si los estados podían o no secesionarse dentro de la legalidad constitucional.

Para entender la fuerza de los abolicionistas españoles –eso sí, enarbolando su visión de la Guerra de Secesión como una guerra entre esclavistas y abolicionistas– y la presión que ejercieron tanto frente al presidente de Estados Unidos como con el propio gobierno español para lograr que España no se inclinase a favor de los Estados confederados y declarase su neutralidad durante la contienda, la figura de Horatio Perry fue determinante. Y ello fue la razón de que Lincoln atendiese a la petición de Carolina Coronado de restaurar a su marido como secretario de la legación de Estados Unidos en España. Efectivamente Carolina Coronado intercedió por su marido ante el nuevo presidente de Estados Unidos haciendo valer el abolicionismo de Perry. "Señor: ocho años hace que me casé con un ciudadano anglo-americano", escribía Carolina Coronado al presidente Abraham Lincoln el 25 de marzo de 1861, "...Cuando sufrí la agresión de los enemigos del Norte que enviando al francés Soulé, a España, para proponer la compra de Cuba o promover una guerra esclavista", continuaba la antiesclavista Coronado, "...Hay documentos que prueban la lealtad y el patriotismo con los que mi marido defendió el pabellón anglo-americano arrastrado por el lodo por Soulé... el presidente Pierce comenzó sus agresiones contra los republicanos destituyendo a mi marido...para complacer a los filibusteros Soulé y Davis", afirmaba Coronado en su carta al presidente Lincoln. Pero Carolina Coronado fue más allá. "Seis años hemos combatido para que triunfen las ideas del Norte. Seis años esperando con mis hijos el día de la reparación. Esta ha llegado con el triunfo de usted y a usted pido en nombre de mis hijos...la restitución de su padre, en su puesto de secretario de la legación en España, como un acto de justicia". Carolina Coronado fue escuchada por Abraham Lincoln y Horatio Perry fue restaurado en su cargo.

Nada más retomar su puesto en Madrid, y debido a los problemas familiares que el nuevo embajador en Madrid, nombrado por Abraham Lincoln, Carl Shurz, alegó, para retrasar su incorporación al cargo, los abolicionistas Horatio Perry y Carolina Coronado saborearon el poder como embajadores interinos de los Estados Unidos. Sabían que desde allí podrían avanzar en la causa antiesclavista. "Unos días antes de mi llegada a Europa fui informado sobre la grave enfermedad de uno de mis hijos, declarada estando en Hamburgo... he decido partir tan pronto me lo permitan mis obligaciones... tuve una última entrevista con el señor Calderón Collantes y le presenté al Sr. Perry como encargado de negocios interino". En la misma carta, escrita el 23 de diciembre de 1861, Carl Shurz también comunicó al presidente Lincoln que, desde Alemania, viajaría directamente hacia Estados Unidos. "Nunca me hubiera atrevido a dar por hecho tu permiso de no estar plenamente convencido de que los intereses de Estados Unidos no se verán perjudicados por la ausencia temporal de mi puesto, sobre todo, al saber que mi cargo será ocupado por un hombre tan capaz y patriota como Perry", concluía laudatoriamente Shurz. Y tenía razón.

La labor diplomática de Perry fue muy favorable para los intereses del Norte. Acusando al Sur de querer crear un imperio añadiendo Cuba y parte de México, a los Estados Unidos, convenció al ministro de Exteriores, Calderón de Collantes, para declarar la neutralidad española en la Guerra Civil estadounidense el 17 de junio de 1861. Además, el Gobierno de España expulsó al navío sureño *Sumpter* y al resto de barcos confederados de todos los puertos españoles incluidos los antillanos.

Esta victoria lograda por Perry fue acompañada de la petición que, de alguna manera, el presidente Lincoln declarase la infamia de la esclavitud de manera clara cuanto antes. "Incluso los más liberales (de los españoles) no entienden las razones de que queramos coaccionar la libertad de los estados del sur de permanecer libres cuándo han demostrado ser una nación solida e independiente", escribía Perry al Secretario de Estado William Seward en septiembre de 1862, "frente a ello yo enarbolo el argumento de la esclavitud. Este es el punto en el que nos apoyan", concluía persuasivo e insistente el embajador interino en Madrid (Surwillo 411).

En esta batalla diplomática, el apoyo de la poeta Carolina Coronado, a su marido y la causa del norte, fue importante. Y también para ella la razón era la defensa de la abolición de la esclavitud aunque esta todavía no estuviera en la primera línea de los planteamientos políticos de Lincoln. La poeta repetía en su obra que la virtud mayor del presidente era su compromiso con la causa del abolicionismo. Así en su Oda a Lincoln, publicada en *La América, Crónica Hispanoamericana*, el 8 de marzo de 1861 insistía en lo que ella quería resaltar como mayor virtud: la lucha contra la esclavitud.

"¡Lincoln, salud! Tu nombre que ha vencido,
del pueblo el escogido,
atravesando por inmensas olas
el terrible océano,
del mundo americano
ha llegado a estas playas españolas.
Grandioso ejemplo de valor cristiano,
hoy ya tu acento humano
contra la injusta esclavitud levantas,
para que el genio altivo
del pueblo primitivo
rescate el libro de sus leyes santas"

Era también este ensalzamiento de la lucha contra la esclavitud, la mejor manera, según los abolicionistas españoles, de que virase la opinión pública a favor del Norte uniendo así los intereses de los abolicionistas españoles y antillanos con el triunfo de la Unión. Si mostraban que la Guerra Civil americana era solo una guerra entre partidarios de la esclavitud y abolicionistas y no una guerra más compleja que implicaba un profundo debate sobre dónde residía la soberanía si en la Federación de estados o en cada uno de los estados, la lucha por la abolición de la esclavitud en Cuba y Puerto Rico saldría reforzada.

Las primeras consecuencias de este debate, y del buen hacer político de los abolicionistas, fue la posibilidad de que el abolicionismo español se organizase. En 1864 en el domicilio familiar de los Vizcarrondo, en la madrileña calle del Soldado número 4, se organizó la Sociedad Abolicionista Española. Entre los impulsores se incluían reformadores sociales de ambos lados del Atlántico. Así eran peninsulares los señores Félix de Bona, Laureano Figuerola, Gabriel Rodríguez, Joaquín María Sanromá, y muchos más. Antillanos fueron: Tristán Medina y Sancho; Antonio Calixto; Andrés y Federico Arango; Antonio Angulo de Heredia y Fernando Orgaz. Más tarde se unieron al proyecto otros reformadores sociales como Rafael María de Labra, Emilio Castelar, Segismundo Moret y Salustiano de Olózaga entre otros (Martínez Carreras 263-274).

"Julio Vizcarrondo fue el alma de aquella segunda propaganda (la abolicionista), en la cual tanta parte tomaron también los economistas", escribía en sus *Memorias* Joaquín María Sanromá, "Él fue el que inició el movimiento, él lo organizó, él nos reunió, nos alentó, él cuidó de los meetings, de los folletos, de la publicación de *El Abolicionista*, y todo lo hizo con un celo, una diligencia...que a la legua denunciaban su educación angloamericana", escribía de forma laudatoria para Vizcarrondo y para Estados Unidos, Sanromá (343). También reconocía Sanromá cómo en las críticas vertidas contra los abolicionistas les llamaban entre otras cosas: "filibusteros, insensatos, instrumentos de los yankees (sic) y por supuesto enemigos de la Patria" (345). Es decir la influencia de Estados Unidos la reconocían todos, los abolicionistas y también sus enemigos.

3. MUJERES EN EL PRIMER ABOLICIONISMO ESPAÑOL

Ya en esta primera reunión informal de los abolicionistas, celebrada en su casa, estuvo presente Harriet Brewster y defendió la necesidad, como había ocurrido en el abolicionismo estadounidense, de que hubiera mujeres en la nueva asociación. Así esa tarde también se proyectó la creación de una Sección de Señoras (Martínez Carreras 263-274).

Poco después, en abril de 1865, en la Academia Matritense de Jurisprudencia y Legislación, antigua Academia de la Purísima Concepción, se inauguró con un acto solemne la actividad de la Sociedad Abolicionista organizándola institucionalmente. Lo primero fue su Constitución. Como presidente fue elegido el prestigioso Salustiano de Olózaga, como vicepresidentes Juan Valera; Antonio María Segovia; Laureano Figuerola; José María Orense; Fermín Caballero. Como vocales Práxedes Mateo Sagasta, Luis María Pastor, Emilio Castelar y otros. Los secretarios fueron, el instigador del proyecto, Julio Vizcarrondo y Mariano Carreras y González.

Y allí se siguió con la propuesta de Brewster y se decidió la creación de una Junta mixta para organizar una Sociedad de Señoras dentro de la Sociedad Abolicionista. Entre las mujeres que integraron la Junta estaban la propia Harriet Brewster; Pilar Matamoros de Tornos, la condesa de Pomar, la condesa de Priego, Faustina Sáez de Melgar y Adela del Moral y Cruzado, entonces mujer del escritor y político abolicionista Wenceslao Ayguals de Izco, autor de *El esclavo* y de la primera traducción de *La choza del tío Tom* (Jiménez-Landi 74-77).

Poco después, la Sociedad Abolicionista organizó mítines en teatros madrileños. Y allí de nuevo vemos la influencia de Estados Unidos y la afluencia masiva de mujeres. Es más de los mítines abolicionistas se informaba y mucho en la prensa femenina. El primero de los mítines fue en el Teatro Variedades, el día 10 de diciembre de 1865, y a él concurrieron –si hacemos caso a la información publicada en *La Violeta* el día 17 de diciembre de 1865– "Las damas más distinguidas de la Corte que habían acudido presurosas a abrazar la noble y generosa causa que era el objeto de la reunión". La finalidad del mitin tenía además mucho que ver con las reformadoras sociales españolas. El objeto era "dar a conocer los mensajes expresivos dirigidos a las señoras de Madrid por las que componen las sociedades abolicionistas de las principales poblaciones de la Gran Bretaña".

El artículo explicaba vivamente el desarrollo y la decoración del Teatro para la reunión y de nuevo vemos la fuerza de la influencia del abolicionismo estadounidense en el español. "En el fondo de la escena aparecían inscritos los nombres de Lincoln, Wilberforce... Enriqueta Stowe, Orense, y otros adeptos a la causa abolicionista", contaba la reseña publicada en *La Violeta*. El 10 de Junio de 1866 se celebró un segundo mitin abolicionista esta vez en el teatro Jovellanos. Lo que pretendía la Sociedad era conceder los premios a los mejores poemas contra la esclavitud que se presentaron al certamen que ella misma había convocado. "Vizcarrondo adivinó por el sello del correo la procedencia y la autora de mi composición a la esclavitud de los negros", escribía Concepción Arenal desde La Coruña a su amiga Pilar Matamoros de Tornos, el 11 de junio de 1866 "...Después vi en los periódicos los temas de las composiciones premiadas y reconocí el mío".

4. A MODO DE CONCLUSIÓN

A finales de 1866 se clausuraba esta primera y brillante etapa del abolicionismo organizado español. El intento de sublevación iniciado por los artilleros del cuartel de San Gil de Madrid, el 22 de junio de 1866, y la represión posterior impuesta por el régimen isabelino, supuso el exilio y la persecución de muchos de los reformadores sociales y políticos comprometidos con el abolicionismo, entre ellos de Vizcarrondo y de su mujer Harriet Brewster. La Sociedad Abolicionista, como todas las asociaciones creadas por progresistas y demócratas, fue clausurada.

Este primer abolicionismo, tan influido por Estados Unidos, había terminado pero, sin embargo, la actividad abolicionista renació y no se paralizó hasta el logro de la abolición de la esclavitud en Puerto Rico, en 1873, y en Cuba en 1886.

BIBLIOGRAFÍA

Bryant, W. C. *Letters of a Traveller*. New York: D. Appleton and Company, 1859. Print.

Carl Shurz a Abraham Lincoln, 23 de diciembre de 1861. Washington: Lincoln Papers, Library of Congress. Print.

Carolina Coronado a Abraham Lincoln, 25 de marzo de 1861. Washington: Lincoln Papers, Library of Congress. Print.

Causa célebre. Asesinato del presidente Lincoln, y atentados contra Seward y otros. La Habana: Imprenta del Diario de Marina, 1865. Print.

Campo Alange, M. "Concepción Arenal a Pilar de Tornos, 11 de junio de 1866". *Concepción Arenal, 1820-1893*. Madrid: Revista de Occidente, 1973: 249-250. Print.

Domínguez, R. J. *Diccionario Nacional o Gran Diccionario clásico de la lengua española (1846-1847)*. 5ª Ed, 2 vols. Madrid-París: Establecimiento de Mellado, 1953, Print.

Corwin, A. F. *Spain and the Abolition of Slavery in Cuba, 1817-1886*. Austin: University of Texas Press, 1967. Print.

Garrison, W. Ll. *The Letters of William Lloyd Garrison: Let the Oppressed Go Free, 1861-1867*. Cambridge, MA: Harvard University Press, 1979. Print.

"Important diplomatic disclousures. Our relations with Spain. Causes of the removal of the Secretary of Legation at Madrid". *The New York Times* 19 de septiembre de 1855. Print.

Jiménez-Landi, A. *La institución libre de enseñanza y su ambiente. Tomo 1, Los orígenes de la Institución*. Madrid: Ministerio de Educación y Cultura, Universidad Complutense, Universidad de Barcelona, Universidad de Castilla La Mancha, 1996. Print.

Martínez Carretas, J. U. "La abolición de la esclavitud en España según la reciente bibliografía y estado de cuestiones". *Revista de Indias* LXV/175. (1985): 263-274. Print.

Pérez Rodríguez, I. M. *Carolina Coronado. Del romanticismo a la crisis de fin de siglo*, Badajoz: Del Oeste Ediciones, Diputación, 1999. Print.

Reunión abolicionista. *La Violeta. Revista Hispano-americana de instrucción primaria, educación, literatura, ciencias y labores, dedicada a S.M. la reina doña Isabel II* 159 (17 de diciembre de 1865). Print.

Rodríguez Pérez, J. F. y A. Vizcarrondo Sabater. "Entre la filantropía y el humanitarismo: Julio Vizcarrondo y Coronado (1829-1889) y la Sociedad protectora de los niños de Madrid". *Foro de educación* 10 (2008): 297-32. Print.

Rodríguez, J. R. *Encyclopedia of Emancipation and Abolition in the Transatlantic World*. New York: Routledge, 2007. Print.

Sanromá, J. M. *Mis memorias*. Madrid: Tipografía de Manuel G. Hernández, 1887. Print.

Surwillo, L. "Poetic diplomacy: Carolina Coronado and the American Civil War". *Comparative American Studies An International Journal* 5:4. (2013): 409-422. Print.

Vila Vilar E. y L. Vila Vilar. *Los abolicionistas Españoles. Siglo XIX*. Madrid: Ediciones de Cultura Hispánica, 1996. Print.

Yellin, J. F. "Hawthorne and the Slavery Question". *A Historical Guide to Nathaniel Hawthorne*. L. J. Reynolds. Ed. New York: Oxford University Press, 2001. Print.

Zaragoza, J. *Vida de Abraham Lincon, décimo sesto presidente de los Estados Unidos Justo Zaragoza*. New York: Appleton y Ca, 1866. Print.

NOTAS

1   Esta investigación se ha podido realizar gracias al proyecto de investigación HAR2016-76398-P titulado: "Intercambios culturales y creación de identidades a través de las fuentes literarias. Siglos XIX-XX".

LA REPÚBLICA NORTEAMERICANA, MODELO DE GOBIERNO PARA INTELECTUALES Y POLÍTICOS ESPAÑOLES LIBERALES DE PROYECCIÓN DEMOCRÁTICA

Francisco M. Balado Insunza
UNED

1. INTRODUCCIÓN

La Revolución norteamericana y la formación del Estado derivado de ella, los Estados Unidos de América, constituyeron uno de los referentes esenciales en la construcción de los regímenes políticos nacidos de los sucesivos procesos revolucionarios europeos y americanos desde finales del siglo XVIII y durante la primera mitad del siglo XIX.

En relación con España, además de la indiscutible influencia en la independencia de sus colonias en el continente americano, la República norteamericana fue considerada un modelo por intelectuales y políticos que veían en ella el espejo en el que debía reflejarse la evolución del modelo liberal que, con cambios y vaivenes constantes, se había ido consolidando, con carencias esenciales, en el transcurso del siglo XIX. Un modelo que, restaurada la monarquía borbónica (1875), tomaría un rumbo absolutamente divergente con el consolidado en los Estados Unidos de América después de la Guerra de Secesión (1861-1865).

A partir de la evidencia empírica de esta diferente evolución sociopolítica podemos analizar propuestas en España que, durante el siglo XIX, especialmente en su segunda mitad con extensión hasta las primeras décadas del siglo XX, pretendieron relacionar ambas realidades. Entre ellas, las que anhelaban que la nación española tuviese un sistema político que tomase como ejemplo el de los Estados Unidos de América, sin obviar que también existieron otras que valorando el norteamericano más que la decadente y corrupta monarquía constitucional borbónica, lo rechazaban igualmente por razones políticas, filosóficas y éticas esenciales.

Nuestra aportación, sin espacio para desarrollar exhaustivamente todas las posiciones que defendían, con diferentes matices, la traslación del modelo o de sus principios y esencias se centrará, tras fijar algunos aspectos preliminares –necesarios para situar la cuestión planteada– en las que defendieron teóricamente intelectuales como Antonio Angulo Heredia, Gumersindo de Azcárate, Rafael María de Labra y Adolfo González Posada. Con la misma pretensión esquemática esbozaremos los principios constitucionales norteamericanos que tuvieron cabida en la Constitución española de 1869, la primera a la que, en nuestro país, le alcanza el calificativo de democrática, siquiera en su intencionalidad.

Este breve ensayo, integrado en un ejercicio comparativo de la República norteamericana como modelo y antimodelo para la realidad política y social española, pretende ser la introducción de una reflexión sobre el corpus teórico de cada posición, sus referencias y diferencias en términos culturales o de mentalidad, sus raíces éticas, sus derivadas coyunturales o sus implicaciones económicas, sociales o territoriales e, incluso, el grado de imbricación que tales ideas tuvieron en la sociedad española del momento histórico analizado (segunda mitad del siglo XIX y comienzos del siglo XX) permitiendo, en definitiva, abordar las relaciones entre España y Estados Unidos desde perspectivas casi inexploradas. Un campo de investigación abierto a otros vectores analíticos, distintos autores o protagonistas admiradores o críticos con el modelo político republicano federal norteamericano; a otras disciplinas y prismas como la filosofía o las expresiones artísticas o literarias en un momento en el que, en España, se debatía entre el inmovilismo y el progreso, el liberalismo y la democracia, la evolución y la revolución, se esbozaban tensiones territoriales y, en fin, se cuestionaba su propia configuración y sentido como nación política en permanente construcción, razón última de la búsqueda de ejemplos a los que asirse o de los que huir.

2. LA REPÚBLICA NORTEAMERICANA, ¿MODELO DE GOBIERNO EN LA ESPAÑA DEL SIGLO XIX?

2.1 Conceptos y cultura política. Una necesaria referencia previa

El análisis de cualquier proceso histórico precisa un previo espacio que fije los conceptos que aparecen referidos en los documentos lo que evidencia la complejidad de cada momento del pasado. Comparar los tiempos observables en el ámbito lingüístico con el suceder de los acontecimientos, para que empíricamente se puedan advertir los cambios semánticos y sus ritmos a lo largo del devenir histórico, resulta fundamental para acometer el estudio de los procesos históricos (Blanco Rivero 25). Fijado el concepto, su contextualización posterior en cada coyuntura permite conocer su "momento", precisando así las relaciones entre lo semántico y lo temporal (Capellán de Miguel 2012: 195) extrayendo de ese doble enfoque, conceptual y temporal, elementos que permitan fijar conceptos que trascienden y expresan rasgos característicos homogéneos, desde el punto de vista histórico.

De este modo, hablamos de tradición, progreso, soberanía, representación, centralismo, descentralización, federalismo, igualdad, bien común, estabilidad, orden, liberalismo o democracia. Son conceptos que viven diferentes momentos en cada coyuntura e integran culturas políticas divergentes. Sobre ellos, la cultura liberal-democrática confeccionará un corpus teórico con el que se va a sustentar su proyecto político de progreso social que irá adaptando coyunturalmente.

2.2 España y Estados Unidos. Una breve referencia a su recorrido histórico durante el siglo XIX

Una segunda cuestión previa debe referirse al recorrido histórico comparado entre España y Estados Unidos durante el siglo XIX.

España emergió como sujeto político nacional tras la invasión francesa que había provocado un vacío de poder llenado por varias legitimidades que se enfrentaron entre 1808 y 1814. La combinación, tras la guerra, de dos de ellas, la monarquía tradicional y la nación surgida como sujeto político del doble proceso revolucionario y bélico, resultó la dualidad que resume la evolución sociopolítica española en la contemporaneidad. Un desarrollo secular posterior repleto de conflictos, pronunciamientos militares y revoluciones supusieron, con el mantenimiento de las estructuras precedentes y la pérdida del Imperio, una paralización económica y social que implicó una evolución política y constitucional no consensuada y explicativa del devenir nacional durante el periodo al que circunscribimos este ensayo y que podría resumirse con el momento conceptual de tres términos: monarquía constitucional, régimen parlamentario y doctrinarismo.

El nacimiento de los Estados Unidos de América como nación soberana, tras una revolución y guerra contra la metrópoli tuvo una expresión constitucional que, con sucesivas enmiendas, la fueron adaptando a cada momento lo que motivó una continuidad solo puesta en entredicho por el conflicto civil y territorial que seccionó la nación mediado el siglo XIX. Superado y cerradas, con dificultad, las heridas, las transformaciones y el avance económico, demográfico, social y territorial llevaron a la nación estadounidense a la cúspide del sistema internacional de potencias. Tres términos definen esta evolución: República Federal, democracia y sistema constitucional de balances y contrapesos *(checks and balances).*

2.3   Mirada al exterior. Una constante durante el siglo

En la España del XIX, la referencia a modelos exteriores fue constante. En el caso de los demócratas se aludía a ellos como demostración de la viabilidad de la democracia como sistema político que incluía la existencia de sufragio universal, a la supremacía de los derechos individuales y libertades y a la descentralización administrativa (Peyrou 333).

La mirada al exterior no era unívoca. Se defendía el camino inglés, el doctrinarismo francés, el sistema suizo, sin faltar las referencias a las repúblicas clásicas. Sin embargo, una de las más influyentes se dirigía a la República de los Estados Unidos de América. Bien es cierto que hubo precedentes que expresaron cierta ambivalencia sobre el significado de la construcción democrática de la República norteamericana. Por ejemplo, ya se fijaron en ella los constituyentes españoles de 1812 pero para rechazarla debido al peligro de contagio revolucionario que provocaba (De la Guardia 205).

Estados Unidos como anti-modelo nacía en aquel momento y esta tesis contaría con gran aceptación discurriendo en España por distintas coyunturas y discursos decimonónicos hasta ser defendido, ya en el nuevo siglo, por una nueva generación de intelectuales liberales que centrarán su mirada en Europa (Ortega y Gasset 68).

La mirada positiva hacia la República norteamericana tiene, igualmente, precedentes en el comienzo del siglo XIX en España. Algunos viajeros a Estados Unidos escriben su experiencia como Pedro Méndez Vigo: *España y América en progreso* (1835) o Ramón de la Sagra: *Cinco meses en los Estados Unidos de América* (1835). Tras la edición en español de *La Democracia en América* de Alexis de Tocqueville en París en 1836 y en España en 1854, serán muchos los intelectuales que recurrirán a la República norteamericana como modelo, no tanto de democracia, que también sino, sobre todo, a su condición de república frente al monarquismo isabelino que se rechaza. Nombres como Fernando Garrido, Eugenio García Ruiz, Rafael M. Baralt, Nemesio Fernández Cuesta, Eduardo Chao, Antonio Ortiz Romero o Francisco Ruiz de Quevedo aparecen como referencias necesarias en un repaso a vuelapluma sobre el tema que bien ha merecido la atención de algunos especialistas (Capellán de Miguel, 51-54; Peyrou 343-344).

3. LA REPÚBLICA NORTEAMERICANA, MODELO DE GOBIERNO PARA LOS INTELECTUALES Y POLÍTICOS LIBERALES DE PROYECCIÓN DEMOCRÁTICA (FINALES S. XIX - INICIO S. XX)

3.1 Antonio Angulo y Heredia: la supremacía de la democracia norteamericana

Traspasado el ecuador del siglo XIX, serán varios los autores que defenderán el modelo político norteamericano. En 1865, año final de la guerra de Secesión norteamericana, el joven Antonio Angulo Heredia (1837-1875) publicará, tras hacerlo por entregas en la *Revista Hispano Americana* que él mismo dirigía, sus "Estudios sobre los Estados Unidos de América". Se trataba de unas conferencias que había impartido en el Ateneo de Madrid a lo largo de 1864 y en las que este analista de las instituciones norteamericanas fijará su atención sobre sus principios básicos: La democracia y el *self-government*.

Sostenía Angulo Heredia que debíamos aprender a buscar los modelos en el orden político:

> [...] no en la vieja y gastada centralización europea que todo lo ahoga [...] sino en esa descentralización magnífica que, partiendo de la soberanía del individuo, va extendiéndose a círculos cada vez más amplios por medio de la asociación libre y presenta a la admiración del mundo el espectáculo incomparable de maravilloso progreso en todas las esferas de la vida, que solo puede ofrecer un pueblo cuya existencia política y social descansa sobre los eternos fundamentos de leyes creadas por la soberanía popular e inspiradas por los principios incontrastables de la libertad y de la justicia. (136)

Se refería, naturalmente, a Estados Unidos y su posicionamiento derivaba hacia la tesis de que Europa –y, por ende, España– tenía mucho que aprender de la República norteamericana ya que se trataba de "un "modelo práctico e histórico que deben tener siempre a la vista los que deseen sinceramente contribuir con sus esfuerzos a la inevitable, aunque lenta evolución de nuestra patria por el camino del progreso" (6).

La democracia estadounidense se constituía, en el orden político y, también, en el moral en un ejemplo basado en principios que han saltado decía Angulo "al terreno sólido de los hechos" (6) lo que este intelectual y periodista krausista, al que su corta vida no permitió profundizar en sus reflexiones, defendió enfatizando la unión entre libertad e igualdad, algo inexplorado y que permitía en la República norteamericana el gobierno del pueblo por sí mismo, es decir el *self government* como complemento imprescindible de la democracia, cuya expresión en estos términos –que incorporan aspectos clave como la descentralización territorial y un sistema constitucional de equilibrios entre los distintos poderes del Estado– se produce por primera vez en los Estados Unidos de Norteamérica lo que implica, concluye Angulo, su superioridad sobre el resto de las naciones, en el orden político (13).

3.2 Gumersindo de Azcárate y el énfasis en los valores

Tras la revolución de 1868 y la Constitución de 1869, con indiscutible influencia norteamericana como veremos, y con necesarias apelaciones a autores como Labouyele, restaurada la monarquía borbónica, algunos de los componentes de la llamada generación del 68 formada por intelectuales y políticos de convicciones democráticas defenderán la República norteamericana como modelo político. Uno de sus miembros, Gumersindo de Azcárate (1840-1917) realizará estudios sobre aspectos políticos concretos como el relativo al poder del jefe del Estado, impartirá conferencias sobre la nación norteamericana en su conjunto como la del 15 de febrero de 1892 en el Ateneo o analizará publicaciones sobre ella como hizo sobre el libro de James Bryce *The American Commonwealth* (1888) en el que se sostenía que la República de los Estados Unidos de Norteamérica:

> [...] es una mezcla de independencia con un sistema de balanzas y contrapesos: el poder legislativo se contrapone al ejecutivo y a ambos el judicial; una Cámara contrapesa a la otra, y el Gobierno nacional contrapesa el de los Estados particulares. Sobre todos está el poder verdaderamente soberano, la sociedad, el pueblo en su integridad, la opinión Pública. (21)

Este es el elemento esencial por el que Azcárate consideraba modélica la República norteamericana: la preeminencia de la soberanía del pueblo. Esta posición, que refleja su proyección democrática, es el exponente de toda una cultura política que pondrá el acento en los valores democráticos, en el orden, el progreso y el bienestar social antes que en otros aspectos como la forma de gobierno –republicana o monárquica– accidental para Azcárate aunque bien es cierto que mantuvo cierta predilección por el modelo británico que evolucionó hacia la democracia manteniendo la forma monárquica. Lo expresaba así, reseñando la obra de Bryce:

> [...] los Estados Unidos llevan a los pueblos europeos no pocas ventajas, entre las cuales es sin duda la más valiosa, la estabilidad por lo que hace al orden político, circunstancia que influye no poco en la satisfacción con que recuerdan su pasado, la tranquilidad con que viven al presente y la confianza con que piensan en el porvenir. (71)

Y es que Azcárate citando a Bryce concluye que:

> Los Estados Unidos muestran el nivel más alto, no solo de bienestar material, sino también de cultura y de felicidad *á que nuestra raza ha llegado, será* el juicio que formen los que ponen los ojos, no en los pocos favorecidos, en cuyo beneficio parece haber el mundo organizado hasta aquí sus instituciones, sino en el pueblo todo, en todo el cuerpo social. (105)

Existe cierta controversia sobre si esta dimensión democrática formaba parte del ideario de Gumersindo de Azcárate, toda vez que parece haberse asentado la idea de que era el parlamento y no el pueblo el que ostentaba la primacía política en el pensamiento de Azcárate. Los que así piensan, realizan una interpretación limitada de su pensamiento. Azcárate enfatizaba el valor del parlamento al que daba poder sobre el ejecutivo, pero siempre que fuese reflejo verdadero de la opinión pública, del interés general como ocurría en Inglaterra o en los Estados Unidos. En ese caso el pueblo, representado en el parlamento, gobernaba efectivamente. En *El régimen parlamentario en la práctica* (1885) Azcárate desarrolla esta idea clave en términos de denuncia de lo que, en ese momento, se había convertido el parlamento español: la expresión de la falsedad, el fraude y la ficción del modelo doctrinario que Azcárate rechazaba y era diametralmente opuesto al norteamericano.

3.3 Rafael Mª de Labra y la dimensión internacional de la República norteamericana

No era Rafael Mª de Labra (1840-1918) un entusiasta de la República norteamericana ni uno de sus mayores defensores. Sin embargo, valoraba el significado histórico que representaba y los principios heredados que transmitía:

> Inglaterra dejó allí -se refiere a Estados Unidos- su espíritu eminentemente liberal y profundamente político; sus hábitos de trabajo, su fe, su atrevimiento, su perseverancia; el alma de sus instituciones seculares limpias allende el Atlántico de ciertos antecedentes históricos y ciertos aditamentos de localidad. (9)

Esta referencia la reflejaba Labra en su obra: *El Derecho internacional y los Estados Unidos de América (1877)* en la que reconocía la grandeza de los Estados Unidos poniendo también en primer lugar al pueblo y es ahí, en el punto en que la dimensión internacional de la República norteamericana tiene para Labra un valor mayor que su participación en la construcción de los nuevos espacios territoriales que definirán su tiempo:

> Si hay algún pueblo que pueda decirse la obra del siglo XIX, ese pueblo, con sus defectos y sus primores, es el pueblo de los Estados Unidos. Y yo soy un hombre de mi siglo; y yo creo que este ha hecho mucho [...] y pienso que donde mejor pueden verse nuestras torpezas y nuestros aciertos, nuestras miserias y nuestras grandezas, es en acción poniendo los ojos en la gran república de allende el Atlántico. (8-9)

3.4 Adolfo González Posada y la extensión de la propuesta al comienzo del siglo XX

La posición de Angulo o Azcárate, incluso la de Labra, fue minoritaria en nuestro país. La monarquía doctrinaria se convirtió en la forma de gobierno que perfeccionó el modelo liberal instaurado a partir de 1812, reformulado en 1837 y, con vaivenes como el Sexenio, consolidado definitivamente sobre la base de la Constitución de 1876 y el pacto turnista tras la muerte de Alfonso XII, en 1885.

Parecía que la República norteamericana dejaba de ser, poco a poco, el modelo democrático en el que habían puesto sus esperanzas los demócratas-liberales españoles del 68. Y era así. Los modelos europeos se imponían paralelamente al, cada vez, mayor rechazo hacia Norteamérica desde diferentes posiciones políticas, también entre los liberales de proyección más o menos democrática. La Guerra finisecular entre los dos países hizo el resto. Sin embargo, algunos discípulos de aquellos demócratas krausistas insistieron, ya en el nuevo siglo, en la vigencia del modelo norteamericano. Es el caso de Adolfo González Posada (1860-1944) que en su conocido ensayo *La Ciudad moderna* (1915) –que le sirvió para entrar en la Real Academia de Ciencias Morales y Políticas de la mano de su mentor, Gumersindo de Azcárate– sostuvo que el pueblo –insistimos en la reiteración del término– norteamericano había sido capaz de "[...] crear y realizar una de las formas típicas de régimen democrático en el Estado federal republicano sobre el supuesto práctico de la soberanía nacional" (407). Enfatizaba Posada el aspecto esencial del modelo que no era sino la soberanía nacional como base de un sistema democrático que, con todos sus errores, vicios y corruptelas –bien descritas por el ensayista en su discurso– se expresaba en el caso estadounidense con nitidez debido a que, en aquella república: "todas las reformas políticas y administrativas realizadas o intentadas [...] han tenido una fuente común: la determinación del pueblo en cuanto a que el gobierno debe ser la expresión de su voluntad." (413)

Concluía Posada, en contra de criterios que denostaban el desarrollo territorial norteamericano –sobre todo el municipal– por corrupto que "la ineficacia de la democracia no era una cuestión de democracia sino de imposibilidad de obtener un funcionamiento eficaz buscando una adecuada aplicación de la democracia y un adecuado desarrollo –dentro de un régimen democrático eficaz– de la competencia administrativa técnica" (415) poniendo de este modo el acento en la expresión práctica y la evolución del modelo más que en los principios y valores democráticos que prevalecían y mantenían.

3.4 La influencia de la Constitución de los Estados Unidos de 1787 en la Constitución española de 1869

Se ha escrito, no excesivamente, sobre la influencia que la Constitución norteamericana de 1787 tuvo en la Constitución española de 1869. Quizás ha sido Joaquín Oltra quien mejor ha situado los términos de la relación entre ambos textos constitucionales. Sintéticamente citaremos algunos aspectos de aquella siguiendo sus reflexiones. Debemos comenzar citando el preámbulo de la Constitución de los Estados Unidos de América de 1787 cuya traducción sería:

> Nosotros, el pueblo de los Estados Unidos, a fin de formar una Unión más perfecta, establecer la justicia, garantizar la tranquilidad nacional, tender a la defensa común, fomentar el bienestar general y asegurar los beneficios de la libertad para nosotros y para nuestra posterioridad, por la presente

promulgamos y establecemos esta Constitución para los Estados Unidos de América.

Los conceptos clave del texto están claros. Pueblo-Unión-Principios (justicia, garantía de tranquilidad, defensa común, bienestar general, libertad y progreso).

De ellos, ¿cuáles recoge la Constitución española de 1869 de ellos? Transcribimos su preámbulo:

> La Nación Española y en su nombre las Cortes Constituyentes elegidas por sufragio universal, deseando afianzar la justicia, la libertad y la seguridad, y proveer al bien de cuantos vivan en España, decretan y sancionan la siguiente Constitución.

Como se puede apreciar, la Nación, representada en Cortes elegidas por sufragio universal, es el concepto que se iguala al de Pueblo de los Estados Unidos, en aplicación del principio representativo. A partir de aquí de enumeran casi los mismos principios: justicia, libertad, seguridad, bien común, con los matices que sean pertinentes, pero con una clara identidad de objetivos esenciales que denotan, sin duda, que los constituyentes españoles del 69 vieron en el texto norteamericano el espejo en el que fijarse para subrayar su ideario conceptual democrático.

Existen algunos ejemplos más de la influencia norteamericana en la Constitución de 1869 (los arts. 22 y 29 sobre la ilegislabilidad de los derechos inherentes al ser humano; los arts. 17 y 21 sobre la libertad religiosa o el art. 27 relativo al mérito y la capacidad) pero, sobre todo, donde se refleja con nitidez la relación entre ambas constituciones es en el ámbito de las ideas sobre el origen y los límites del poder y sobre el concepto de los derechos individuales, (Oltra 138) aspectos claves de la proyección democrática de esta efímera constitución española sustituida en 1876 por otra que enfatizó la soberanía compartida entre el rey y las Cortes y cuya puesta en práctica política derivó hacia el predominio del ejecutivo sobre el legislativo en un sistema que se mantuvo hasta su implosión definitiva en 1923 motivada por el golpe de Estado de Primo de Rivera.

4. CONCLUSIONES

En un contexto como el decimonónico que fue agrandando las diferencias culturales, sociales, económicas y de mentalidad individual y colectiva entre las naciones española y estadounidense, puede afirmarse que la República norteamericana fue un modelo para intelectuales y políticos españoles liberales de proyección democrática, continuadores, en el tercio final del siglo XIX, de una tradición constatable con anterioridad en otros autores, defendieron la República norteamericana por su esencia, por sus valores y principios que armaban una democracia modélica para el gobierno.

La soberanía del pueblo, la defensa de los derechos individuales y de las libertades personales y políticas, la igualdad, el Bien Común, la descentralización, la estabilidad, el orden y el progreso social y económico fueron principios que proyectaban el modelo liberal hacia la democracia y, mientras la realidad política interior viraba hacia un sistema no democrático, estos demócrata-liberales españoles miraron hacia el exterior visualizando el modelo político defensor de los valores que pretendían para España en la República norteamericana con independencia de que la virtualidad sistémica pudiese operarse bajo parámetros procedimentales diferentes (parlamentarismo en vez de presidencialismo, por ejemplo).

Se trató de una influencia con una puntual y escasa acogida pero con cierto eco perceptible durante décadas aunque el rechazo creciente del modelo norteamericano por parte de otras culturas políticas, incluso de algunas situadas en el liberalismo político entrado ya el siglo XX, determinó un ocaso coyuntural debido, por un lado, a que la cultura política liberal y democrática centró su interés en otros modelos más cercanos (Inglaterra y Francia) como referencias predominantes y, por otro lado, a un desarrollo práctico oscurecido por la progresiva radicalización de la política española durante el siglo XX.

REFERENCIAS

Angulo Heredia, A. "Estudios sobre los Estados Unidos de América". *Revista Hispano Americana* 1- 5. (1865): 5-13; 57-60; 92-95; 131-136 y 177-182. Print.

Azcárate Menéndez, G. *La República norteamericana según el profesor Bryce.* Madrid: Imprenta de J. Rodríguez, 1891. Print.

Blanco Rivero, J. L. "La historia de los conceptos de Reinhart Kosselleck: conceptos fundamentales, Sattelzeit, temporalidad e histórica". *Politeia* 49:35. (julio-diciembre 2012): 1-33. Print.

Capellán de Miguel, G. "La república norteamericana como modelo político para el krausismo español". *Bulletin d´histoire Contemporaine de l´Espagne* 46 (2011): 43-70. Print.

__. "Los "momentos conceptuales". Una nueva herramienta para el estudio de la semántica histórica". *Conceptos políticos, tiempo e Historia.* J. Fernández Sebastián y G. Capellán de Miguel. Ed. Santander: Mc Graw Hill - Ed. Universidad de Cantabria, 2012. Print.

De la Guardia, C. "La Revolución americana y el primer parlamentarismo español". *Revista de Estudios Políticos* 93 (1996): 205-218. Print.

González Posada, A. *La ciudad moderna.* Madrid: Real Academia de Ciencias Políticas y Morales, 1915. Print.

Labra, R. *El Derecho internacional y los Estados Unidos de América.* Madrid: Administración de El Abolicionista, 1877. Print.

Peyrou, F. "Los republicanos españoles y los Otros. Impacto e influencia de los modelos republicanos foráneos, 1840-1874". *Revista de Estudios Políticos* 175 (2017): 331-356. Print.

Ortega y Gasset, J. *La rebelión de las masas.* Ciudad de México: La Guillotina, 2010. Print.

Oltra, J. *La influencia norteamericana en la Constitución española de 1869.* Madrid: Instituto de Estudios Administrativos, 1977. Print.

PARTICIPACIÓN CATÓLICA E INDIFERENCIA RELIGIOSA ENTRE LA COLONIA HISPANOPARLANTE DE NUEVA YORK DURANTE EL ÚLTIMO TERCIO DEL SIGLO XIX

Miguel Ángel Hernández Fuentes
Doctor por la Universidad de Salamanca

Mientras en la península ibérica Alfonso XII se ponía al frente de una España convulsa, el 23 de abril de 1875 la colonia española de Nueva York celebraba una misa de *Requiem* por el eterno descanso de Miguel de Cervantes. Las mujeres habían adornado cuidadosamente el túmulo funerario que se levantaba en medio del templo y el padre Soler predicaba en español ("Cervantes"). El principal promotor de esta efeméride y director de *El Cronista de Nueva York*, José Ferrer de Couto, entendía que la inclusión del componente católico era necesaria en un evento de tal magnitud, pues en cualquier programa serio y bien ordenado "ningún pueblo cristiano debería prescindir de las exequias funerales de la Iglesia" (Ferrer 7). Sin embargo, tras el óbito de su primer promotor, quienes continuaron organizando este evento en años sucesivos eliminaron el componente religioso. No lo hicieron por mostrarse contrarios a la fe. Arturo Cuyás, que colaboró con Ferrer en la preparación de la primera efeméride y asumió el testigo tras su muerte, se manifestaba creyente, pero optó por diseñar un programa más festivo y popular al estilo americano (Varela 62).

En 1890, con motivo del naufragio del vapor Vizcaya, tuvo lugar otra función religiosa en la que participó buena parte de la colonia española de Nueva York. El padre Neil McKinnon, que presidió el funeral, subrayó la piedad religiosa de los españoles, pues por primera vez una compañía de vapores consagraba "las preces de la Iglesia a las víctimas de un siniestro marítimo"[1].

No se trataba de unos actos aislados a los que acudían los hispanoparlantes de Nueva York para orar con motivo de una catástrofe o de una efeméride. Ya hemos dejado constancia en otro lugar de la participación regular de un nutrido grupo de españoles en las parroquias de Nueva York (Hernández 2017) y sabemos de la cooperación prestada a la archidiócesis neoyorquina por algunos de sus miembros más influyentes (Burman y Beerman 53-57). Como ya señalara el padre Thomas Campbell, provincial de los jesuitas en Maryland-New York, los españoles acomodados se habían integrado en las parroquias neoyorquinas acomodándose al estilo de vida americano con el fin de mejorar sus negocios y su posición social: "en esta ciudad no hay muchos españoles y por lo general son ricos y, aunque quieren tener un confesor que hable español, prefieren vivir con los americanos para aprender nuestro idioma"[2]. Sin embargo, las clases populares que vivían en el entorno de los muelles de East River, junto a los diques donde operaban las compañías navieras, en las inmediaciones de la calle catorce, donde se habían establecido diversos negocios de sabor español, o en los muelles de Brooklyn, trabajando en las industrias tabacaleras, habían abandonado mayoritariamente su fe.

Para hacer frente a esta desidia religiosa, el padre Filippo Cardella reunía en la iglesia baja de san Francisco Javier a una feligresía compuesta de trescientos o cuatrocientos fieles que acudían semanalmente a la misa de once para escuchar su predicación en castellano[3]. Este sacerdote jesuita de origen italiano, había dedicado buena parte de su vida a la misión en Centroamérica, consiguiendo un perfecto dominio del español y de la cultura hispana. En 1882 llegó a Nueva York para trabajar con la comunidad hispanoparlante de la ciudad, que siempre había tenido en la parroquia de san Francisco Javier a un sacerdote disponible para atender a este grupo lingüístico (Hernández 2018):

> Desde que los padres se establecieron en Nueva York estuvieron al cuidado de muchos españoles e hispanoamericanos y, desde hace cuarenta años o más, pensaban, con mayor o menor compromiso, proveer más seriamente y con estabilidad no solo a un nutrido grupo de

señores o ricos que espontáneamente hacían uso de su obra, sino a toda la colonia de lengua española[4].

Sin embargo, el espacio que utilizaba no era suficiente y Cardella se lamentaba de que muchos españoles abandonaran la práctica religiosa por no disponer de un templo propio. La construcción de una parroquia destinada a los hispanoparlantes de la ciudad, similar a la que habían levantado otros grupos lingüísticos, serviría para remediar la indiferencia religiosa de las clases populares: "Tratando de los españoles que vienen de España o del continente o de las islas americanas, la mayoría son responsables del abandono de toda práctica religiosa o para hacerse incrédulos o protestantes"[5]. Alejados de su patria y de sus familias, inmersos en un ambiente social y cultural muy distinto al que estaban acostumbrados y con una lengua incomprensible para la mayoría, vivir la fe en Nueva York se convertía en un reto más complicado de seguir que en sus lugares de origen: "la gran mayoría no saben ni una palabra de inglés ni tienen interés en aprenderla, especialmente entre la servidumbre que se muestra incapaz de asimilarlo"[6], relataba el padre Cardella en una de sus misivas.

En este contexto sociocultural propio de un país con unas cifras tan abultadas de inmigración, el padre Cardella se quejaba de la falta de atención en que se encontraban los hispanoparlantes: "nadie se toma en serio el cuidado de las almas de todas estas personas, muchos mueren sin los sacramentos, y lo que durante muchos años ha significado para ellos la Compañía [de Jesús], puede comprobarse que es absolutamente insuficiente"[7]. Como había ocurrido con los italianos, los protestantes ejercían sobre los españoles un intenso proselitismo, quienes disponían de un ministro propio y de dos capillas específicas, por lo que algunos se habían pasado al cristianismo evangélico. Además, existían en Nueva York determinadas corrientes de pensamiento y de acción que disuadían a los católicos de sus convicciones.

1. EL LIBREPENSAMIENTO

Aunque con raíces profundas en el siglo de las luces, los primeros grupos de librepensadores organizados que radicaron en España nacieron al amparo de las libertades proclamadas por la revolución de 1868 y tuvieron un foco especialmente activo en Barcelona (Álvarez 193). Sin embargo, el movimiento no llegó a estar sólidamente consolidado en España hasta la década de 1880. En 1882 se fundó en Barcelona la Liga Anticlerical de Librepensadores que fue multiplicando su campo de acción, se escindió en diversos grupos y fue ramificándose por toda la península hasta llegar incluso al otro lado del Atlántico. En 1883 el proceso de expansión del librepensamiento en España cristalizaba con la fundación de algunas publicaciones periódicas como *Las Dominicales del Libre Pensamiento* en Madrid, semanario que fue seguido al año siguiente por la edición de otro periódico en Nueva York que se ubicaba en su mismo espectro ideológico: *El Progreso*. Ambas cabeceras sostenían unos vínculos ideológicos que se hacían patentes en sus propias páginas ("Nobleza obliga").

Su director y editor era Ramón Verea, un gallego que había emigrado a Nueva York en 1865 donde inicialmente ejerció como profesor de español y traductor y, además, fue conocido como inventor de aparatos mecánicos. En 1880 se embarcó en el negocio editorial con la inauguración de El Polígloto, una imprenta donde cuatro años más tarde comenzó a publicar *El Progreso*, cuyo encabezado tildaba la publicación como una *Revista mensual ilustrada de todos los conocimientos humanos*. Según declaraba el editorial aparecido en su primera página, el objetivo de la revista era el de dar a conocer en español lo principal que se hubiera publicado en idiomas extranjeros, especialmente lo referido a "invenciones y adelantos en mecánica, industrias, artes, etc." ("Al público"). Además, en este primer editorial se añadía que la revista tendría sus secciones correspondientes en política, medicina, filosofía y religión, materias ante las cuales el director confesaba su neutralidad. No obstante, a pesar de las reiteradas manifestaciones de imparcialidad, sabemos del carácter antimonárquico y republicano de Ramón Verea ("La

Restauración...") y de su marcada orientación anticlerical, opciones ideológicas que reafirmaba en las páginas de la revista ("Un mundo religioso"; "Ayes de moribundo"). Con ella se inauguraba una nueva vía en el espectro político de la prensa española en Nueva York, alineándose con el librepensamiento y manifestándose muy crítico con la monarquía alfonsina y con la política desarrollada por el Partido Conservador (Varela 48).

Desde su posición ideológica, Ramón Verea alimentaba ese anticlericalismo tan característico del siglo XIX y, al mismo tiempo, presumía de su independencia, censurando a los periódicos que vivían de las subvenciones y se sometían a sus patrocinadores:

> Nosotros hemos defendido sin miedo ni consideración humana los derechos del pueblo, que ninguna subvención ha de darnos, contra los abusos de los malos gobernantes, que tan generosamente reparten el producto de sus enjuagues con los que en la prensa les encubren; nosotros hemos expuesto los absurdos de los credos sin temor a los explotadores de las religiones; (...) se encuentran muy pocos periódicos que tengan el valor suficiente para atacar los excesos del poder político y religioso. ("Primer aniversario")

El éxito y la difusión que esta publicación tuvo entre la población hispanoparlante permitió aumentar su periodicidad, pasando de mensual a quincenal. Este incremento de su frecuencia muestra la capacidad que tenía de influir en los españoles afincados en Nueva York o, al menos, manifiesta el interés que sus reflexiones despertaban entre la población hispanoparlante de la ciudad y de otros muchos lugares del continente americano donde contaba con un amplio abanico de agentes comerciales ("Agentes del Progreso"). Buena prueba de la difusión que *El Progreso* tenía entre los lectores hispanoamericanos fue la respuesta que *La Revista Católica* publicada por los jesuitas de Nuevo México hizo de algunos de sus artículos: "*El Progreso*, revista mensual ilustrada, dirigida por Ramón Verea odia y detesta a los jesuitas con todas las veras de su alma (...) El camino por donde *El Progreso* intenta destruir los templos, es el de destruir el alma" (Caballer 114-115). Al margen de los argumentos esgrimidos por ambas cabeceras, la polémica desatada entre dos revistas publicadas a más de tres mil kilómetros de distancia muestra las redes intelectuales y culturales tejidas entre la población hispanoparlante diseminada por los Estados Unidos.

Tras un año en la calle, *El Progreso* adoptó el subtítulo de *Revista mensual ilustrada de mecánica, inventos, política y religión*, mudanza que manifiesta el interés que los temas religiosos tenían para su editor. Una mirada rápida a los ejemplares conservados nos permiten comprobar que la temática religiosa estaba presente en la mayoría de sus números, donde aparecían extensos artículos sobre temas religiosos y críticas constantes a las comunidades religiosas y a los católicos: "el librepensamiento avanza y las religiones positivas retroceden", escribía el director de la revista en junio de 1885, y concluía "esos fantasmas creados por el clero para atemorizar al pueblo y chuparle el sudor van disipándose" ("¡Bien por México!"). Muchos de estos artículos fueron recogidos y publicados posteriormente como libros independientes (Verea 1890 y 1891) y constituyeron la base del catecismo del librepensador, obra en la que Ramón Verea trabajó durante años (Verea 1894).

2. LA MASONERÍA

El Progreso mantenía también estrechos vínculos con la masonería, una de las sociedades secretas condenadas por la Iglesia, que se presentaba como una de las principales amenazas contra los sentimientos religiosos. Sabemos de la influencia que esta sociedad ejercía en la construcción del pensamiento político de las nacientes repúblicas hispanoamericanas y del apoyo que los masones norteamericanos brindaron a la causa independentista cubana, cuyos líderes se reunían en el Masonic Hall de Nueva York[8].

Algunos hispanoparlantes se vincularon muy pronto con esta sociedad secreta, cuya primera logia en lengua española que se estableció en Manhattan fue La Fraternidad nº 387, fundada por Andrés Cassard en 1855. Su creador era un cubano de ascendencia francesa que hubo de exiliarse a Nueva York tras participar en diversas actividades independentistas, llegando a convertirse en una de las figuras más importantes de la masonería hispanoamericana (Sánchez 149). En 1860 publicó un *Diccionario de la masonería* en español que tuvo sucesivas ediciones. La segunda vio la luz en 1861 (Cassard 1861) y, diez años más tarde, hizo otra versión corregida y ampliada (Cassard 1871). Sin embargo, este manual trajo consigo la expulsión de Cassard de la logia que él mismo había fundado, siendo acusado de revelar secretos y enseñanzas que deberían permanecer ocultos. No obstante, Cassard continuó su actividad desde otras obediencias en las que se integró (Hyneman viii).

    La presencia de Cassard en Nueva York convirtió a la ciudad en un centro difusor del pensamiento masónico, especialmente a través de la revista *El Espejo Masónico*, que este líder dirigió desde finales de 1865 y a través de otras publicaciones que salieron de la misma imprenta. En 1872 la conocida editorial Appleton & Company firmó un convenio con el autor para publicar sus obras en cuyos establecimientos podían adquirirse las obras de Cassard, incluso aquellas que habían sido editadas anteriormente: los dos tomos del *Manual de la masonería*, el *Catecismo de los tres grados simbólicos*, los tres tomos de *El Espejo Masónico* y el *Manual de la Estrella de Oriente* (A.B.M. 7)

    También funcionaba en la ciudad otra logia denominada La Universal cuyas actividades eran reseñadas por Ramón Verea en las páginas de *El Progreso* ("Fiesta masónica"). Asimismo, en esta revista se hacía propaganda del *Diccionario de la Masonería* dirigido por Rosendo Arus y Arderiu y editado en Barcelona, el cual podía adquirirse en la administración del periódico ("Diccionario masónico"). Del influjo que la masonería ejercía sobre los hispanoparlantes se lamentaba el padre Cardella, quien reconocía que muchos españoles ni siquiera estaban bautizados mientras que otros eran masones[9]. Cuando este sacerdote llegó a Manhattan, ya estaban abiertas las dos logias citadas, La Fraternidad y La Universal, junto a otra denominada La Estrella de Cuba que nació vinculada al movimiento independentista de la isla (Goicoechea 126). En julio de 1892 se incorporaron a la Gran

Logia Simbólica Española otras dos logias más llamadas Cosmos y Acacia (Enríquez 115).

3. EL MOVIMIENTO OBRERO

Junto a la masonería, también comenzó a propagarse el socialismo entre las clases trabajadoras durante la última década del siglo XIX, algo que, según el cónsul de España en Nueva York, era impensable en años anteriores. A juicio de Miguel Suárez Guanes, la llegada de obreros alemanes e irlandeses junto a otros polacos, húngaros y franceses había contribuido a la expansión de los ideales del movimiento obrero en los Estados Unidos, especialmente durante los años de la crisis económica que sucedieron a la Guerra de Secesión (Burrows y Wallace 1089-1090). Por aquellas fechas, los trabajadores comenzaban a convocar huelgas con el fin de conseguir una reducción de la jornada laboral y así lo manifestó en 1886 en el cónsul de España en Nueva York, Arturo Baldasano y Topete, quien señalaba que estos ideales no habían calado entre los obreros españoles[10].

Tan solo una década después del citado informe de Arturo Baldasano, su sucesor al frente del consulado neoyorquino afirmaba que los trabajadores españoles residentes en la ciudad llevaban más de un mes de huelga[11]. El paro venía provocado por la difícil situación padecida por los empleados en las fábricas tabacaleras y por la depresión financiera que se había extendido por todo el país. La competencia existente en el mundo laboral hizo que los trabajadores españoles fueran sustituidos por obreros judíos que ofrecían su servicio por un salario sensiblemente inferior.

El tema no solo afectaba a las relaciones laborales, pues la extensión del socialismo y del anarquismo suponía también un reto para la Iglesia y para la práctica religiosa de los trabajadores que se veían influenciados por sus doctrinas anticlericales. Por ello, el arzobispo Michael Corrigan manifestó su preocupación por la extensión del socialismo entre los inmigrantes católicos. Entre los papeles del padre Cardella custodiados en Georgetown University se conserva una carta del arzobispo, traducida al español, donde se ponía en guardia a los "católicos seculares" frente a la llamada sociedad antipobreza que se había establecido en la ciudad en marzo de 1887 (Shelley 395-396). Su promotor era el padre McGlynn, un sacerdote cuyas posturas le granjearon la condena del arzobispo, y estaba integrada mayoritariamente por trabajadores irlandeses, muchos de cuales eran antiguos parroquianos suyos. En la carta enviada por Michael Corrigan se afirmaba que los integrantes de la sociedad atacaban el derecho de propiedad, proclamaban determinadas doctrinas contrarias a la Iglesia y en sus reuniones era "ultrajada habitualmente la Santa Sede y puestas en ridículo personas y cosas sagradas"[12]. El arzobispo declaró entonces que la asistencia a sus reuniones sería un pecado reservado y un escándalo para la fe. La traducción al español de esta carta y su conservación por parte del padre Cardella revelan que el riesgo de participación en estas reuniones no era exclusivo de los trabajadores irlandeses y que también los hispanoparlantes habrían sido convocados a este movimiento social.

También los anarquistas con su famoso lema "Ni Dios, ni amo" promovieron sus ideales entre la clase trabajadora asentada al otro lado del puente de Brooklyn. Allí estaban ubicadas las principales empresas tabaqueras donde muchos hispanoparlantes habían encontrado trabajo y sufrían la explotación laboral propia del capitalismo finisecular. Durante las dos últimas décadas del ochocientos, algunos anarquistas españoles llegaron a Nueva York y difundieron por la ciudad aquellos ideales que habían adquirido en su país de origen. José Cayetano Campos, Luis Barcia, Pedro Esteve o Adrián del Valle promovieron la formación de sociedades de resistencia y fundaron *El Despertar*, un periódico por el que se conectaron a las redes anarquistas de muy diversas latitudes (Sueiro 84). Distanciándose de las tesis que vinculaban fácilmente al empresario con la religión, José Cayetano Campos proclamaba en uno de sus escritos la indiferencia religiosa de los capitalistas a quienes no les interesaba en absoluto la práctica religiosa: "Los capitalistas, o mejor dicho, los señores feudales del siglo XIX (...) han descubierto que para explotarnos no es necesario que se nos obligue a ir a la Iglesia. A ellos les tiene sin cuidado que nosotros creamos o no en Dios" (Campos).

Sin embargo, estas puntualizaciones de José Cayetano Campos no suponían una justificación de la religión, pues sus críticas a las prácticas religiosas eran habituales en la prensa anarquista. En julio de 1891, en un ensayo publicado en *El Despertar*, su autor se congratulaba del reciente matrimonio entre José Casteleiro y Mercedes Pereira que habían rechazado la ceremonia religiosa por inútil y dañina. Este rechazo de los sacramentos se convertía en un lema que los obreros escuchaban en sus fábricas y contribuía a su distanciamiento de la fe: "¿Y para qué sirve ir a oír una misa dicha siempre en la misma lengua que nadie entiende y siempre la misma, todos los domingos, todos los años y toda la vida?" (Merlino), se preguntaba uno de los redactores al comenzar el siglo XX. Y respondía él mismo con una burla de la celebración: "es una costumbre tonta que embrutece como embrutece el canturreo de los rezos, siempre los mismos, aprendidos de memoria y que se adaptan a todas las personas y a todos los casos" (*Ibidem*). Su crítica a la práctica religiosa concluía finalmente con una arenga: "¡Obreros! Liberaos de todas las supersticiones, pensad con vuestro propio cerebro, no reconozcáis ni dios ni amo, y solo entonces podréis ser iguales" (*Ibidem*).

El propio Manuel Martínez Abello describía en un artículo sus razones para profesar el anarquismo y señalaba su deseo de conseguir una sociedad igualitaria en la que no existiera ni el gobierno, ni la propiedad privada, ni la religión (Castañeda 81). Estas reflexiones, leídas en las fábricas y escuchadas con notable atención por los obreros, ponían a los trabajadores españoles lejos de los muros del templo y sembraba en ellos no solo la indiferencia sino la hostilidad contra la fe.

4. UNA REACCIÓN TARDÍA

Frente a estas corrientes de pensamiento y acción que promovían una mentalidad secularizada y, en ocasiones hostil, contra la Iglesia, la Arquidiócesis neoyorquina apenas reaccionó. Con el fin de facilitar la práctica religiosa de los inmigrantes, una de las características más peculiares del catolicismo norteamericano fue la creación de parroquias nacionales que nacían destinadas a las diversas comunidades lingüísticas (García). Sin embargo, los hispanoparlantes de Nueva York tuvieron que esperar muchos años para contar con un templo propio. A pesar de los esfuerzos empleados por el padre Filippo Cardella, este religioso jesuita no logró convencer a las autoridades eclesiásticas para levantar una parroquia dedicada a los españoles e hispanoamericanos de la ciudad (Cardella). La llegada masiva de italianos operada durante los últimos años del siglo XIX focalizó las energías de la arquidiócesis en favor de este grupo lingüístico en detrimento de los españoles: "existen otros proyectos absolutamente de mayor importancia que exigen todas nuestras fuerzas, por ejemplo el ejercicio de obras ministeriales entre los pobres y sobre todo presar un servicio entre los numerosos italianos pobres de Nueva York"[13]. Los hispanoparlantes que residían en la ciudad apenas llegaban a los seis mil en 1890 y, aunque eran suficientes para disponer de un templo propio, no lo consiguieron hasta los primeros años del siglo XX (Shelley 459).

Esta primera parroquia española, titulada Nuestra Señora de Guadalupe, fue inaugurada en 1902 y ubicada en una pequeña capilla habilitada en la calle 14. A su cargo estuvieron los Agustinos de la Asunción, que no eran españoles, sino franceses, pero disponían de una misión en Chile, donde algunos religiosos habían aprendido español. Sin embargo, la colonia española más populosa residía entre los puentes de Manhattan y Brooklyn, a unos cuatro kilómetros de la calle 14, en un área escasamente salubre, donde la atención pastoral a los hispanoparlantes fue escasa. Más tardía fue la apertura de un templo para los españoles de Brooklyn que fue erigido en 1916 y encomendado a una comunidad de religiosos paúles nacidos en España que se habían asentado previamente en Filadelfia.

Ya hemos indicado que los católicos de origen español más acomodados frecuentaron diversas parroquias neoyorquinas, donde han dejado constancia en los registros sacramentales. Quienes estaban vinculados a la masonería y al librepensamiento también pertenecían a este grupo bien posicionado, pero sus convicciones les apartaban del culto católico, aunque algunos también frecuentaron los sacramentos. Sin embargo, las clases populares no se sentían cómodas en esos templos, dado su desconocimiento de la lengua y su diferente extracción social, perdiendo los hábitos religiosos que habían alimentado su fe durante su estancia en España. La colonia española no era excesivamente numerosa en comparación con otros grupos lingüísticos y, por ello, la falta de un apostolado específico, las dificultades de vivir en una sociedad tan diversa a la propia, la influencia de las misiones protestantes y las corrientes de acción contrarias a la fe, hicieron que la participación religiosa fuera algo extraño para muchos de ellos.

REFERENCIAS

"Al público". *El Progreso*, enero de 1884: 1. Print.
"¡Bien por México!" *El Progreso*, junio de 1885: 355. Print
"Agentes del Progreso". *El Progreso*, enero de 1885: 246-247. Print.
"Ayes de moribundo". *El Progreso*, junio de 1885: 352-354. Print.
"Cervantes". *La Llumanera de Nova York*, mayo de 1875: 6. Print.
"Diccionario masónico". *El Progreso*, mayo de 1885: 308. Print.
"Fiesta masónica". *El Progreso*, junio de 1885: 355. Print.
"La Restauración de la monarquía en España". *El Progreso*, enero de 1884: 8-9. Print.
"Nobleza obliga". *El Progreso*, abril de 1885: 308. Print.
"Primer aniversario". *El Progreso*, diciembre de 1884: 209. Print.
"Un mundo religioso". *El Progreso*, enero de 1884: 9-13. Print.
A. B. M. *Guía de la ciudad de Nueva York*. Nueva York: Ponce de León, 1872. Print.
Álvarez Lazo, P. Ed. *Librepensamiento y secularización en la Europa contemporánea*. Madrid: Universidad Pontificia de Comillas, 1996. Print.
Burman, C. y E. Beerman. *Un vasco en América. José Francisco Navarro Arzac (1823-1909)*. Madrid: Real Sociedad Bascongada de los Amigos del País, 1998. Print.

Burrows, Edwin G. y Wallace, Mike. *Gotham. A History of New York City to 1898*. Nueva York: Oxford University Press, 1999. Print.

Caballer Dondarza, M. *La narrativa española en la prensa estadounidense. Hallazgos, promoción publicación y crítica (1875-1900)*. Madrid: Iberoamericana, 2007. Print.

Campos, J.C. "Soy anarquista. III." *El Despertar*, 1 de agosto de 1891: 1. Print.

Cassard, A. *Manual de la Masonería o sea el Tejador de los ritos antiguo escocés, francés y de adopción*. Nueva York: Macoy y Sickles, 1861. Print.

__. *Manual de la Masonería o sea el Tejador de los ritos antiguo escocés, francés y de adopción*. Nueva York: Imprenta de El Espejo Masónico, 1871. Print.

Cardella, F. *Iglesia católica española e hispanoamericana en Nueva York*. Nueva York: Imprenta de Las Novedades, 1884. Print.

Castañeda, Ch. J. "Times of Propaganda and Struggle. *El Despertar* and Brooklyn's Spanish Anarchists, 1890-1905". *Radical Gotham: Anarchism in New York City from Schwab's Saloon to Occupy Wall Street*. T. Goyens. Ed. Urbana: University of Illinois Press, 2017: 77-99. Print.

Enríquez del Árbol, E. "La inserción de una obediencia española en los Estados Unidos: el Soberano Consejo General Ibérico y la Gran Logia Simbólica Española (1892-1898)". *Revista de Estudios Históricos de la Masonería Latinoamericana y Caribeña* 19 (2018): 108-146. Print.

Ferrer Couto, J. *Relación de los primeros festejos religiosos y literarios que se hicieron en la ciudad de Nueva York el día 23 de abril de 1875 para conmemorar el aniversario de la muerte de Cervantes*. Nueva York: El Cronista, 1875. Print.

García de Cárdenas, J. *Las parroquias personales (lingüísticas) en la pastoral de la inmigración en los Estados Unidos durante el siglo XIX*. Roma: Ateneo Romano de la Santa Cruz, 1991. Print.

Goicoechea, R. *Guía Compendiada de la ciudad de New York y cercanías*. Nueva York: Wynkoop, Hallenbeck y Ca., 1889. Print.

Hernández Fuentes, M. A. "Españoles y católicos en Manhattan a mediados del siglo XIX". *North America and Spain: transversal perspectives*. J. Cañero. Ed. Nueva York: Escribana Books, 2017: 214-227. Print.

___. "Los jesuitas de *St. Francis Xavier's Church* y su actividad con los hispanoparlantes de Nueva York (1851-1880)". *Transatlantic gazes: studies on the historical links between Spain and North America*. C. Aguasaco. Ed. Alcalá de Henares: Ediciones de la Universidad de Alcalá de Henares, 2018: 141-150. Print.

Hyneman, L. *Cincuenta años de la vida de Andrés Cassard*. Nueva York: George R. Lockwood, 1875. Print.

Merlino, S. F. "La religión". *El Despertar* 26 de junio de 1902: 3. Print.

Sánchez Gálvez, S. "Institucionalización de la masonería en Cienfuegos". *Revista de Estudios Históricos de la Masonería Latinoamericana y Caribeña* 1 (2009): 243-267. Print.

Shelley, T. J. *The Archdiocese of New York*. Estrasburgo: Éditions du Signe, 2007. Print.

Sueiro Seoane, S. "Anarquistas españoles en Estados Unidos: Pedro Esteve y el periódico *El Despertar* de Nueva York (1891-1902)". *North America and Spain: Transversal perspectives*. J. Cañero. Ed. Nueva York: Escribana books, 2017: 76-86. Print.

Varela Lago, A. M. *Conquerors, Immigrants, Exiles: The Spanish Diaspora in the United States (1848-1948)*. University of California (Tesis doctoral), 2008. Print.

Verea, R. *Contra el altar y el trono*. Nueva York: El Polígloto, 1890. Print.

___. *La religión universal: artículos, críticas y polémicas publicadas en El Progreso en 1886-1887*. Nueva York: El Polígloto, 1891. Print.

___. *El Catecismo del librepensador. Cartas a un campesino*. Nueva York: El Polígloto, 1894. Print.

NOTAS

1. Despacho 48 de Arturo Baldasano y Topete, 24 de noviembre de 1890, Archivo Histórico Nacional (en adelante AHN), Ministerio Exteriores, Consulado de Nueva York, H/1986.
2. Carta del provincial de Maryland-New York Thomas Campbell al prepósito general de la Compañía de Jesús Luis Martín, Nueva York, 12 de junio de 1893, *Archivum Romanum Societatis Iesu* (en adelante ARSI), Maryland, 11-I, 54.
3. Carta del padre Filippo Cardella al superior general de la Compañía de Jesús Luis Martín, Nueva York, febrero de 1893, ARSI, Maryland, 11-VI, 2.
4. *Ibidem*.
5. *Ibidem*.
6. *Ibidem*.
7. *Ibidem*.
8. Despacho nº 104 del cónsul de España en Nueva York, Nueva York, 13 de octubre de 1887, AHN, Consulado de Nueva York, 1986.
9. Carta del padre Filippo Cardella al superior general de la Compañía de Jesús Luis Martín, Nueva York, febrero de 1893, ARSI, Maryland, 11-VI, 2.
10. Despacho n. 51 del cónsul de España en Nueva York, Nueva York, 11 de junio de 1886, AHN, Consulado de Nueva York, 1986.
11. Despacho n. 14 del cónsul de España en Nueva York, Nueva York, 1 de febrero de 1895, AHN, Consulado de Nueva York, 1986.
12. Carta del arzobispo de Nueva York Michael Corrigan, 22 de enero de 1889, Georgetown University Library, Cardella Papers, folder 7.
13. Carta del padre Luis Martín al padre Filippo Cardella, 8 de julio de 1893, Georgetown University Library, Cardella Papers, folder 4.

THE IRISH FAMINE: FROM EUROPE TO NORTH AMERICA[1]

José Manuel Estévez-Saá
Universidade da Coruña

The Irish Famine, despite being one of the greatest human and economic catastrophes in the history of Ireland with a deep impact on North America, has not been a recurrent or even a frequent topic in literature in English. This has been already acknowledged by critics such as Terry Eagleton who, in his well-known book *Heathcliff and the Great Hunger*, asserts that "There is a handful of novels and a body of poems, but few truly distinguished works" (1996: 13), and wonders "Where is the Famine in the literature of the Revival? Where is it in Joyce?" (1996: 13). Eagleton dealt with this same issue again, on occasion of a review after the publication of one of the novels I am going to comment on, Joseph O'Connor's *Star of the Sea*. In the review that appeared in *The Guardian* in 2003, Eagleton alludes again to the surprising fact that there is little literature dealing with such a decisive and traumatic event not only in the history of Ireland but also of Europe:

> The Irish famine of the 1840s was the greatest social catastrophe of 19th-century Europe, yet inspired surprisingly little imaginative writing. There is a powerful novel by Liam O'Flaherty and a starkly moving drama by the contemporary playwright Tom Murphy. But in both Yeats and Joyce it is no more than a dim resonance. It is as though African-Americans were to maintain an embarrassed silence about the slave trade. (2003: 1)

Notwithstanding, Eagleton points out some plausible sociological, political and historical reasons that can help us to understand this unprecedented literary silence:

> Shame and trauma may have played a part in this reticence. In recent years, however, there has been a political motive as well. Brooding on the one million dead and the one million who fled the famine is hardly much in vogue in an Ireland keen to play down its colonial past and flaunt its new-found modernity. With Ireland and the UK now cheek by jowl in the EU, it is not exactly politic to recall the bungled British relief effort, which sped a good many dead to their graves. Or to recall that quite a few eminent Britons, including the man in charge of the relief project, regarded the famine as God's way of punishing the feckless Micks for their congenital indolence. Moving in his usual mysterious way, the Almighty had chosen potato blight as a means of converting Connemara peasants into Boston politicians. (2003: 1)

Taking into account this state of things, it is particularly significant the publication in the early-twenty-first century of a series of novels which have dared to focus on this previously forgotten or avoided topic of the Great Hunger. Nevertheless, I would like to vindicate their interest not only from a socio-historical point of view, in the sense that they offer us a different perspective on the Irish Famine, but also from a literary perspective, because of the formal quality of these works.

In 2001 appeared Nuala O'Faolain's *My Dream about You*, a novel that certainly offers a new way of dealing with the immediate aftermath of the Irish Famine. And in 2002 Joseph O'Connor published what I consider to be his literary masterpiece to the moment, the novel *Star of the Sea*, set in the tragic year of 1847, when a varied group of Irish embark towards America. *Redemption Falls*, published in 2007 is O'Connor's sequel to *Star of the Sea* and the second volume of his planned trilogy on the Irish exodus to the American Continent. The novel focuses on the experience of the Irish and their descendants during and after the American Civil War; the very same people who had been forced to migrate to the States eighteen years before because of the Great Hunger. The same as O'Connor had done in his previous novel *Star of the Sea* –which brilliantly depicted the Irish journey to America–, in *Redemption Falls* different literary genres and multiple perspectives contribute to provide a comprehensive view of the Irish experience in America and to endow the novel with a complex and elaborate structure.

It seems quite clear that both O'Faolain and O'Connor were aware of the need of recuperating a historical perspective on the past as well as of offering a new view on it. I am speaking of very different novels but the texts successfully convey a similar purpose, that of addressing such a traumatic episode in the history of Ireland avoiding sentimentalism and analysing it from multiple and novel perspectives. Both authors share also one of the most salient narrative techniques in their novels, the combination of historical facts and documents and the imaginative dimension that they wanted to include and that turn their texts into fictions.

My Dream of You tells the story of Kathleen de Burca, an Irish-born middle-aged woman who exiled herself to England in her twenties so as to become a travel writer. Having London as her headquarters and after travelling around the world, she only comes back to her native Ireland when she's on the verge of her fiftieth anniversary, at a very critical moment in her life (she is suffering from the recent death of her homosexual friend Jimmy, lamenting her loneliness, and musing over her imminent decision of leaving her job and beginning a career as a writer). Cosmopolitan and free-thinking Kathleen decides to go back to Ireland so as to document herself about the Talbot Case, a historical event that took place in the nineteenth century, in 1949, in the immediate aftermath of the Great Hunger. The Talbot case, a real episode in Ireland which involved the affair of a Mrs. Talbot, a member of the landed gentry, the Anglo-Irish, with Mulan, a native Irish servant. Nuala O'Faolain has acknowledged that she documented the case by travelling to the area and asking people about it. In a note that she included before the Prologue it is said: "The passages in italics in this book are verbatim quotations from original source material relating to the Talbot divorce case, which is an actual event" and in the Acknowledgments she mentions "Mrs Patsey Duignan of Strokestown, County Roscommon, whose copy of the Talbot *Judgement* I brought to Yaddo, where I began this book: I thank the Corporation of Yaddo for its hospitality" (O'Faolain 449). Also in the Acknowledgements she refers to her knowledge of the Famine years in the following terms:

> What I know of Ireland around the time of the Famine I learned from teachers at the Merriman Summer School; from the work of Professor Robert Scally; from the *Famine Diary* Brendan O'Cathaoir contributed to the *Irish Times*; and from the eloquent remains of those terrible times on the hill of Knockfierna, County Limerick. (O'Faolain 449)

Therefore, the novel combines episodes focused on Kathleen de Burca's personal experiences with fragments from the *Talbot Judgement* and with chapters that develop the affair of Mrs Talbot with Mulan. The presentation of and allusion to the Famine years come from a certainly unprecedented perspective, that of a pair of lovers. One of the first things that shocks the readers' minds is how can anyone speak or think of love or sex at such difficult moments:

> West of Ballygall is where a story I'm looking into happened, I said. Near there. The husband was a big gentry landlord and he accused the wife of adultery with a groom.
> When?
> A few years after the worst of the Famine.
> You never think of them having sex during the Famine, the woman said.
> People have to have sex, I said. No matter what. Even in Auschwitz, probably.
> You can live without it, the woman said drily, tapping the keyboard in front of her with sudden sternness. If you have to. Lots of us have to. (O'Faolain 37)

And this way, Kathleen approaches physically and emotionally the Talbot affair, that also leads her to muse over the sad socio-historical circumstances in which it took place:

> By the end of 1848 there were no longer bodies on the roads and in the ditches, though there were bones in the most unexpected places –sticking out of earthen banks; under a solitary thornbush in the middle of a field; behind the threshold of what had once been a shop. There were as many deaths as ever, but now the deaths were indoors, in the workhouse, and in the auxiliary fever houses. It was not possible to forget that, all the time. (O'Faolain 151)

O'Faolain provides a new way of approaching the topic of the Irish Famine not only by means of the topic of the love affair between such an incredible pair but also selecting instead of the worst years, the immediate aftermath of the tragedy, and the desolate landscape that it had left:

> Even when the shops in the square reopened, half the town of Ballygall was empty. Not boarded up –deserted. Abandoned, simply. Whole laneways and streets, house after house –empty. Out along the roads, there were ghost villages. Sometimes they had been relinquished in anguish when the eviction crew went from house to house knocking the thatch down between the gables. But if the roofs were still on, then the people of that place had simply one morning begun walking along the lanes to the main road, and there had turned towards an embarkation port. With the very old and the infants on a cart pulled by a bony old horse, if the had kept a horse alive. With their possessions on their backs, or pulled along in the wicker creels on poles they brought turf out of the bog with. They waked slowly, and with much stumbling, because the people at that time did not move out when they were well. They believed, for as long as they possibly could, they might escape this fate. They did not start the walk until privation and sickness drove them. (O'Faolain 159-160)

Despite passages such as the above one, *My Dream of You* does not dwell excessively on the pains of the Irish during the Great Hunger. Similarly, it does not take sides or adopt a stereotyped and naïve positioning that distinguishes between victims and culprits. This applies as well to the characterisation of the main protagonists Kathleen de Burca and Marianne Talbot. Both are presented as complex females who do not easily fall into any easy category of victims of their own condition as Irish women or, in the case of Marianne Talbot, as a privileged member of the Anglo-Irish gentry. The following passage illustrates the complexity of Marianne's attitude towards the Irish poor that she discovers in Ireland:

> Either way, in real fact, a young woman –perfectly well in every way- had come from England into Ireland and entered this square behind the high-stepping Talbot carriage horses in 1847 or 1848. Healthy, comfortable, secure –her little daughter held firmly by the nursemaid at her side. Perhaps Marianne sighed compassionately at the beggars around the gate, too weak with hunger to lift their hands to the slowing carriage. They were her husband's beggars, after all. But probably she flinched. I did, myself, at small airports in Africa and Asia, standing around in the stifling dark outside some dimly lit terminal and just making out, maybe, a gaunt, legless figure loping towards me on his arms, or a dwarf pulling at my sleeve, or blind women with their hands outstretched, or feral children as agile as rats. (O'Faolain 301)

O'Faolain avoids making judgments in her novel by pointing out the possibility that Marianne Talbot was also suffering from a different type of hunger and that that could be one of the reasons why she approached the servant Mulan. In fact, the novel deals with many ways of interpreting hunger as O'Faolain has acknowledged in an interview where she spoke about "interlocking kinds of hunger in the book" (Edwards 2001). Mrs Talbot could have been literally hungry and both she and Kathleen de Burca are as well metaphorically hungry for love, affection and company. Miriam O'Kane Mara in her article "(Re)producing Identity and Creating Famine in Nuala O'Faolain's *My Dream of You*" has also analysed the connection that the novel establishes between female characters from the famine-era Big House and mid-twentieth century oppressed women.

O'Faolain deals with the Irish Famine even though throughout the novel, it is said that it will not be a popular topic -"You can get a bit sick of the Irish going on about their own woes" (O'Faolain 23)-, and that the topic itself is not one the Irish want to speak about: "They often deny there was a famine, the old people, Bertie said softly. They don't want it talked about. It's better to stay silent about misfortune. I heard my own mother whispering one time" (O'Faolain 409).

By interlocking the story of a twentieth-century middle-aged cosmopolitan Irish woman, Kathleen de Burca, with Marianne Talbot's sufferings in the aftermath of the Great Hunger, *My Dream of You* becomes a polyphonic novel in which the past acquires a new dimension in the light of the present. The novel invites deconstructive, feminist, cultural and historical critical approaches, and the message seems to be quite clear: there are many ways of looking at the past and coming to terms with it without simply denying or ignoring it.

Joseph O'Connor's *Star of the Sea* also shows this same need of looking back to the past with new eyes and novel resources. *Star of the Sea* narrates the exodus of a group of people who, at the time of the Irish Famine, abandon Ireland after having decided to emigrate to the States. The story takes place on the ship that gives title to the novel and in which a wide and varied group of people travel together: a humble young woman, an Anglo-Irish aristocrat with his family, and an Indian maharaja, among others. The ship that departs from Dublin on November 8th 1847 travels to Liverpool and its final destination will be New York in approximately 26 days. The diverse condition and circumstances of the varied characters are described in detail so that the privileged are contrasted with the poor who have to undergo a very different kind of voyage:

> Last night four of the steerage passengers died: Peter Foley of Lahinch (forty-seven yrs, land labourer); Michael Festus Gleeson of Ennis (age unknown, but very aged, a purblind); Hannah Doherty of Belturbet (sixty-one yrs, a onetime

domestic) and Daniel Adams of Clare (nineteen yrs; evicted tenant farmer). Their mortal remains were committed to the sea. God Almighty have mercy upon their souls and receive them unto that anchorage where reigns His peace.
The total of those who have died since this voyage commenced is eighteen. Five are in the hold this night, suspected of Typhus. Two, it is certain, will not see the morning.
I have given orders for burials to be conducted from the stern from now on and held at dawn or after dark. It is a habit of may of the women of steerage to indulge in 'keening' at such sad moments; a peculiar variety of wailing ululation where they rend their garments and pull at their hair. (O'Connor 2002: 33-34)

The novel denounces the adverse and illegal conditions in which many passengers are travelling to the States (O'Connor 2002: 35-36) and tells the particular stories of several characters. Similarly to O'Faolain's *My Dream of You*, O'Connor does not make easy distinctions between victims and villains. On the contrary, he shows the complexity of the human condition and the difficulty of judging people. Therefore, we learn about the sad story of Mary Duane, a young Irish peasant who fell in love with Lord Merridith's son, the Anglo-Irish lord. This relationship was rejected by both families. Later on, the young girl had a relationship with Pius Mulvey who abandoned her when she was pregnant. Lord Merridith's son, David –Lord Kingscourt- had to undergo his own tragedy. After being forced to renounce Mary Duane, he married Laura Markham. Their marriage was a failure only alleviated by their offspring. David Kingscourt, member of the wealthy Anglo-Irish gentry, was not able to find happiness in his privileged social condition nor in his attempts to approach the native Irish and become one of them:

He would take off his neatly pressed worsted trousers, his Winchester College blazer and schoolboy's cap, and don the rough clothes he wore at home in Connemara: the peasant's canvas britches, the bawneen *'bratt'* or smock. He seemed to think they concealed his status but for some reason they tended only to underline it. A boy in a disguise nobody believed in, an actor playing a part he didn't understand, he would trudge every rocky field and quaking bog, every potholed road and tortuous boreen, each of the thirteen villages on his father's estate, speaking the Irish he had learned from his father's servants.

The tenants found it difficult to attune to his changing accent; the exotic music of Connemara Gaelic spoken in the tones of the English public school.

'Ellorn,' he'd say, meaning *oileán:* an island. 'Rark' was his way of pronouncing *radharc*, a view. 'Rark. Rark.' He sounded like a shag. He *was* a shag. The shaggiest in Galway. Many of the people simply couldn't understand him. (O'Connor 2002: 63)

Pius Mulvey is another example of the complexity with which O'Connor portrays his characters. He is an Irish peasant who was not able to stand the sordidness and misery of his life in Ireland. He abandoned his family and his girlfriend, Mary Duane, ignorant about her pregnancy and began the life of a wandering rogue. It is the story of a young man who lost his innocence and, probably forced by adverse circumstances, lost his scruples. In any case, O'Connor dismantles all the stereotypes traditionally associated with the protagonists of the Great Hunger. O'Connor himself acknowledged in an interview with Judith Palmer that,

In my own childhood, the Famine was all the fault of the English. [...] When you look at it closely, you see how little the wealthy and powerful Irish did to protect the poor. The people who benefited most, economically, were the merchant class and slightly wealthier farmers. Vast fortunes were made out of the Irish Famine, almost invariably by Irish people who shut up and joined the chorus of Anglophobia. (Palmer 1)

In order to avoid taking sides, and with the purpose of approaching such a delicate topic in all its complexity O'Connor has turned his novel into a literary experiment that combines different genres -gothic, picaresque, history, travel writing, biography, adventure, etc.-, conveys multiple voices, represents varied experiences, and has recourse to several forms that Terry Eagleton, among other critics, has mentioned, and that endow the novel with a brilliant aesthetics:

> *Star of the Sea* is a polyphonic novel, as different voices, social accents and national idioms weave their way in and out of the text. But if its tone is that of sober English realism, its structure is that of Irish literary experiment. The book is a montage of verbal forms: letters, quotation, first-person narrative, Hansard, captain's log, snatches of ballad, advertisements, news-paper clippings, historical documentation. (Eagleton 2003: 1)

Similary to Nuala O'Faolain's novel, O'Connor has mixed historical documents and even images from the epoch with fictional accounts and passages. This formal complexity contributes to name and to give voice to the voiceless, and to avoid the silence that has surrounded this historical episode. The different material employed is organised by Grantley Dixon, O'Connor's alter-ego in the novel, an American writer who, as we are told, is precisely writing a book on the Irish Famine. As we can see in the following metaliterary reflection by Dixon, no conventional fictional rendering could comprehend the multiplicity of experiences and voices involved as well as the complexity of the historical event referred to:

> Nothing had prepared him for it: the fact of famine. [...] Dixon had no words for it. No body did. [...]
> And yet could there be silence? What did silence mean? Could you allow yourself to say nothing at all to such things? To remain silent, in fact, was to say something powerful: that it never happened: that these people did not matter. They were not rich. They were not cultivated. They spoke no lines of elegant dialogue; many, in fact, did not speak at all. They died very quietly. They died in the dark. And the materials of fiction –bequests of fortunes, grand tours in Italy, balls at the palace- these people would not even know what those

were. They had paid their betters' accounts with the sweat of their servitude but that was the point where their purpose had ended. Their lives, their courtships, their families, their struggles; even their deaths, their terrible deaths –none of it mattered in even the tiniest way-. They deserved no place in printed pages, in finely wrought novels intended for the civilised. They were simply not worth saying anything about. (O'Connor 2002: 130-131)

Both O'Faolain and O'Connor finish their respective novels in uncertainty. Both leave their readers with the opportunity to judge by themselves, once they have been provided with both the historical facts and the imaginative interpretation of them. This is a way of translating, of sharing with the audience the ethical responsibility of remembering, considering and interpreting the historical episode of the Irish Famine:

> I could *choose* what to believe about the Talbot scandal. I *would* choose what to believe. (O'Faolain 435)
> The above events all happened. They belong to fact.
> As for the rest –the details, the emphases, certain devices of narration and structure, whole events which may never have occurred, or may have happened quite differently to how they are described- those belong to the imagination. For that no apology whatsoever is offered, though some will insist that one is needed.
> Perhaps they are correct, by their own lights anyway. To take the events of reality and meld them into something else is a task not to be undertaken coldly or carelessly. On the question of whether such an endeavour is worthwhile or even moral, readers may wish to pronounce for themselves. Such questions must hover over any account of the past: whether the story may be understood without asking who is telling it; to which intended audience and to what precise end. (O'Connor 2002: 404)

At the end of *Star of the Sea*, similarly to what O'Faolain did in her novel, O'Connor mentions a whole and large list of sources that he used in order to include the most varied type of documents in his novel. The author is, therefore, subverting the traditional dichotomy reality vs. fiction, and deciphering in consequence the possibilities as well as the limits of dealing with such a tragic episode from an ethical and aesthetic point of view.

It is also extremely significant that both writers, in their rewriting of the Famine years, have chosen to include the fictional figure of the would-be writer, an Irish one in the case of O'Faolain, and an American in O'Connor's novel. This fictional resource helps them to include in their narratives metaliterary reflections on the complexity of dealing with the topic as well as to deploy the historical and fictional debt that literature has with the episode of the Irish famine. The different origin of these fictional vindicates the appropriateness and rightfulness of both Irish and foreign authors for representing the history of Ireland and of the Irish during the devastating famine years.

Joseph O'Connor's second literary masterpiece to date is the sequel to *Star of the Sea*, the already mentioned novel *Redemption Falls*, which similarly to his previous narrative deals with other kinds of famine: the young female protagonist's hunger for love, the starvation of the American land after the Civil War, and, in general, humanity's crave for comfort, consolation and redemption.

Redemption Falls takes place 18 years after the Great Irish Famine, in 1865. It tells the story of Eliza Duane Mooney, daughter of nanny Mary Duane who appeared in *Star of the Sea* emigrating to the States. Eliza, almost seventeen is now wandering alone, barefooted and in ragged clothes through the American South in search of her missing brother Jeremiah. The other main protagonists are James Con O'Keefe, a middle aged Irish immigrant and Union Army veteran who has become governor of a rural town known as "The Territory"; and his wife Lucia O'Cruz, an aspiring poet. O'Connor dwells in the aftermath of the Irish Famine, and deploys the diverse experiences of the Irish émigrés in North America. As he had done in his previous novel, he includes men and women, young and middle-aged protagonists, destitute and successful characters. Influential critic Terry Eagleton has praised this sequel in similar terms to his admiration for *Star of the Sea* (2007: 1). In a novel described as a "polyphonic monster of a book" (2007: 1) the reader discovers once again O'Connor's masterful dominion of form and his constant revision of the genre of the novel in a kaleidoscopic narrative which includes the combination of realist passages about the main characters' lives with oral tales, fables, songs, poems and ballads, translated letters, interviews, passages from court proceedings, newspaper documents, advertisements, journal fragments, obituaries, daguerreotypes; combining thus fictional with allegedly real texts. The purpose, again, is to comprehend the difficulty of narrating the varied experience of the Irish emigrants in the States, and the narrative includes explicit allusions to this process: "And you could never smirch paper with the words of this story, because a bookstory must be straight and true as a ballad, where a life is not like that, not sliceable into stanzas nor even truly capable of narration in one tense" (O'Connor 2007: 6).

The novel deploys an America suffering from the disastrous effects of the recent Civil War, depicted as a savage waste land in which loneliness, cruelty, and starvation does not offer solace either to the Irish immigrant or to the American natives:

> This was the country they'd been killing each other for. These stone walls and leaves. Those barns and stunted swards. It was barely an old man's life ago that none of it was here, when the land was only the land, not acreage. Unfenced, ungridded, unmeasured, unbequeathable, a continent of forests the size of nations. The Indians named the rivers; many banks they left anonymous. Then the immigrants came to America. (O'Connor 2007: 4)

Redemption Falls is the story of two tragedies, that of those who had to abandon an Ireland stricken by poverty as well as the one of the national and human consequences of the fratricidal war in North America. Meanwhile the characters and the story of *Star of the Sea* was somehow organized around the compression of the ship setting and the purpose of the voyage to America, *Redemption Falls* offers a vague, unmapped space (Byrd) in which protagonists and stories surface and resurface once and again.

Joseph O'Connor has openly expressed his interest in the representation of the Irish Diaspora and in its representation within America after the Civil War:

> While the narrative moves backwards and forwards a bit, it's largely set towards the end of the Civil War and in the Reconstruction era; and by those years you see the Irish being present in truly astounding numbers in America. The historian Roy Foster has calculated that, by the 1870s, 39% of all those alive who had been born in Ireland were living in America. So you could really speak in earnest about 'an Ireland abroad'. (McWay 1)

In this same interview O'Connor has explained that his intention was to avoid the recurrent clichés which have traditionally offered a reductionist view of the Irish experience in America:

> I think the history of literary writing about Irish-Americans has often been beset by cliché, the reductive idea that every Irish immigrant voted Democrat, was Catholic, was poor, missed home, lived in a ghetto, drank too much, etc. For me, the most interesting Irish American stories are often about those who had a profound desire to assimilate, who changed their names and histories, wanting to disappear into America. The picture is always far more complex and interesting than most of us realize. (McWay 1)

Equally significant is the Irish writer's desire to emphasize how many Irish emigrants contributed to the development of America as a nation, sacrificed themselves, and even gave their lives and died for the American cause.

As a conclusion we argue that the novels explored illustrate a recent attempt at rescuing from oblivion and at putting in the literary map one of the most tragic episodes of Irish history, the Great Famine. It also deploys the international repercussions of the massive wave of emigrants caused by the tragedy which influenced the history of countries such as North

America. Formally speaking, both O'Faolain and O'Connor have made an explicit effort at innovating with the genre so as to make it comprehend the complexity of the topic and the multiple points of view from which it can be tackled as well as the varied and differing experiences of those who suffered the Great Hunger and its aftermath both in Ireland and abroad.

Furthermore, these novels, which are openly dealing with the past, have also a clear projection not only in the present but also towards the future. In this sense it sounds particularly significant a statement that appears in O'Connor's *Redemption Falls*, when we are told "The past is not over [...] and the future has happened many times" (O'Connor 2007: 6). Sheila Langan has shrewdly argued how O'Connor's *Star of the Sea* and *Redemption Falls* are as much about the past of Ireland and of North America as they are about the present of these two countries, an idea that applies equally to O'Faolain's novel written similarly to O'Connor's text during the years of economic welfare in Ireland:

> When he [O'Connor] wrote *Star of the Sea*, at the height of the Celtic Tiger, he was thinking about how Ireland's flow of immigration had finally reversed, how Ireland was, in miniature, the new America for many of the people finding different lives there. With *Redemption Falls*, his focus on the American Civil War created both resonance and dissonance with the Iraq war. His novels, he says, are more about the present than they are about the past. (Langan 1)

It can be certainly argued that writers such as O'Faolain and O'Connor are very much concerned not only with the revision of the past and of the particular local circumstances of past events, as it is the case of the Irish Famine, but also and mostly with the knowledge to be acquired from that past, and with the global and universal lessons to be gathered for the future. The Famine is, therefore, a still largely unexplored tragic episode in the history of Ireland which had direct consequences in the history of Europe and of America, and literature had a historical and fictional debt that authors such as O'Faolain and O'Connor have tried to pay. Notwithstanding, their narratives were published at a critical moment in the history of both Ireland and the United States, and the early-twenty-first century seemed to be a most opportune moment to revise the past and to devise lessons to be learnt and applied to reflect upon the present of Europe, and of America as well as upon its current and future relationships.

REFERENCES

Byrd, M. "Wild Wild Lit". *The New York Times* 25 November 2007. Web.
Eagleton, T. *Heathcliff and the Great Hunger: Studies in Irish Culture*. London & New York: Verso, 1996. Print.
__. "Another Country: Review of Joseph O'Connor's *Star of the Sea*". *The Guardian* 25 January 2003. Web.
__. "Stars and Swipes: Review of Joseph O'Connor's *Redemption Falls*". *The Guardian* 5 May 2007. Web.
Edwards, B. "NPR Interview with Nuala O'Faolain". *National Public Radio* 14 March 20011. Web.
Langan, Sh. "The Power of the Past: Joseph O'Connor". *Irish America* April/May 2012. Web.
McWay, M. "An Interview with Joseph O'Connor, author of *Redemption Falls*". *The Celtic Connection* 2 December 2007. Web.
O'Connor, J. *Redemption Falls*. London: Harvill Secker, 2007. Print.
__. *Star of the Sea*. London: Secker & Warburg, 2002. Print.
O'Faolain, N. *Dream of You*. London: Penguin Books, 2001. Print.
O'Kane Mara, M. "(Re)producing Identity and Creating Famine in Nuala O'Faolain's *My Dream of You*". *Critique* 48.2. (Winter 2007): 197-215. Print.
Palmer, J. "Interview. Joseph O'Connor: 'Some Irish made vast fortunes out of the Famine'". *Independent Digital* 4 January 2003: 1-3. Web.
Scott, A. "A Great American". *The Observer* 27 May 2007. Web.

NOTAS

1 This essay is part of the research carried out for the Project *"The Great Irish Famine and its Age-old Silence in Europe. A Literary-Anthropological Approach through its Cultural (Con)Texts"*, financially supported by the Spanish Ministry of Science and Innovation (Ref. FFI2009-12751).

"LA PRENSA SERÁ NUESTRA MEJOR ARMA": LA LABOR DE LA AGENCIA DE PRENSA DE LA LEGACIÓN ESPAÑOLA EN WASHINGTON DURANTE LA GUERRA DE INDEPENDENCIA CUBANA

Ana Varela-Lago
Northern Arizona University

El diez de febrero de 1898 una caricatura en el *New York Journal* mostraba a un hombre, maleta en mano, blandiendo un puño amenazador hacia la portada de un periódico, mientras al fondo la figura del Tío Sam, con las manos en la cintura, se tronchaba de risa. El hombre, caracterizado con una expresión siniestra, era Enrique Dupuy de Lôme, el Ministro Plenipotenciario de España en Washington, y la portada a la que dirigía su ira era la del *Journal* del día anterior. En ella se reproducía una carta que Dupuy había escrito al político y periodista español José Canalejas con motivo de su paso por los Estados Unidos en 1897 de camino hacia Cuba ("The Journal Did It"). Su contenido incluía comentarios críticos hacia el presidente McKinley. La publicación de la misiva, sustraída y entregada al periódico sensacionalista neoyorkino por simpatizantes y miembros de la pro-independentista Junta Cubana de Nueva York, forzó a Dupuy a presentar su dimisión y abandonar el país, y contribuyó a aumentar la tensión bélica en un momento clave en las relaciones entre España y los Estados Unidos.

La amplia literatura sobre la guerra hispano-cubana-norteamericana contiene varios estudios sobre la exitosa labor de propaganda a favor de "Cuba libre" organizada por los cubanos residentes en los Estados Unidos y apoyada por sus simpatizantes en el país, incluida la denominada prensa amarilla.[1] Sin embargo, sabemos menos de la respuesta del gobierno español a esta campaña. Este artículo analiza un aspecto de dicha respuesta:

el establecimiento, en 1895, de una agencia de noticias en los Estados Unidos cuya labor sería contrarrestar la narrativa cubana y presentar la perspectiva española.[2] La correspondencia entre la Legación española en Washington y esta agencia de prensa durante los años del conflicto en Cuba nos permite dilucidar cómo funcionaba y quiénes estaban a su cargo. El fracaso de la empresa también revela las dificultades con las que se enfrentaba, desde la falta de medios hasta el recelo con el que la mayoría del público estadounidense solía responder a las noticias provenientes del gobierno español.

En este contexto, y aunque el editor del *Journal* probablemente lo ignorara, su victoria en provocar la renuncia de Dupuy debió de ser especialmente punzante para un Ministro que a su llegada a Washington había definido a la prensa como una poderosa arma en la guerra que acababa de comenzar en Cuba. En un telegrama al General Martínez Campos cuando ambos estaban tomando posesión de sus cargos, en 1895, Dupuy escribía: "Prensa empieza ya cambiar actitud respecto España y Cuba después numerosas entrevistas conmigo. Ruego haga me comuniquen muchas noticias. Será nuestra mejor arma" (AGA 26 Abril [1895]). Los sucesos de los próximos años demostrarían que la batalla no iba a ser tan fácil.

Cuando Dupuy de Lôme llegó a Washington ya estaba familiarizado con los Estados Unidos. En 1875 había cruzado el país de California a Nueva York en el recién inaugurado ferrocarril transcontinental como parte de su viaje de regreso a Madrid desde su primer puesto diplomático en Japón. Una década más tarde regresó ya como secretario de la Legación (1883-1884) y en 1892 fue nombrado Ministro Plenipotenciario. Un repentino cambio de gobierno le obligó a presentar su dimisión a principios de 1893, pero permaneció en los Estados Unidos como Delegado general en la Exposición de Chicago (García Barrón 40-42). Esta posición le permitió viajar por el país y reanudar el contacto con miembros de la pequeña comunidad española en Nueva York. En 1895, como Ministro en Washington, Dupuy dependería de ellos, y particularmente de los que tenían experiencia periodística, para establecer la agencia de prensa en la ciudad, que era también el núcleo principal de la insurgencia cubana en los Estados Unidos.[3]

Al principio Dupuy utilizó los servicios de *Las Novedades*, el periódico español publicado en Nueva York por el asturiano José García García. En mayo de 1895, de regreso de un viaje a Europa, García informó al ministro de que el gobierno español había accedido a su petición de restablecer una subvención de 3.000 dólares anuales al periódico, siempre que Dupuy y Martínez Campos aprobaran el gasto como finalmente ocurrió (AGA 23 Mayo 1895). De hecho, de agosto a diciembre de 1895, el subsidio se duplicó, pasando de 250 a 500 dólares mensuales, para financiar la publicación de una sección de *Las Novedades* en inglés. Esta sección se suprimiría en enero de 1896 una vez establecida la agencia de prensa española (AGA 31 Enero 1896).

Para dirigir la agencia Dupuy buscó la ayuda de otro periodista español con una larga carrera profesional en la prensa hispana en Nueva York: Arturo Cuyás Armengol. Barcelonés de nacimiento pero con más de treinta años de residencia en la ciudad, Cuyás había editado la revista mensual catalana *La Llumanera de Nova York* (1874-1881) y era corresponsal de varios periódicos, incluido el habanero *Diario de la Marina*. La gestión de la agencia, que se denominó the Associated Spanish and Cuban Press, quedó en manos de tres miembros: Arturo Cuyás como presidente, su hermano Antonio como secretario, y un cubano pro-español, Luis V. de Abad, como tesorero. Las oficinas se instalaron inicialmente en el número 100 de la avenida Broadway, pero más tarde se trasladaron al número 11, en el nuevo edificio de Bowling Green, que ofrecía alquileres más módicos.

En su primera carta a Dupuy de Lôme sobre la agencia de noticias, Arturo Cuyás proponía "[organizar] un plan de campaña en la prensa," en su opinión "tan necesario como el de Martínez Campos en Cuba para batir a esa condenada insurrección" (AGA 22 Septiembre 1895). Tanto Cuyás como Dupuy entendían que la guerra colonial tenía al menos dos campos de batalla, uno en la isla y otro en la opinión pública estadounidense. La "prensa" figuraba ahora como una de las entradas en el libro de gastos de la Legación y era financiada por el presupuesto de "gastos de vigilancia," donde se incluía también el pago a los espías que informaban de la organización de expediciones filibusteras desde las costas americanas hacia Cuba (García Barrón 52-58).

Una de las principales funciones de la agencia era mantener a Dupuy al corriente de las noticias de actualidad para facilitar su trabajo tanto de informar al gobierno español como de responder a la prensa norteamericana. Esto requería la lectura diaria de los principales periódicos publicados en Nueva York (incluyendo la prensa sensacionalista) y la recopilación de toda noticia relevante sobre el conflicto en Cuba o las relaciones entre España y los Estados Unidos. Estos artículos se recortaban y pegaban en un libro que se enviaba periódicamente a la Legación y que servía de archivo documental. Cuando Dupuy dejó el país en 1898, la agencia había enviado ya cuatro volúmenes de recortes de noticias a Washington (AGA 14 Marzo 1898).

La agencia también se encargaba de elaborar un boletín decenal que incluía noticias y partes oficiales del gobierno y que se enviaba a Dupuy para su revisión antes de distribuirlo entre los diplomáticos y los editores de la prensa española en varias repúblicas hispanoamericanas. El membrete de la correspondencia incluía la lista de los periódicos representados. Entre ellos había cabeceras de distintas ciudades de España (Barcelona, Bilbao, Madrid, Valencia, San Sebastián) y Cuba (Cárdenas, Habana, Matanzas, Sagua la Grande, Sancti Spiritus, Santiago de Cuba) así como de otras zonas de América (Argentina, Brasil, Chile, Colombia, Honduras, México, Puerto Rico, República Dominicana, Uruguay y Venezuela). En los Estados Unidos, la agencia trabajaba con *Las Novedades* de Nueva York y *El Diario de California* de San Francisco.

Igualmente importante era el proporcionar una perspectiva española en la prensa estadounidense. Dupuy lo hacía desde Washington. En un despacho al Gobernador General de Cuba le agradecía el envío de noticias de operaciones militares y explicaba que diariamente enviaba traducciones de las mismas a las dos principales agencias norteamericanas, la United Press y la Associated Press, las cuales llegaban a millones de lectores (AGA 31 Enero 1896). La agencia en Nueva York también utilizaba la prensa norteamericana para llamar la atención sobre las actividades de la Junta Cubana y sus simpatizantes. Por ejemplo, en Noviembre de 1897 el *New York Times* publicaba una carta en la que Arturo Cuyás interpelaba a Richard Croker, el líder de

Tammany, la organización del partido demócrata de Nueva York. El motivo de su escrito era pedir explicaciones ante la noticia de una supuesta donación, por un montante de 20.000 dólares, en concepto de ayuda a las víctimas de la política de reconcentración llevada a cabo por el general Weyler en Cuba. Como el regalo acabó en las arcas de la Junta Cubana, Cuyás se preguntaba si el donativo iría a parar a manos de los insurgentes en lugar de dedicarse a la labor humanitaria que se pretendía originalmente ("Object to Tammany's Gift"). Si bien algunas cartas de la agencia se publicaron, muchas no llegaron a ver la luz en la prensa norteamericana. En un despacho a la legación Cuyás reconocía que esta labor era "trabajo perdido, pues casi nunca quieren los periódicos rectificar sus embustes, ni publicar comunicados que los pongan en evidencia" (AGA 14 Marzo 1898).

La agencia también se encargaba de producir folletos en los que se ofrecía la perspectiva española sobre la situación en Cuba, respondiendo así a la narrativa divulgada por los insurgentes cubanos y sus simpatizantes. Estas publicaciones se distribuían entre miembros del gobierno norteamericano y otras instituciones relevantes en la vida política del país. El primer libro, *The Cuban Question in Its True Light*, apareció ya en 1895 y presentaba una crítica a la cobertura del conflicto en la prensa estadounidense. El subtítulo declaraba que era "a dispassionate and truthful review of the situation in the island of Cuba, and the position of the United States toward the insurrection." Arturo Cuyás, su autor, hubiera querido que el folleto apareciera firmado por una prominente personalidad norteamericana. Como le escribía a Dupuy: "eso le daría cierto prestigio y más autoridad que siendo anónimo," pero limitaciones de tiempo llevaron a que se publicara anónimamente bajo la rúbrica "An American" (AGA 18 Octubre 1895).

El principal argumento del folleto, que se repetiría en casi todas las publicaciones de la agencia, era que los cubanos disfrutaban de los mismos derechos políticos que los peninsulares y que la revolución no representaba a la población de la isla sino a una minoría de descontentos que vivían en el exilio. Por ello, este no era un movimiento de liberación nacional liderado por patriotas (la versión cubana de la Revolución Americana) sino un movimiento insurgente liderado, según el folleto, por "a small and insignificant minority" of "bandits and desperadoes, mostly mulattoes and foreign adventurers." Eran ellos quienes con sus "cruel, barbarous and unnecessary measures" y "their wanton destruction of life and property" se habían situado fuera del ámbito de la civilización, "in painful contrast with the humane policy of Gen. Martínez Campos, and in contravention of the recognized uses of modern warfare" (American 47).

En total se imprimieron 10.000 copias del folleto, que se repartieron entre congresistas y senadores, y otros formadores de la opinión pública (editores de periódicos, académicos, bibliotecarios), siguiendo una estrategia publicitaria que se repetiría en años sucesivos. En 1896 la agencia imprimía 16.000 copias de *Spanish Rule in Cuba*, la traducción inglesa de un folleto publicado por el Ministerio de Ultramar. En 1897 salía a la luz *New Constitutional Laws for the Island of Cuba*. Este libro difería de los anteriores en varios aspectos. Para empezar no era anónimo. Estaba dividido en tres partes, cada una de las cuales aparecía firmada por uno de los miembros de la directiva de la agencia: Arturo Cuyás, su hermano Antonio, y L. V. Abad de las Casas. La dedicatoria a Dupuy de Lôme tampoco dejaba duda del vínculo entre la agencia y la Legación española. La introducción del libro destacaba la investigación del hispanista estadounidense Charles Lummis, uno de los pioneros de los conocidos como estudios de la frontera (Borderland Studies) que subrayaba la labor "civilizadora" de España en América. El libro incluía además comentarios positivos de autonomistas cubanos, reforzando así el argumento de que no eran solo los españoles los que defendían la conquista y colonización del continente. 5.000 ejemplares de la tirada se repartieron como regalo a varias instituciones, así como al cuerpo legislativo, al presidente y a miembros de su gabinete

En todas sus publicaciones la agencia cuidaba el tono, que no llamaba a la controversia, sino que apelaba al amor de los norteamericanos por la libertad y a su respeto a la ley y a la justicia. Aun así, no parece que los folletos consiguieran cambiar muchas opiniones. El *New York Times*, por ejemplo, calificó *The Cuban Question in Its True Light* de "Violent Pamphlet" ("Against Cuba's Rebels"). Otros periódicos fueron aún más críticos. En Rochester, el *Democrat and Chronicle* lo despachó diciendo que era una "anonymous, sneaking publication [that] will not accomplish the least change in public opinion" ("Mud Slinging"). Por su parte, el *San Francisco Chronicle* y el *Montana Standard* publicaron la respuesta de Gonzalo de Quesada, un dirigente de la Junta Cubana, refutando el contenido del folleto español ("Defends Cuba's Cause," "Spanish Lies Refuted").

Los comentarios sobre *New Constitutional Laws*, publicado ya bajo la administración del General Valeriano Weyler, fueron si cabe más negativos. El editor del *Daily News* de Pensacola, Florida, después de resumir el contenido del folleto se aliaba con "poor suffering Cuba, which has long engaged our attention and sympathy" y concluía que: "Nevertheless, it is worth one's while to read the quaint excuses and accusations compiled in this Spanish-sided book" ("Spain's Defense"). El *Buffalo Enquirer* era más directo. Su editor explicaba: "The laws read well enough, it is true. But of what good is a law that is not obeyed?" y concluía: "The Americans who know the Spanish best trust them the least. The Cubans, who know them even better, trust them not at all" ("Not to Be Trusted").

Esta actitud de desconfianza se mantuvo incluso cuando, tras el asesinato del primer ministro conservador Antonio Cánovas del Castillo, en agosto de 1897, el nuevo gobierno liberal decidió otorgar la autonomía a Cuba. En enero de 1898 la agencia publicaba un nuevo folleto, *New Constitution Establishing Self-Government in the Islands of Cuba and Porto Rico*. El documento incluía el Real Decreto de 25 de Noviembre de 1897 así como, según indicaba el subtítulo, comentarios positivos de autonomistas cubanos "on the scope of the plan and its liberality as compared with Canadian autonomy and Federal State rights" (*New Constitution*).

Los últimos meses de 1897 fueron particularmente intensos para la agencia. Mientras Cuyás, como presidente honorario de la Junta Patriótica Española, se ocupaba de organizar una misa funeral por Cánovas del Castillo en la iglesia de San Vicente de Paúl en Manhattan, la agencia se enfrentaba a una avalancha de noticias sensacionalistas relativas al caso de Evangelina (Cosio) Cisneros. El padre de la joven cubana había sido encarcelado por sus actividades en favor de la independencia. La prensa estadounidense presentaba a Evangelina, también encarcelada en la Habana, como víctima de todo tipo de abusos por parte de sus captores españoles y bajo amenaza de ser deportada a una de las colonias penales españolas en Africa. El propietario del *Journal*, William Randolph Hearst, organizó una campaña para liberarla que recibió el apoyo de miles de mujeres norteamericanas, incluida la viuda del que había sido presidente de los Estados Confederados durante la guerra civil. La Señora de Jefferson Davis llegó a escribirle a la Reina regente sobre el tema. Esto le causó un verdadero quebradero de cabeza a Dupuy, que respondió con una carta a la Sra. Davis en la que le informaba de que el juicio estaba pendiente y que la Reina regente "was not allowed by the law to interfere." Sugería también que la campaña en favor de Cisneros era "a shameless conspiration to promote the interest of one or more sensationalist papers" ("Spain's Answer to Mrs. Davis").

Aunque la agencia consiguió que la carta de Dupuy se publicara en la prensa neoyorquina y en la prensa asociada, el poder de las *fake news* era difícil de combatir. Cuyás lo admitía en privado cuando le escribía a Dupuy:

> Lo peor es que aquí todo el mundo con quien yo he hablado cree ese cuento del Journal y he tenido muchas discusiones con hombres y mujeres para hacerles comprender que es mentira. Pero estoy convencidísimo de que, no obstante de conocerme y estar persuadidos de mi sinceridad, no me creen y prefieren dar crédito a lo que ven en letras de molde. "When all these persons have taken an interest in the matter, there must certainly be some reason for it," me dicen ... Está ya tan arraigada aquí la idea de que cuanto dicen los españoles es mentira y son capaces únicamente de todo lo malo, que cualquiera negativa que parta de nosotros merecerá el descrédito. (AGA 26 Agosto 1897)

La agencia española no era la única que denunciaba el poder de desinformación de la prensa sensacionalista. En su campaña contra las *fake news* Dupuy y Cuyás encontraron un enérgico aliado en George Bronson Rea, el antiguo corresponsal del *New York Herald* en Cuba. Rea era uno de los pocos periodistas que había estado en el campo de batalla. Llegó a conocer a Antonio

Maceo y a Máximo Gómez y pasó nueve meses con los insurgentes en 1896. Descontento con el curso de la guerra y con el trato que recibiera de Gómez, al que Rea se refería como "el dictador de la República de Cuba," en 1897 regresó a Estados Unidos y empezó a escribir un libro que prometía decir toda la verdad sobre el conflicto (Rea 336). La portada incluía un grabado de Gómez amenazando al corresponsal diciéndole: "If you or any other American correspondent dares to enter my camp and write the truth concerning our condition, Carramaba! I'll shoot you!" La dedicatoria se dirigía a los editores de los periódicos estadounidenses y a la clase política que, según Rea "have been systematically and willfully imposed upon by a clique of spurious and unscrupulous citizens, aided by incompetent and malicious correspondents" (Rea xii).

Cuyás mantenía informado a Dupuy del progreso del libro y afirmaba que este "levantar[ía] ronchas" (AGA 14 Octubre 1897). Pero la trayectoria de su publicación dejaría patente las dificultades a las que se enfrentaba todo aquel que cuestionara la narrativa cubana. Una vez concluido el libro, Rea se encontró sin editores dispuestos a publicarlo, ni por su cuenta, ni aún pagándoles la tirada. Después de llamar a muchas puertas, la editora George Munro's Sons accedió al arreglo, dando su nombre a una tirada financiada secretamente por la Legación española en Washington (AGA 4 Octubre 1897). Como había ocurrido con otras publicaciones de la agencia, y quizás aún más dada su denuncia de la prensa estadounidense, el libro de Rea no recibió muy buena crítica. Varios comentaristas lo desestimaron como un relato parcial y tendencioso fruto de la disputa personal entre el autor y Máximo Gómez. Quizás más importante para Dupuy y Cuyás eran comentarios como el aparecido en un periódico de Wilkes-Barre que manifestaba que nada cambiaría el apoyo de los americanos por la causa cubana: "whether the facts presented in this book are true or false, the sentiments of the reader will not be changed by reason of the expose" ("Facts and Fakes About Cuba").

Para cuando estas reseñas empezaron a aparecer en la prensa, en la primavera de 1898, la situación en Cuba había cambiado notablemente. La publicación de la carta de Dupuy de Lôme y la explosión del acorazado Maine en el puerto de la Habana unos días después elevaron la tensión que llevaría al inevitable conflicto entre España y los Estados Unidos. La fiebre nacionalista hacía casi imposible mantenerse neutral. En marzo, Cuyás informaba a la Legación de una conversación que había mantenido con Mary J. Serrano, una conocida traductora de literatura española que también trabajaba para la Legación.[4] Su yerno era el hijo de Henry Villard, el propietario del *New York Evening Post*, uno de los periódicos más prestigiosos de Nueva York. Cuyás escribía:

> Villard (...) se ve obligado a ceder ante la presión de los demás accionistas y del público que piden un cambio de actitud en el fondo del periódico. Como prueba del espíritu hostil a España que hoy domina, me dice Mrs. S. que el Post ha perdido en estos días 11,000 suscriptores y la redacción recibe diariamente infinidad de cartas y telegramas censurando el tono conservador del periódico. (AGA, 31 Marzo 1898)

Cuyás añadía que Villard, "esta[ba] preparando una gran tirada de la carta de Mr. Phelps en inglés y español para enviarla y distribuirla profusamente por su cuenta, en varios países."[5] "Esto es muy de agradecer" continuaba, "pero me temo que ya es tarde para que haga efecto" (AGA 31 Marzo 1898).

Según las memorias de Henry Villard, el clamor de guerra le disgustó tanto que decidió marcharse del país y viajar a Europa con su mujer (Villard 374). Una vez rotas las hostilidades, las oficinas de la Associated Spanish and Cuban Press se cerraron y los hermanos Cuyás, denunciados como espías, huyeron a Canadá ("The Alleged Spanish Spies"). En cierta medida, la derrota sufrida por España en el campo de batalla en 1898 reflejaba su incapacidad de ganar la guerra de la opinión pública en los Estados Unidos en los años previos. En esta campaña también los insurgentes cubanos demostraron gran destreza, como lo ilustra la viñeta de Dupuy de Lôme en el *Journal*. Con el tiempo, ya firmada la paz, Antonio Cuyás regresaría a los Estados Unidos, pero Arturo se asentó definitivamente en Madrid. José G. García también regresó a Nueva York y en 1899 reanudó la publicación de *Las Novedades* ahora con un carácter menos político y español y más centrado en la comunidad inmigrante hispano-americana en Estados Unidos.

REFERENCIAS

AGA (Archivo General de la Administración). Alcalá de Henares, Fondo: Ministerio de Asuntos Exteriores – Embajada en Washington.
___. *Enrique Dupuy de Lôme a Gobernador General de Cuba*, 26 Abril [1895]. Caja 8020.
___. *José G. García a Enrique Dupuy de Lôme*, 23 mayo 1895. Caja 8814.
___. *Arturo Cuyás a Enrique Dupuy de Lôme*, 22 septiembre 1895. Caja 8043.
___. *Arturo Cuyás a Enrique Dupuy de Lôme*, 18 octubre 1895. Caja 8043.
___. *Enrique Dupuy de Lôme a Gobernador General de Cuba*, 31 enero 1896. Caja 8043.
___. *Enrique Dupuy de Lôme a Gobernador General de Cuba*, 31 enero 1896. Caja 8040.
___. *Arturo Cuyás a Enrique Dupuy de Lôme*, 26 agosto 1897. Caja 8043.
___. *Arturo Cuyás a Enrique Dupuy de Lôme*, 4 octubre 1897. Caja 8043.
___. *Arturo Cuyás a Enrique Dupuy de Lôme*, 14 octubre 1897. Caja 8043.
___. *Arturo Cuyás a Pablo Soler*, 14 marzo 1898. Caja 8053.
___. *Arturo Cuyás a Pablo Soler*, 31 marzo [1898]. Caja 8043.
"Against Cuba's Rebels". *New York Times* 14 diciembre 1895. Print.
An American. *The Cuban Question in Its True Light*. New York, 1895. Print.
Auxier, G. W. "The Propaganda Activities of the Cuban Junta in Precipitating the Spanish-American War, 1895-1898". *The Hispanic American Historical Review* 19: 3. (1939): 287-305. Print.

Cuyás, A., et al. *New Constitutional Laws for the Island of Cuba*. New York: Associated Spanish and Cuban Press, 1897. Print.

"Defends Cuba's Cause". *San Francisco Chronicle* 4 enero 1896. Print.

"Facts and Fakes About Cuba". *Wilkes-Barre Times Leader* 2 abril 1898. Print.

García Barrón, C. "Enrique Dupuy de Lôme and the Spanish American War". *The Americas* 36: 1. (Julio 1979): 39–58. Print.

Lazo, R. *Writing to Cuba. Filibustering and Cuban Exiles in the United States*. Chapel Hill: The University of North Carolina Press, 2005. Print.

Martinelli, P. C. y Ana Varela-Lago, eds. *Hidden Out in the Open. Spanish Migration to the United States (1875-1930)*. University Press of Colorado, 2018. Print

Ministerio de Ultramar. *Spanish Rule in Cuba*. New York, 1896. Print.

"Mud Slinging From Ambush". *Rochester Democrat and Chronicle* 28 enero 1896. Print.

New Constitution Establishing Self-Government in the Islands of Cuba and Porto Rico. Washington, Govt. Print. Off., 1898. Print.

"Not to Be Trusted". *Buffalo Enquirer* 29 junio 1897. Print.

"Object to Tammany's Gift". *New York Times* 21 noviembre 1897. Print.

Pérez, L. *Sugar, Cigars, and Revolution. The Making of Cuban New York*. New York University Press, 2018. Print.

Poyo, G. *"With All, and for the Good of All." The Emergence of Popular Nationalism in the Cuban Communities of the United States, 1848-1948*. Duke University Press, 1989. Print.

Rea, George Bronson. *Facts and Fakes About Cuba. A Review of the Various Stories Circulated in the United States Concerning the Present Insurrection*. New York: George Munro's Sons, 1897. Print.

"Spain's Answer to Mrs. Davis". *New York Tribune* 26 agosto 1897. Print.

"Spain's Defense". *Pensacola Daily News* 19 junio 1897. Print.

"Spanish Lies Refuted". *Montana Standard* 9 enero 1896. Print.

"The Alleged Spanish Spies". *New York Times* 30 mayo 1898. Print.

"The Journal Did It". *New York Journal* 10 febrero 1898. Print.
Varela-Lago, A. "Conquerors, Immigrants, Exiles: The Spanish Diaspora in the United States (1848–1948)". Tesis Doctoral, Universidad de California San Diego, 2008. Print.
Villard, H. *Memoirs of Henry Villard*. Vol. 2. Boston: Houghton, Mifflin, and Co, 1904. Print.

NOTAS

1   Gerald Poyo (1989), Rodrigo Lazo (2005) y Lisandro Pérez (2018) entre otros, han documentado las actividades de las comunidades de expatriados cubanos en Norteamérica a favor de la independencia. Sobre la importancia de Cuba en el desarrollo de la identidad étnica de la diáspora española en Estados Unidos ver Varela-Lago (2008) y Martinelli y Varela-Lago (2018).
2   Este artículo es parte de un proyecto de investigación más amplio actualmente en curso.
3   Sobre las actividades de la Junta cubana ver, por ejemplo, Auxier (1939).
4   La labor de Mary J. Serrano en la Associated Spanish and Cuban Press es objeto de una investigación que verá la luz próximamente.
5   El juez Edward John Phelps, que había sido Embajador americano en el Reino Unido, escribió una carta en contra de la intervención en Cuba, en 1898.

MISIÓN Y CONFLICTO: ENFRENTAMIENTOS ENTRE ESPAÑA Y ESTADOS UNIDOS EN LAS ISLAS DE LA MICRONESIA A FINES DEL SIGLO XIX

María Dolores Elizalde
Instituto de Historia, CSIC

1. PLANTEAMIENTO

Las relaciones entre España y Estados Unidos no se dirimieron solo en los espacios habitualmente relacionados con el territorio nacional, sino que tuvieron una dimensión mucho más amplia, que en esta ocasión nos lleva hasta el Pacífico del siglo XIX. Allí, en las pequeñas islas de la Micronesia, estratégicamente situadas en mitad del océano y, por tanto, altamente deseadas como bases en las rutas de comunicaciones, como bien se demostraría en las dos guerras mundiales, los misioneros norteamericanos de la American Board of Commissioners for Foreign Missions habían establecido una importante misión y ejercían una influencia notable sobre la población de unos archipiélagos dedicados al comercio de la copra. Al aumentar la significación estratégica de estas islas, y al multiplicarse las ambiciones sobre ellas, en plena expansión imperialista de las grandes potencias, en 1885 España se vio obligada a ocupar de forma efectiva unos territorios que estaban bajo su soberanía desde el siglo XVI, pero en los que nunca había habido representantes de la Corona ni del Estado. Con las nuevas autoridades coloniales llegaron misioneros capuchinos españoles que se encargarían de la evangelización y educación de la población indígena. De tal forma se llegó a la paradójica situación de dos congregaciones religiosas dispuestas a intervenir en favor de la población de las islas. Cada cual con sus propios proyectos y con el respaldo de distintos gobiernos. Esa tesitura, en vez de generar colaboraciones, derivó en graves problemas que acabaron en un tenso enfrentamiento entre España y Estados Unidos, el cual tuvo que resolverse por medios diplomáticos a lo largo de varios años. Detrás de los conflictos, se adivinaba ya la lucha por la influencia y el control del Pacífico, un escenario de creciente importancia en la geoestrategia mundial.[1]

2. ESTABLECIMIENTO OCCIDENTAL EN LAS CAROLINAS Y PALAOS

Estas islas de la Micronesia se incorporaron al mundo internacional a partir del desarrollo de grandes rutas de navegación que pasaban por ellas. En primer lugar, la ruta transpacífica que desde las costas americanas se aventuraba hacia Asia y las islas de las especias, que fue la que condujo al descubrimiento y a la toma de posesión de estos archipiélagos por parte de los occidentales. En ese marco, los españoles tomaron posesión de las Marianas, Carolinas y Palaos, integrándolas en la Monarquía hispánica, aunque solo establecieron un pequeño destacamento misionero y militar en la isla de Guam, en Marianas, sin llegar a ocupar las Carolinas ni las Palaos de forma estable, más allá de algún infructuoso intento realizado en el siglo XVIII a fin de evangelizar las islas. Esta ruta transpacífica se consolidó gracias al Galeón de Manila, que paraba en Marianas, dentro de aquella formidable ruta de intercambios de productos asiáticos por plata americana, que funcionó desde el siglo XVI al XIX, y que unía periódicamente Manila y Acapulco. La segunda ruta era la travesía que venía de Europa a través del Cabo de Buena Esperanza y que, tras cruzar el Índico, se abría hacia el Pacífico. Y tercero, las rutas que procedían de Australia, Nueva Zelanda y los archipiélagos del Mar del Sur, rumbo a los puertos asiáticos o a Japón. Los barcos que seguían esos ejes recalaban en las islas de la Micronesia para reponer víveres, o para refugiarse de condiciones climáticas adversas, y paulatinamente comenzaron a establecer contactos regulares con esos archipiélagos. Exceptuando al Galeón de Manila, que tenía una función institucional y comercial muy precisa dentro de la monarquía hispánica, los demás barcos se encaminaban, por lo general, hacia los mercados asiáticos en busca de especias, sedas, té y algodón y, para complementar las ganancias de esos viajes, empezaron a comprar a los nativos de la Micronesia productos tropicales como maderas preciosas, perlas o conchas de tortuga, y a venderles textiles, productos de hierro, armas y tabaco.

A fines del XVIII y comienzos del XIX, se inició un asentamiento occidental más estable. Primero fueron desertores de barcos, exconvictos que ya habían cumplido su condena en penitenciarias de la zona, aventureros o visitantes ocasionales. También eran frecuentes las visitas de barcos balleneros o recolectores de guano que se refugiaban en estos archipiélagos durante los meses del invierno. A mediados del XIX, comenzaron a instalarse en las islas comerciantes particulares, pequeñas empresas y representantes de grandes compañías que operaban por todo el Pacífico, inicialmente británicas, luego también alemanas, norteamericanas y, en menor medida, japonesas. Junto a ellos, desde mediados de siglo, se asentó en Carolinas una importante misión norteamericana de la American Board of Commisioners for Foreign Missions. De tal forma, en las últimas décadas del siglo XIX, estaban establecidos en las Carolinas y Palaos unos quinientos residentes extranjeros.

La presencia de tantos extranjeros en las islas, cada uno con sus propios intereses, empezó a causar problemas de convivencia, justicia y comercio entre distintos grupos de población. Cada cual recurría a barcos de guerra de su propia nación para que velaran por sus intereses y su seguridad y restablecieran el orden. Aquel era el tiempo de un nuevo auge imperialista por Asia y el Pacífico, el momento de la obligada apertura de China y de Japón, la época de la penetración occidental en estos territorios. Se abrían además nuevas rutas de comunicación, en especial el Canal de Suez, en 1869, que tanto acortó los viajes entre Europa y Asia, y también el canal transoceánico que se esperaba que se construyera en el continente americano, uniendo el Atlántico y el Pacifico por Centroamérica. Los avances científicos y técnicos habían permitido el desarrollo de los barcos de vapor –para los cuales era fundamental contar con bases de carboneo estratégicamente repartidas por los océanos–, el tendido de cables telegráficos, o la construcción de líneas ferroviarias. En ese ambiente, las tensiones en la expansión de las grandes potencias obligaron a convocar una conferencia que se celebró en Berlín, entre 1884 y 1885, con objeto de regular la expansión colonial y el reconocimiento de la soberanía sobre otros territorios, fijando que desde entonces para reclamar la posesión sobre un espacio tendría que haber una ocupación efectiva del mismo (Hezel 1983; Elizalde 1992a).

3. LA OCUPACIÓN ESPAÑOLA, 1885

En ese contexto internacional, desde los primeros años de la década de 1870, las autoridades españolas destacadas en el Pacífico señalaron en reiteradas ocasiones la conveniencia de tomar posesión efectiva de las Carolinas, ante el temor a que alguna de las potencias con crecientes intereses comerciales en el área intentara adueñarse de territorios bajo soberanía española que no estaban ocupados. Además, a partir de 1882, el gobierno español recibió sucesivas peticiones, firmadas por comerciantes residentes en las islas y por caciques indígenas carolinos, en las que se solicitaba que España estableciera en Carolinas representantes de su administración a fin de mantener el orden en el archipiélago, de mediar en las tensiones entre los distintos grupos y de amparar a sus habitantes ante las intervenciones de barcos de guerra de otros países. En la última de estas solicitudes se amenazaba con pedir la protección a otra potencia si España no se hacía cargo de las responsabilidades que le competían.

En esa tesitura, en 1885, el gobierno de Antonio Cánovas del Castillo comprendió que si deseaba mantener su soberanía sobre la Micronesia debía establecer una colonia efectiva en las islas Carolinas y Palaos, que justificó por razones políticas y estratégicas, a fin de defender su dominio sobre unos archipiélagos estratégicamente situados en el Pacífico, que podrían convertirse en una óptima base naval que facilitaría la ruta de comunicaciones que se esperaba que uniera Filipinas con la Península vía canal de Panamá. A fin de abarcar unas islas tan extendidas, se crearon dos divisiones navales, una situada en Yap, que administraba las Carolinas occidentales, y otra en Ponapé que gobernaba las Carolinas orientales. Desde esos dos pequeños núcleos se mantenía el contacto con los distintos pueblosdel archipiélago a través de los cañoneros adscritos a cada una de las divisiones, que realizaban cruceros periódicos por las islas, visitando los puertos y aldeas más importantes y las factorías y establecimientos extranjeros. Se estableció una administración muy simple, con un personal muy reducido, en el que destacaba el predominio del elemento militar. Los únicos españoles establecidos en las Carolinas fueron los gobernadores y las fuerzas a sus órdenes. No hubo población civil, colonos ni comerciantes.

En otros trabajos he tratado ampliamente de la significación y funcionamiento de esta colonia, y de diversos problemas relacionados con ella. En esta ocasión lo que quiero resaltar es que, siguiendo el modelo implantado en Filipinas, se decidió que la administración y defensa de la colonia se completara con la evangelización de la población, para lo cual se destinaron a las Carolinas y a las Palaos un grupo de misioneros de la orden de los capuchinos que se asentaron en la isla de Yap, en Palaos y en Ponapé.[2] Puesto que los misioneros vivían fuera del núcleo de la colonia, diseminados por los pueblos en los que ejercían su labor evangélica, en numerosos lugares se convirtieron en los representantes de la administración y en los interlocutores entre los habitantes de las islas y las autoridades coloniales.

No obstante, en varias ocasiones los oficiales de la colonia, a pesar de saber que una de sus funciones debía ser proteger las misiones, se quejaron de los problemas que ello acarreaba, pues consideraron que las rebeliones indígenas que tuvieron que afrontar respondieron más a un rechazo a las doctrinas de los capuchinos –y también sin duda a la imposición de trabajos obligatorios para la colonia, de cuya organización práctica con frecuencia se ocupaban los religiosos que vivían en el terreno– que a la oposición a tener una autoridad que regulara la vida en las islas, protegiera a unas tribus frente a otras, y arbitrara en los conflictos con los comerciantes extranjeros. Por ello, alguna vez declararon que la colonización de las Carolinas hubiera sido más pacífica si no se hubieran mezclado fines religiosos en el gobierno de las islas, tal como hacían los alemanes en las vecinas Marshall, a las que se limitaban a administrar y a obtener beneficios económicos, alcanzando unos resultados mucho más positivos que los españoles en la Micronesia.

Es notable también que teniendo la experiencia previa de Filipinas, donde los misioneros habían desempeñado una labor fundamental en los primeros años de colonización, pero en el siglo XIX se habían convertido ya en un elemento conflictivo, muy contestado por diversos sectores de las islas, las autoridades metropolitanas y coloniales insistieran en dar un protagonismo tan destacado a los misioneros en el gobierno colonial. Consideraron, quizás, que además de su labor evangélica, verdadera razón para su presencia en las islas, serían un elemento útil para el control de la población en núcleos alejados de la sede colonial. Pero, al tiempo, generaron importantes tensiones en las islas, en gran medida debidas a la existencia de congregaciones americanas en algunos puntos del archipiélago (Cabeza 1896; Valencina 1898; Arbeiza 1969; Robles 1985; Rodao 1989; Elizalde 1992a; Elizalde 1992b; Serrano y Llorente, 2005; Serra de Manresa 2007; Baró 2013 y 2017).

4. INTERESES ESTADOUNIDENSES EN LA MICRONESIA ESPAÑOLA

En la década de 1870, estaban establecidos en las Carolinas y Palaos varios comerciantes americanos independientes y algunos representantes de compañías que operaban por todo el Pacífico. Así, la empresa Crawford, la Compañía de San Francisco y la Compañía del Pacífico se dedicaron a la exportación de la copra en estas islas, aunque posteriormente vendieron sus licencias a la sociedad alemana Jaluit, y solo pequeños comerciantes autónomos continuaron con sus negocios. Entre ellos Crayton Holcomb en Yap, James Smith en Palaos, Bully Rayes en Pinguelap, Benjamin Pease en Ponapé, o la viuda de un comerciante americano en Ualan.

Algunas de estas empresas originaron tales problemas que en 1870 el gobierno americano envió a las islas un barco de guerra para mediar en los conflictos y liquidar incluso alguna de las compañías establecidas. El capitán del *Jamestown*, Truxtun, aprovechó la visita a las Carolinas para firmar con los principales jefes indígenas un acuerdo que asegurara la protección de los americanos residentes en las islas, y una completa libertad a los misioneros en la enseñanza de sus doctrinas, comprometiéndose los dirigentes carolinos a no coaccionar a los nativos conversos, así como a no ayudar a los desertores de barcos. Consiguió también que la venta de tierras a los americanos fuera para siempre, y no solo concesiones temporales, una cuestión muy relevante en años futuros.

Junto a los comerciantes, desde mediados del siglo XIX, estaba asentada en las islas una importante misión de congregacionistas norteamericanos, impulsada por una sociedad de Boston, la American Board of Commissioners for Foreign Missions, que adquirió una notable influencia sobre los habitantes de Carolinas. Fundaron su primera sede en 1852, en la isla de Ponapé. Al año siguiente de su llegada se extendió por las islas una epidemia de viruela que afectó a más de cinco mil personas. Los misioneros consiguieron detener la enfermedad al introducir con éxito la vacunación, lo cual evitó la despoblación de las islas, tal como había ocurrido en otros lugares del Pacífico. Con ello se ganaron la confianza de los naturales, favoreciendo una rápida extensión de sus actividades.

En ese contexto, a fines de los años ochenta, cuando España tomó posesión efectiva de Ponapé, estaban establecidos en esa isla con sus familias cinco misioneros metodistas, cuatro profesores y veinte maestros auxiliares, los cuales dirigían siete congregaciones con más de diez mil fieles, veinticinco escuelas, un centro para adultos al que acudían más de doscientos hombres y mujeres de toda la isla, y una institución docente para formar nuevos maestros indígenas, que luego eran enviados para enseñar sus doctrinas entre las tribus de otras islas. Tenían también una goleta, el *Morning Star*, para sus comunicaciones en las islas y con el exterior. Ello puede dar idea de la importancia de su labor.

El ascendiente que tenían los metodistas sobre la población de Ponapé provocó que cuando llegaron los españoles afirmando su soberanía sobre la isla, y estableciendo nuevas misiones católicas, alguna tribu se resistiera a aceptar la presencia y las disposiciones de una nueva autoridad, y siguiera buscando el consejo y el apoyo de los norteamericanos antes de obedecer las órdenes de los españoles. Esta situación causó reiterados problemas y enfrentamientos. Los españoles acusaron a los misioneros americanos de obstaculizar su acción de gobierno y de indisponer a los carolinos en su contra. Por su parte, los estadounidenses denunciaron que las autoridades coloniales trataban de impedir su labor religiosa y educativa, y que explotaban a la población indígena imponiéndole trabajos obligatorios (Doane 1887; Sharp 1973; Elizalde 1991a, 1992a).

5. PROBLEMAS ENTRE ESPAÑOLES Y AMERICANOS EN PLENA MICRONESIA

Las crecientes tensiones entre unos y otros originaron un conflicto diplomático entre España y Estados Unidos de varios años de duración. Ya al decidir el gobierno español establecer una colonia efectiva en Carolinas y Palaos, representantes del gobierno americano exigieron que los intereses de sus súbditos fueran respetados. Ante lo cual los españoles aseguraron que veían con la mayor satisfacción los resultados obtenidos por los metodistas, por lo que apoyarían su labor misionera y les darían un trato ventajoso, respetando los derechos adquiridos, y protegiendo su obra religiosa y educativa, sus personas y sus propiedades. Parecía que ambos grupos, misioneros norteamericanos y colonizadores españoles, iban a colaborar para mejorar la vida en las islas.

No obstante, desde el primer momento surgieron problemas. Primero fue un contencioso entre el gobernador y el superior de los metodistas por los derechos sobre las tierras en que se asentó la colonia, que condujo al envío del reverendo Doane a Filipinas para ser juzgado por la Audiencia de Manila por desacato a la autoridad y obstaculizar el gobierno colonial. Esa situación provocó la intervención del cónsul americano en Filipinas y del propio gobierno estadounidense, y acabó con la desestimación de los cargos, la vuelta de Edward Doane a Ponapé, y la solicitud de una indemnización para los metodistas por los inconvenientes causados.

Luego se produjo la reiterada rebelión de alguna tribu de Ponapé, que en 1887, 1890 y 1894 se levantó en armas contra los españoles, negándose a realizar los trabajos de construcción de obras públicas y de apertura de caminos que la colonia les exigía a cambio de su protección, y rechazando la intención de crear un destacamento militar y una nueva misión católica en pleno feudo de los metodistas y de la tribu más conflictiva. En los enfrentamientos murieron numerosos naturales, soldados y oficiales españoles e incluso algún gobernador.

Detrás de las rebeliones siempre se sospechó que estaba un cierto aliento de los misioneros estadounidenses. La situación llegó a un punto tan tenso que las autoridades coloniales prohibieron a los metodistas celebrar reuniones con la población indígena hasta que los ánimos se calmaran y la colonia funcionara con normalidad y buen entendimiento. En esas condiciones, los misioneros, aconsejados por los oficiales de un barco de guerra llegado desde Yokohama para protegerles, decidieron que era preferible retirar la misión de Ponapé y trasladarse a otras islas no ocupadas por los españoles, como Kusaie, Truk, Pinguelap y Mortlok, donde podrían desarrollar su labor sin cortapisas.

Sin renunciar a ninguno de sus derechos, el 4 de noviembre de 1890 los misioneros abandonaron Ponapé, con la esperanza de que llegaran tiempos más tranquilos en los que pudieran volver a ejercer con libertad su culto y sus enseñanzas. En distintas ocasiones solicitaron regresar a Ponapé, pero nunca volvieron a ser autorizados a ello, prohibiéndose incluso que su barco, el *Morning Start*, visitara los puertos de esa isla.[3]

6. CONFLICTO DIPLOMÁTICO ENTRE ESPAÑA Y ESTADOS UNIDOS

Esos incidentes ocurridos provocaron que el gobierno norteamericano enviara a Ponapé dos barcos de guerra, el *Essex* y el *Alliance*, para defender los derechos de sus súbditos y recabar información sobre lo ocurrido. Se decidió también enviar un cónsul a Ponapé para proteger la vida, propiedades y actividades de los americanos. Se eligió para ello a Herbert L. Rand, hermano de Frank E. Rand, superior de los metodistas en la Micronesia española, que fue designado para tal misión en octubre de 1890. Después de muchas incertidumbres y complicaciones, llegó a isla el 10 de noviembre de 1891, siendo recibido con cortesía por el gobernador.

Herbert Rand decidió establecer la sede del consulado en Santiago de la Ascensión, para estar más protegido por los efectivos de la colonia, y desde allí mandó varios informes, breves y sin demasiado contenido al departamento de Estado, dando cuenta de cómo estaba la isla, las reclamaciones de los residentes americanos, así como de la visita de cinco barcos balleneros y de otros mercantes que no requirieron sus servicios. La última comunicación de este cónsul está fechada el 23 de abril de 1892 en Illinois, lo cual indica que entre febrero y abril recibió la orden de regresar a Estados Unidos, dando por finalizada su misión y rescindiendo el consulado americano en Ponapé. Realmente, quizás por la dificultad de las comunicaciones y el retraso con el que llegaban las noticias y la correspondencia, o por su tardía llegada a la isla, cuando ya no había misioneros en ella, la labor del único cónsul norteamericano en las Carolinas no sirvió de gran cosa en las relaciones entre ambas potencias, ni contribuyó a solucionar el conflicto entre la colonia y los metodistas.

El conflicto continuó desde entonces por vía diplomática. Las autoridades de Washington y su representante en Madrid denunciaron el trato dado a sus súbditos y la destrucción de sus propiedades, exigiendo el regreso de los misioneros a la isla, el libre desempeño de su labor y una indemnización monetaria por los daños causados y por las propiedades perdidas.

El Gobierno español respondió a las reclamaciones diciendo que los hechos habían ocurrido en legítima defensa de su soberanía, y defendió el derecho que tenía cualquier nación civilizada a expulsar libremente a todo extranjero que entorpeciera el buen gobierno de su nación, asegurando que los misioneros americanos habían sobrepasado los límites de sus funciones religiosas, interviniendo en asuntos de política local y siendo germen de disgustos y rebeliones.

Tras una larga y complicada negociación entre Washington y Madrid, con consultas a Manila, el caso se cerró en junio de 1894 con el pago de 17.500 pesos en oro por parte de los españoles, que los políticos de la época consideraron un grave precedente para el porvenir. A partir de esa fecha, 1894, se consiguió una convivencia pacífica en Ponapé, que se mantuvo hasta que en 1898 se declaró la guerra entre España y Estados Unidos, iniciada por Cuba, pero que tuvo una directa repercusión sobre Filipinas y las islas españolas en el Pacífico.[4]

7. EL RELEVO EN LA SOBERANÍA SOBRE LAS ISLAS Y LA GEOESTRATEGIA MUNDIAL

En los últimos años del siglo XIX, el gobierno de Washington, que deseaba aumentar su proyección en el Pacífico, adquirir una nueva relevancia internacional en el área, y participar en la penetración occidental en China, mostró un nuevo interés por adquirir algún punto en los archipiélagos de la Micronesia, para establecer en él una base naval y telegráfica que facilitara sus comunicaciones por el Pacífico y se integrara en la red de posesiones bajo soberanía americana que Estados Unidos estaba creando entre las costas americanas y las costas asiáticas.

Por un lado, la Pacific Cable Co. estaba construyendo un tendido telegráfico entre San Francisco, Honolulu, Manila y Hong-Kong. Por otro lado, a lo largo de 1898, Estados Unidos se anexionó Hawái, Midway, Wake y parte de Samoa. Aprovechó también la guerra hispano-norteamericana de 1898 para reclamar la anexión de Filipinas y para ocupar la isla de Guam. Durante las negociaciones de la paz de París con España, intentó hacerse con la isla de Kusaie, estratégicamente situada, con valor económico, y donde existía una importante misión metodista con una amplia aceptación social. Sin embargo, las propias ambiciones alemanas en el área frenaron las pretensiones americanas sobre el resto de la Micronesia. Alemania tenía soberanía sobre las cercanas islas Marshall y Gilbert, dominaba el negocio de la copra en la Micronesia, y sus comerciantes ocupaban una posición predominante en las islas españolas. Había intentado a hacerse con la isla de Yap en 1885, renunciando a ello, después de un grave incidente diplomático, para no llegar a la guerra con España, decidida a defender sus propios derechos. Pero aprovechó la guerra desatada entre España y Estados Unidos en 1898 para iniciar una negociación secreta con España que le asegurara la venta de las islas de la Micronesia a Alemania si España se veía obligada a renunciar a su presencia en Filipinas. De tal forma, al acabar la contienda de 1898, Estados Unidos se hizo con Filipinas y con Guam, y Alemania con el resto de Carolinas, Marianas y Palaos (Elizalde 1991b, 1996, 1997).

No obstante, después de la Primera Guerra Mundial, Alemania tuvo que renunciar a sus posesiones en el Pacífico. Estados Unidos refrendó las estratégicas posesiones que ya tenía. Y Japón, aliado entonces de Gran Bretaña y de Estados Unidos, aprovechó para hacerse con las islas sobre las que Alemania tenía soberanía, viendo reconocida por fin su influencia en Micronesia, tantos años anhelada sin ningún éxito, a pesar de sus ambiciones manifiestas. Después de la guerra, la Sociedad de Naciones concedió a Japón el gobierno del Mandato del Pacífico Sur, en el que se integraron las islas Carolinas, Marianas Palaos y Marshall. Guam permaneció como un territorio no incorporado de los Estados Unidos, en el que sus habitantes tienen ciudadanía estadounidense.

La Segunda Guerra Mundial significó una nueva vuelta de tuerca para estas islas del Pacífico, que adquirieron una importancia estratégica fundamental en las batallas libradas en este océano. Tras su derrota en la guerra, Japón, entonces enemigo de Estados Unidos y de las potencias aliadas, tuvo que renunciar a la administración sobre las islas de la Micronesia. Estos archipiélagos, que habían sido ocupados por Estados Unidos y habían desempeñando un papel estratégico muy notable durante la contienda, pasaron a formar parte de un territorio en fideicomiso de las Naciones Unidas, que en 1947 otorgó su administración a los Estados Unidos. En noviembre de 1986, las islas Marianas del Norte, los Estados Federados de la Micronesia (formados por Yap, Pohnpei, Chuuk y Kosrae) y las islas Marshall abandonaron el fidecomiso y firmaron un acuerdo de libre asociación con Estados Unidos. En 1990 los Estados Federados de Micronesia consiguieron su independencia formal. Palaos, a su vez, se mantuvo bajo la administración especial de la ONU hasta que en octubre de 1994, tras un proceso iniciado en 1981, adquirió una completa independencia, firmando al tiempo un acuerdo de libre asociación con Estados Unidos que implica ayuda financiera de este país a cambio de ciertos derechos de defensa, aunque dirige libremente sus relaciones internacionales y es miembro de la ONU como país independiente.

El proceso hacia la independencia de estas islas ha sido, pues largo, complejo, y aún no absoluto. En su evolución, y en la sucesiva soberanía sobre ellas por parte de España, Estados Unidos, Alemania y Japón, se refleja claramente la importancia que tuvo la fuerza del imperio informal, es decir, la labor realizada por misioneros y comerciantes previamente a cualquier acción del Estado, para la reivindicación posterior de estas islas. Unas reivindicaciones que estuvieron condicionadas, además, por el valor estratégico de estos archipiélagos en la política internacional, y por el control del escenario mundial que tuvieran, en cada momento, factores de los que dependió el color de la administración de estas islas del Pacífico.

A modo de epílogo, no queda más que añadir, como curiosidad, que esa misma congregación religiosa americana que en el siglo XIX se enfrentó con los españoles en el Pacífico, tendría una importancia notable en la modernización del panorama educativo español, tras la aprobación de libertad de cultos en España, en 1869, y la llegada de figuras tan relevantes como William y Alice Gulick o Susan Huntington, vinculadas pronto a la Institución Libre de Enseñanza, a la Junta para la Ampliación de estudios y a la creación del Instituto Internacional, de tan notable repercusión en la vida intelectual y en el mundo educativo español (Vázquez Ramil, 2012).

REFERENCIAS

Arbeiza, B. de. *Reseña histórica de los Capuchinos en Filipinas*. Pamplona: edit. Gómez, 1969. Print.

Baró i Queralt, X. *Misioneros del Pacífico: los intentos de evangelización de las islas Carolinas y Palaos*. Girona: Documenta Universitaria, 2013. Print.

___. "Evangelizar en la lejanía: Anne du Rousier (1806-1880) en Chile y Ambrosio de Valencina (1859-1914) en las Islas Carolinas". *Estudios franciscanos: publicación periódica de Ciencias Eclesiásticas de las Provincias Capuchinas Ibéricas* 118:462 (2017):191-215. Print.

Cabeza Pereiro, A. *Estudios sobre las Carolinas: La isla de Ponapé*. Manila: Tipografía de Chofre y Compañía, 1896. Print.

Conroy-Krutz, E. *Christian Imperialism: Converting the World in the Early American Republic*. Ithaca, NY: Cornell University Press, 2015. Print.

Doane, E.T. "Spanish Occupancy of Ponapé". *Friends* (1887): 76-77. Print.

Elizalde, M. D. "Las grandes potencias y el Pacífico español: los intereses de los países hegemónicos en la colonia de las Carolinas". *Revista Española del Pacífico* 1 (1991a): 65-83. Print.

___. "La venta de las Carolinas, un nuevo hito en el 98". *Estudios Históricos. Homenaje a los Profesores José Mª Jover Zamora y Vicente Palacio Atard*. Madrid: Universidad Complutense, 1991b: 361-380. Print.

___. *España en el Pacífico: la colonia de las islas Carolinas (1885-1899)*. Madrid: CSIC, 1992 a. Print.

___. "Mito y realidad: La imagen de la colonia de las islas Carolinas a través de los hombres que sirvieron en ellas". *Cuadernos de Historia Contemporánea* 14 (1992 b): 55-73. Print.

___. "El 98 en el Pacífico. El debate internacional en torno al futuro de las islas españolas durante la guerra hispano-norteamericana". *Presencia española en el Pacífico*. A. García-Abásolo. Ed. Córdoba: Universidad de Córdoba-Mapfre, 1996: 253-262. Print.

___. "De Nación a Imperio: La expansión de los Estados Unidos por el Pacífico durante la guerra hispano-norteamericana de 1898". *Hispania* 196 (1997): 551-588. Print.

Hezel, F. X. *The First Taint of Civilization. A History of the Caroline and Marshall Islands in the pre-colonial days, 1521-1885*. Honolulu: University of Hawaii Press, 1983. Print.
Putney, C. and Burlin P. T. Eds. *The Role of the American Board in the World: Bicentennial Reflections on the Organization's Missionary Work, 1810-2010*. Eugene, OR: Wipf & Stock, 2012. Print.
Robles, C. "Los metodistas americanos en las Carolinas, un litigio de soberanía con los Estados Unidos". *Missionalia Hispánica* XLII (1985): 337-367. Print.
Rodao, F. "Conflictos con los Estados Unidos en Ponapé: preludio para 1898". *Estudios sobre Filipinas y las islas del Pacífico*. Madrid: Asociación Española de Estudios del Pacífico, 1989. Print.
Serra de Manresa, V. "Joaquim M. de Llavaneres i les missions caputxines a les illesFilipines, Carolines i Guam (anys 1886-1915)". *Analecta Sacra Tarraconsensia* 80 (2007): 157-204. Print.
Serrano, L. y Llorente, J.C., *Las Carolinas Orientales: 1890*. Madrid: LSV & JCLL Editores, 2005.
Sharp, A. *The Influence of Christianity among the People of Ponapé*. Dissertation, Pacific Theological College, 1973. Print.
Valencina, A. de. *Mi viaje a Oceanía: historia de la fundación de las Misiones Capuchinas en las islas Carolinas y Palaos*. Sevilla: Escuela Tip. Salesiana, 1898. Print.
Vázquez Ramil, R. *Mujeres y educación en la España contemporánea. La Institución Libre de Enseñanza y la Residencia de Señoritas de Madrid*. Madrid: Akal, 2012. Print.

NOTAS

1   Este trabajo se realiza dentro del proyecto de investigación HAR2015-66511-P, financiado por el Plan Nacional de Investigación (España, MINECO-FEDER).
2   Se asentaron en la isla de Yap, donde crearon dos misiones principales en Santa Cristina y en San Francisco Gorror, y desde allí se extendieron a Malay, Santa Cruz, Anignal, Lavit y Ocas; en las Palaos, donde levantaron una delegación en Korror y otra en Babelzuap; y en la isla de Ponapé, donde situaron dos misiones principales en Santiago de la Ascensión y

en Kiti, extendiéndose luego por Aleniang, Atuak, Jekois (Chokas), U y Not. Cada misión contaba con una capilla, una pequeña escuela y una casa para los sacerdotes.

3   Además de las referencias citadas, para elaborar el trabajo se ha manejado documentación relativa a estas cuestiones que se encuentra en los siguientes archivos: Archivo Histórico Nacional (AHN), Madrid, España: Ultramar, Legajos 2313, 5310, 5337, 5354, 5864 y 5867; Archivo del Ministerio de Asuntos Exteriores (AMAE), Madrid, España: Ultramar, Carolinas, Legajos 2952, 2953 y 2954; The National Archives of the United States (NARA), College Park, Maryland, USA: Despatches from US Consul in Ponape, Caroline Islands, 1888-1892, RG 34, Cab 41/09, T90; American Board of Commissioners for Foreign Missions, Houghton Library, Harvard College Library Harvard University, Cambridge, Massachusetts, USA; Congregational Library & Archives, Boston, Massachusetts, USA.

4   Remitimos para estas cuestiones a las fuentes de archivo señaladas en la nota anterior.

¿EL PRINCIPAL ENEMIGO DEL PUEBLO VASCO?
ETA Y ESTADOS UNIDOS (1959-1975)

Santiago de Pablo
Universidad del País Vasco (UPV/EHU)

La historiografía sobre el nacionalismo vasco ha hecho hincapié en la relación amistosa entre Estados Unidos y el Partido Nacionalista Vasco (PNV), que lideró el Gobierno vasco en el exilio entre 1937 y 1979. En el marco de la Guerra Fría, el PNV, un partido democristiano y prooccidental, optó por fortalecer los lazos con Estados Unidos, tratando infructuosamente de debilitar así al franquismo. El PNV no modificó su estrategia pronorteamericana ni siquiera a partir de 1953 cuando, después de los Pactos de Madrid, Estados Unidos consideró a Franco un aliado útil en la pugna con el bloque soviético. De hecho, la idea de que Estados Unidos representaba la libertad –frente a Franco, pero también frente a la Unión Soviética– se mantuvo en el PNV hasta la Transición (Mota 415-427).

Sin embargo, a veces se ha olvidado que, a partir de 1959, existió otro nacionalismo vasco muy distinto, representado por la organización terrorista ETA (*Euskadi Ta Askatasuna*, País Vasco y Libertad), que trató de fusionar el independentismo con un socialismo revolucionario de raíz marxista, no exento de indefiniciones y contradicciones. Esta tensión entre nacionalismo radical y revolucionarismo dio lugar a las escisiones de ETA-Berri (1966) y ETA-VI (1970), que acabaron derivando en el maoísmo o el trotskismo (Garmendia 1: 119-125). Además, ETA tomó como ejemplo las luchas de liberación anticolonialistas, entonces en plena ebullición (Jáuregui 221, 237), para aplicar al caso vasco el uso de la violencia contra el franquismo y, a partir de la Transición, contra la democracia, asesinando a algo más de 850 personas desde 1968 hasta 2010.

Este artículo trata de cubrir ese vacío historiográfico, analizando la visión que sobre Estados Unidos tenía la primera ETA. Se trata de comprobar, a través de sus propios documentos y publicaciones, si su actitud durante la Guerra Fría fue diferente a la del PNV. Y sobre todo de analizar, teniendo en cuenta la ideología de ETA, los argumentos de su previsible antiamericanismo. Además, estudiaremos si en esa etapa hubo relaciones entre ETA y Estados Unidos, similares a las que mantenían el PNV y el Gobierno vasco. El estudio abarca la etapa 1959-1975, desde el nacimiento de ETA hasta la muerte de Franco, que dio paso a un contexto muy diferente.

1. CONTRA EL IMPERIALISMO YANQUI

Un repaso a las publicaciones de ETA de 1959-1975 pone de manifiesto una visión completamente negativa de la política exterior norteamericana, pero también de su sociedad y del sistema político que representaba. Esa inquina se observa ya desde el mismo nacimiento de ETA, en 1959. En uno de sus primeros boletines criticaba la creación de una pequeña base militar hispano-norteamericana de defensa aérea en Gorramendi, en el valle navarro del Baztán. Según ETA, como siempre, "con absoluto desprecio de la voluntad democrática de los pueblos, han preferido los EE. UU. dar un paso más en su camino de enemistad con nuestro Pueblo, que en ningún momento puede hacerse responsable de los pactos que concierten sus opresores" (*Zabaldu* agosto 1959)[2].

No obstante, ETA vio con esperanza la llegada de John F. Kennedy a la presidencia norteamericana en 1961. Previendo que podía hacer virar la política exterior estadounidense hacia el antifranquismo, publicó una carta abierta a Kennedy, expresando su deseo de que fuera "consecuente con su promesa de luchar por la libertad de todos los pueblos," incluido el vasco (*Zutik en tierras americanas* 9, 1961). No obstante, ETA se desencantó enseguida de las promesas de Kennedy, calificándolo de cínico, egoísta y mentiroso, pues su único interés, en continuidad con Eisenhower, sería el mantenimiento del orden en España (*Zutik* noviembre 1961).

A partir de ese momento, todas las referencias a Estados Unidos en los escritos de ETA pasaron a ser negativas, sin hacer distinción entre los sucesivos presidentes y afectando incluso al país en sí que, según Federico Krutwig, uno de los principales ideólogos de ETA en esa época, era "una nación mentalmente poco desarrollada en status de infantilismo" (274). Como vamos a ver a continuación, esta censura generalizada se centraba en tres aspectos: su apoyo al franquismo, su sociedad capitalista y racista y, sobre todo, su política exterior imperialista.

En primer lugar, Estados Unidos era considerado un enemigo de la libertad (y en concreto de la libertad vasca) porque estaba sosteniendo a la dictadura franquista. En este aspecto la visión de ETA no se diferenciaba demasiado de la del PNV, pero este aceptó la situación provocada por la Guerra Fría como un mal menor y utilizó infructuosamente sus contactos paradiplomáticos para revertirla. Por el contrario, para ETA la alianza entre el franquismo y la gran potencia occidental era consustancial, al derivar de la ideología capitalista que ambos compartían.

Ese desprecio afectaba sobre todo a Eisenhower, el gran responsable de este escenario, al haber firmado en 1953 los acuerdos con Franco. Por ello, según Krutwig, "en nada era uno más limpio o sucio que el otro, eran hijos del mismo tipo de madres" (301). La inquina antinorteamericana llegaba al extremo de comparar a Estados Unidos con la Alemania nazi: "Quizás nos quepa hoy retrospectivamente afirmar que no hay duda de que el fuehrer [sic] Adolfo Hitler, con todas sus lacras, era moralmente superior" a los líderes occidentales. De este modo "se convierten los yankis en más tiranos y más autoritarios que los directos expoliadores de los pueblos". En otras palabras, "a la tiranía nazi, sigue la yanki" (Krutwig 301, 307).

Según ETA, la influencia negativa de Estados Unidos sobre España no se limitaba al terreno político sino también al económico y cultural. Así, un panfleto de 1967 afirmaba que los "Estados Unidos se han convertido en el principal enemigo del pueblo vasco y pretenden engañar y aturdir a las masas, utilizando los grandes medios de comunicación y propaganda, especialmente el cine" (Hordago 7: 507)³. Asimismo, se criticaba la creciente influencia norteamericana en la economía vasca: "Por obra y gracia de los fascistas y de la oligarquía servidora de los intereses yanquis, la industria 'vasca' resulta ser americana" (*Zutik* 66, 1969).

En segundo lugar, Estados Unidos era un país digno de desprecio, por su racismo y como paradigma del sistema capitalista. Ello hacía que no pudiera ser considerado una verdadera democracia, hasta el punto de que el presidente Johnson era calificado de "dictador" (*Zutik* 38, 1966). En sus referencias a la sociedad estadounidense, las publicaciones de ETA destacaban la pervivencia del racismo contra los afroamericanos, en especial en el sur, y cómo los avances que estos habían conseguido se debían a la lucha revolucionaria y al uso de la violencia. La conclusión, a veces incluso explícita, era que Euskadi debía seguir el mismo camino si quería liberarse del yugo español.

En línea con esta idea, ETA daba relativamente poca importancia al movimiento pacífico estadounidense por los derechos civiles, o a figuras como Martin Luther King. Por el contrario, al apoyar la "heroica ofensiva del pueblo negro afroamericano contra las estructuras imperialistas en su propio país", reproducía textos de líderes muy distintos, como Malcolm X o Angela Davis, y respaldaba la estrategia de los Black Panthers (*Zutik* 50, 1967). A raíz del juicio contra Davis, ETA-VI lo comparó con el consejo de guerra celebrado en Burgos en 1970, en el que seis miembros de ETA fueron condenados a muerte, aunque después fueron indultados por Franco. Su boletín habló de "la 'justicia' de la 'democracia' americana (que, como todas las de los capitalistas, es muy parecida a la de Burgos)" (*Berriak* 3, 1971).

Estados Unidos aparecía en la prensa etarra como sinécdoque del capitalismo y por tanto representaba un modelo de sociedad que había que combatir, no solo en su propio suelo sino en todo el mundo, pues había "dos humanidades en lucha, la capitalista y la socialista" (Ibíd.). En 1969, ETA-Berri publicó un calendario con la figura de Che Guevara y el lema "Al enfocar la destrucción del imperialismo, hay que identificar a su cabeza, que no es otra que los EEUU" (Hordago 6: 177). Todos los pueblos del mundo debían contribuir a la lucha contra el capitalismo y el imperialismo, y Euskadi debía encontrar su lugar en ese combate, tal y como lo expresaba el portavoz de ETA-VI: "Como los vietnamitas y los brasileños, como los cubanos y los tupamaros uruguayos, el pueblo vasco sabrá también cortar el tentáculo del pulpo yanki en nuestra tierra" (*Berriak* 3, 1971).

En tercer lugar, ETA consideraba muy negativa la política exterior norteamericana, subrayando los aspectos que consideraba especialmente nocivos: el control del Canal de Panamá; su apoyo a Sudáfrica y a las dictaduras derechistas europeas y latinoamericanas; su oposición a la Cuba de Fidel Castro que, lo mismo que Che Guevara, era un referente constante para ETA en esos años, etc. Pero si hubo un episodio que marcó el antiamericanismo de la organización, hasta convertirse en un auténtico *leitmotiv* de algunas de sus publicaciones, fue la intervención militar estadounidense en Vietnam. Así, en 1965 ETA explicaba que, "como miembros de un pueblo oprimido, debemos extraer las justas consecuencias del caso vietnamita, a fin de orientar nuestra lucha de liberación nacional" (*Zutik* 31, 1965). Y ello implicaba tomar a Estados Unidos como enemigo.

Según ETA, el binomio Vietnam-Estados Unidos era similar a la situación vasca durante la Guerra Civil española, interpretada falsamente como una invasión de Euskadi por España. Incluso se identificaba el bombardeo de Guernica (convertido en símbolo de la agresión española contra la libertad vasca) con los ataques aéreos americanos sobre Vietnam. Ello suponía, implícitamente, igualar a Estados Unidos y al capitalismo no solo con el franquismo, sino con la Alemania nazi, cuyos aviones fueron los autores materiales del *raid* de abril de 1937: "El capitalismo usa todos sus medios para mantener sus intereses, bombardeando hasta las ciudades indefensas si es preciso. Ahora es Vietnam, antes en el 36, fue Guernica" (*Zutik* 36, 1965).

Un resumen de esta idea fue el manifiesto en euskera publicado por ETA-Berri en 1967 con el inequívoco título de "Gora Vietnam askatuta" ("Viva Vietnam libre") (Hordago 5: 389). Pero la solidaridad con Vietnam tuvo también una intensa presencia gráfica en las publicaciones de ETA, que reprodujo fotografías de las tropelías americanas, de guerrilleros del Viet

Cong y del sufrimiento de la población civil. Pasando a la acción, en 1967 ETA inició una campaña pidiendo a sus simpatizantes que enviaran cartas al cónsul estadounidense en Bilbao, protestando por la intervención en Vietnam (*Zutik* 47, s.a.). Asimismo, en el Festival internacional de cine de San Sebastián de 1967, durante la proyección de una película norteamericana en el teatro Victoria Eugenia, un comando de ETA lanzó "panfletos antiamericanos" en inglés, francés, euskera y castellano, así como banderitas vascas y norvietnamitas (Hordago 7: 507).

Además, el antiamericanismo etarra de la etapa final de la dictadura buscaba no solo desenmascarar a Estados Unidos y al franquismo, sino también al PNV, que había confiado en la gran potencia occidental para hacer caer a Franco, cuando en realidad no era de fiar, pues solo defendía sus propios intereses, en el marco de la Guerra Fría. La política atlantista del PNV y del Gobierno vasco, mantenida contra viento y marea, no solo habría sido un fracaso, sino una manifestación de españolismo, frente al auténtico nacionalismo, es decir, el independentismo de ETA. Según un informe redactado en 1966 por su Comité ejecutivo del exterior, "el PNV está vendido a la CIA y el PSOE, es decir a los yanquis y a los anticomunistas españoles" (Hordago 4: 456). También Krutwig denunciaba "la ingenuidad (por no decir imbecilidad) de los jefecillos nacionalistas vascos que siguen haciendo el juego al imperialismo yanki" (307).

En resumen, el antiamericanismo formaba parte del núcleo ideológico de una ETA que se consideraba vanguardia no solo del independentismo sino también del antifranquismo, el antiimperialismo y la revolución mundial. Tres afirmaciones recogidas en *Zutik*, el boletín oficial de ETA, en 1967, resumen bien esta idea: "La causa cubana, la causa del pueblo vietnamita, la del pueblo negro afro-americano, la de Euzkadi, son una misma causa"; "La lucha contra el franquismo es la lucha contra el imperialismo yanqui"; "Hoy el imperialismo americano es el principal enemigo del progreso de toda la humanidad; nadie puede considerarse de izquierda si no sitúa a la cabeza de sus objetivos la lucha sin cuartel contra el imperialismo norteamericano" (*Zutik* 50-53, 1967).

2. BUSCANDO APOYOS EN AMÉRICA

Aunque parezca contradictorio, pese a desechar radicalmente la política estadounidense y la política atlantista del PNV, ETA también buscó en esos años el apoyo de la sociedad norteamericana (en especial de la comunidad vasca allí asentada) y de sus autoridades. El hecho de que la represión franquista afectara entonces de modo especial a los etarras hizo que la organización se movilizara en el exterior, buscando reducirla a través de acciones paradiplomáticas o influyendo en la opinión pública. Este tipo de gestiones fueron muy puntuales y no son comparables con las que continuamente llevaban a cabo el PNV y el Gobierno vasco. Es más, dado que ETA no tenía hilo directo con las autoridades norteamericanas, cuando contactó con estas para conseguir sus objetivos lo hizo precisamente a través del Gobierno vasco.

Cabría pensar que, ante las críticas de que eran objeto por parte de ETA por mantener buenas relaciones con Estados Unidos, los representantes del nacionalismo moderado se negarían a intervenir a su favor. Sin embargo, la solidaridad nacional y antifranquista hizo que tanto el PNV como el Gobierno vasco accedieran a interceder por los presos de ETA a nivel diplomático (De Pablo y Mees 324-329). Aun no estando de acuerdo con sus ideas ni con sus métodos, el PNV seguía considerando a los etarras compatriotas cuyo sufrimiento había que atenuar. Además, buscaba cualquier ocasión para debilitar al franquismo, y la denuncia de la represión era un buen modo de desprestigiar a la dictadura ante Estados Unidos. Así sucedió ya en 1961, cuando el delegado vasco en Washington, Pedro Beitia, intercedió ante el Departamento de Estado (directamente y por medio del senador por Idaho, Frank Church) por varios miembros de ETA que estaban siendo juzgados en España por el intento de hacer descarrilar un tren en el que viajaban antiguos combatientes franquistas vascos. Sin embargo, el Departamento se mostró reacio a intervenir, al no tratarse de ciudadanos norteamericanos (Mota 330-331).

En otras ocasiones, los dirigentes de ETA contactaron directamente con la diplomacia norteamericana en España. Así, en 1965 dos etarras se entrevistaron con el vicecónsul estadounidense en Bilbao, Walter J. Landry, para informarle de que iban a emprender actividades de "guerrilla clandestina". El vicecónsul informó a sus superiores, pero su respuesta se centró en evitar que esos actos de sabotaje afectaran a la sede del consulado en Bilbao (Mota 359). Esto demuestra que ETA, que apenas había comenzado entonces su actividad violenta, no era aún motivo de intranquilidad para las autoridades estadounidenses.

En 1970, con motivo del mencionado juicio celebrado en Burgos contra militantes de ETA, el Gobierno vasco en el exilio intentó que la opinión pública y el Gobierno norteamericano presionaran a Franco. Beitia quería organizar "una campaña de prensa preventiva para evitar ejecuciones que se temen". A la vez, se puso en contacto con el Departamento de Estado animándole a seguir de cerca el juicio, lo que podría evitar una sentencia severa (Mota 391-395). También en abril de 1972 el senador por Idaho, Frank Church, se dirigió al Senado pidiendo que interviniera a favor de los presos etarras. Lo mismo hizo en la Cámara del Estado de Idaho el representante de origen vasco Pete Cenarrusa, habitual promotor de la causa del nacionalismo vasco a lo largo de su dilatada carrera política (Irujo).

En el marco de estas reivindicaciones, uno de los primeros miembros de ETA, José Luis Álvarez Enparantza, acudió como invitado al Holiday Basque Festival celebrado en Boise en junio de 1972. Teóricamente fue allí como representante de Anai Artea, una asociación de apoyo a refugiados vascos en Francia, pero posiblemente su presencia estuvo relacionada con un manifiesto de ETA "al pueblo americano y a los trabajadores vascos de América", escrito en inglés, que se presentó con ocasión del festival. En él se llamaba a la solidaridad con el pueblo vasco y con ETA, presentando a esta como un movimiento de liberación nacional y social. El texto daba gran importancia a la defensa de la lengua y la cultura de Euskadi, un pueblo de origen inmemorial, que habría sido objeto de un genocidio colonialista por parte de Francia y España, incrementado durante el franquismo. La única solución era la "revolución vasca" que ETA representaba (Hordago 12: 433-436).

Sin embargo, estos intentos de recibir apoyos y financiación por parte de la comunidad vasco-americana no obtuvieron los frutos deseados. Según el impulsor del Centro de Estudios Vascos de la Universidad de Nevada-Reno, en dos ocasiones a principios de la década de 1970 miembros de ETA pidieron ayuda a sus paisanos residentes en el Oeste, siendo posiblemente una de ellas el mencionado festival de Boise. Al menos en el segundo intento, sus peticiones fueron acogidas con indiferencia, e incluso con hostilidad, lo que contrasta con el apoyo que el PNV y el Gobierno recibieron de los emigrantes vascos en ambas Américas durante el exilio (Douglass 45-46).

Por último, algunos autores citan otro punto de contacto ente ETA y Estados Unidos durante el franquismo. Se trata de la teoría de que el asesinato del presidente del Gobierno franquista, el almirante Luis Carrero Blanco, realizado por la organización terrorista en Madrid en diciembre de 1973, fue posible gracias a la colaboración de la CIA y del Departamento de Estado norteamericano. Para sustentar esta hipótesis, alegan que la embajada estadounidense está situada junto al lugar del atentado, que era una operación demasiado compleja para que ETA la realizara en solitario y que Estados Unidos podía estar interesado en eliminar a Carrero para facilitar una transición controlada a la democracia en España (Villar 240-241, 250-251). Sin embargo, no hay ninguna prueba que permita verificar esta conjetura. Mientras no aparezcan nuevas fuentes, todo apunta a que ETA pudo realizar este magnicidio debido a la escasa prevención y al efecto sorpresa que suponía actuar por primera vez en Madrid.

3. CONCLUSIONES

La actitud de ETA ante Estados Unidos durante el franquismo puede calificarse hasta cierto punto de contradictoria. Por un lado, la organización buscó –a veces a través del Gobierno vasco, identificado en la práctica con la política del PNV– la ayuda de la opinión pública y de la Administración norteamericana para reducir el efecto de la represión franquista sobre sus militantes. Al igual que el PNV, utilizó a la comunidad vasca residente en

Norteamérica como puente entre sus intereses y el Gobierno estadounidense. Pero, a la vez, desde el punto de vista ideológico Estados Unidos representaba para ETA la encarnación del mal en el mundo, por su carácter capitalista e imperialista, manifestado sobre todo en su intervención en Vietnam.

En efecto, a diferencia del PNV, ETA sostuvo entre 1959 y 1975 una visión completamente negativa de Estados Unidos y de su política exterior. No solo veía en la gran potencia occidental un aliado de Franco, sino que la consideraba un baluarte del capitalismo y un enemigo de la revolución mundial, que ETA quería aplicar en una futura Euskadi independiente.

Sin embargo, hay que aclarar que, pese a estar presente a lo largo de toda la etapa estudiada, en especial durante los momentos álgidos de la Guerra de Vietnam, el antiamericanismo no era un tema central en la ideología de ETA. En su prensa clandestina, en sus manifiestos o en las conclusiones de sus asambleas, esta cuestión aparece mucho menos que otros temas recurrentes, sobre todo de carácter interno (la demonización del franquismo, el antiespañolismo, la independencia vasca, la necesidad de la violencia, la defensa del euskera o la crítica a la represión española contra Euskadi y sobre todo contra ETA). Dentro de los temas internacionales, le interesaba más el Tercer Mundo (apoyo a la lucha en Cuba, África, Vietnam, etc.) y Europa que Estados Unidos: este aparecía más bien como un contraejemplo, un enemigo de la libertad vasca por ser aliado de Franco, epicentro del capitalismo y opresor de otros pueblos que luchaban por su liberación nacional y social, y en especial Vietnam.

Por otro lado, es significativo que fueran los sectores más revolucionarios y menos nacionalistas de ETA (sobre todo las escisiones de ETA-Berri y ETA-VI) quienes sostenían un antiamericanismo más radical, puesto que la inquina a Estados Unidos ha sido una seña de identidad de las extremas izquierdas a nivel mundial (Heineman 202-231). No obstante, ni en la primitiva ETA, anterior a esas escisiones, ni en la que se quedó con las siglas originales, cuya continuidad puede seguirse hasta su disolución en 2018, desapareció ese sentimiento antiamericano. Este se hizo especialmente presente durante la Guerra de Vietnam, que provocó un auge del antiamericanismo global (Christie 205-226).

Pese a seguir sin ocupar un lugar central dentro de su ideología, este antiamericanismo, más visceral que racional, se ha mantenido en el movimiento político y social articulado en torno a ETA en las últimas décadas. Por poner solo un ejemplo, todavía en 2005 un dirigente de Batasuna (partido político ilegalizado por su relación con ETA) declaraba que la caída de la Unión Soviética había sido muy negativa "para los Movimientos Revolucionarios de todo el mundo", al haber "permitido que el Imperialismo Yanki y sus acólitos se hayan convertido hoy por hoy en los gendarmes del mundo" (cit. en Bullain 109). Pero esta es una cuestión que, al quedar fuera del arco cronológico analizado aquí, exige un estudio aparte.

REFERENCIAS

Berriak, 1971.
Bullain, I. *Revolucionarismo patriótico. El Movimiento de Liberación Nacional Vasco (MLNV)*. Madrid: Tecnos, 2011. Print.
Christie, C. J. *The Vietnam War, the Cold War and the Crisis of Western Liberalism*. Oxford: YouCaxton, 2015. Print.
De Pablo, S. y L. Mees. *El péndulo patriótico. Historia del Partido Nacionalista Vasco (1895-2005)*. Barcelona: Crítica, 2005. Print.
Douglass, W. A. *Terrorista nire baitan*. Pamplona: Pamiela, 2010. Print.
Garmendia, J. M. *Historia de ETA*. San Sebastián: Haranburu, 1979-1980. 2 vols. Print.
Heineman, K. J. "Anti-Vietnam War Movement and Anti-Americanism". *Anti-Americanism. History, Causes and Themes*. Brendon O'Connor. Ed. vol. 2. Oxford: Greenwood, 2007: 203-231. Print.
Hordago, E. *Documentos Y*. 18 vols. San Sebastián: Lur, 1979-1981. Print.
Irujo, X. *On Basque Politics. Conversations with Pete Cenarrusa*. Bruselas: European Research Institute, 2009. Print.

Jáuregui, G. *Ideología y estrategia política de ETA. Análisis de su evolución entre 1959 y 1968*. Madrid: Siglo XXI, 1981. Print.
Krutwig, F. [Seud. Fernando Sarrailh de Ihartza]. *Vasconia. Estudio dialéctico de una nacionalidad*. Buenos Aires: Norbait, 1963. Print.
Mota, D. *Un sueño americano: el Gobierno Vasco en el exilio y Estados Unidos (1937-1979)*. Vitoria-Gasteiz: IVAP, 2016. Print.
Villar, E. *Todos quieren matar a Carrero. La conspiración dentro del Régimen*. Madrid: Libroslibres, 2011. Print.
Zabaldu, 1959.
Zutik, 1961-1969.
Zutik en tierras americanas, 1961.

NOTAS

1. Este artículo forma parte de un proyecto subvencionado por la Secretaría de Estado de Investigación, Desarrollo e Innovación (HAR2015-64920-P, MINECO/FEDER) y de un Grupo de Investigación de la UPV/EHU (GIU 17/005).
2. Al editarse clandestinamente, no es posible citar los boletines de ETA con datos completos, pues muchas veces carecen de fecha, numeración, autor, paginación, etc. Todos los ejemplares han sido consultados en la biblioteca de la Fundación Sancho el Sabio (Vitoria-Gasteiz).
3. Por razones de espacio, no analizamos hasta qué punto las acusaciones de ETA correspondían o no a la realidad. Nos interesa sobre todo la percepción que sobre esas cuestiones mostraban sus publicaciones. Tampoco entramos en su falta de autocrítica, cuando censuraba la violencia o el racismo estadounidense, sin pensar en su propia actitud.

EL ORIGEN DE LA REVISTA IBÉRICA POR LA LIBERTAD EN EL MARCO DE LA GUERRA FRÍA

Marianne Leijte
Universidad Autónoma de Madrid

La revista *Ibérica por la libertad* fue una publicación ideada, creada y gestionada desde Nueva York, por la española exiliada Victoria Kent y la americana Louise Crane.[1] Este boletín constituiría desde 1954 hasta 1974 una voz a través de la cual los opositores al régimen de Franco, bien residentes en España o bien viviendo fuera, podían compartir sus impresiones y discutir sus opiniones sobre el pasado, presente y futuro de este país. Hasta 1966 la revista aparecía publicada tanto en castellano como en inglés con el título *Iberica for a free Spain*. Según uno de los colaboradores habituales, la revista era "...uno de los órganos más importantes del exilio pero cuyo espíritu liberal e independiente es aceptado por el interior y por el exterior". (Del Moral 3). Calificar la revista como una publicación del exilio tiene sentido. Además de haber sido creada y gestionada por la exiliada Victoria Kent, la mayoría de los artículos que se publicaron en ella fueron escritos por personas españolas que, por razones políticas, estaban viviendo fuera de su país o que pertenecían a la disidencia del interior. Así, hay textos de Claudio Sánchez Albornoz (vinculado al Gobierno republicano en exilio), de Manuel de Irujo (nacionalista vasco exiliado en Francia), y del escritor residente en Estados Unidos Ramón J. Sender. En cuanto a los opositores a Franco residentes en España que contribuían a la revista podemos mencionar a Raúl Morodo y Enrique Tierno Galván. Sin embargo, al definir y entender la revista como una publicación del exilio, se obvia una faceta esencial de la revista: la estadounidense.

Ajustar el prisma a través del cual se analiza *Ibérica*, incluyendo los aspectos estadounidenses, resulta fundamental para entender la creación y la finalidad de esta revista. La faceta estadounidense es esencial: además de Victoria Kent, la otra persona que impulsó la creación de la publicación y que trabajó en y para ella hasta el último número en 1974 fue una norteamericana: Louise Crane. El Consejo Asesor de *Ibérica* estaba compuesto por estadounidenses, con excepción de Salvador de Madariaga. La revista fue publicada en inglés durante sus primeros doce años de existencia y, por tanto, también iba dirigida a un público angloparlante. Por otro lado, no hay que olvidar el telón de fondo de aquella época: la Guerra Fría y las implicaciones que conllevaba esta situación geopolítica para la política oficial que seguía Estados Unidos respecto a su relación con España. Esto resulta relevante puesto que hay razones para creer que *Ibérica* estaba apoyada por la diplomacia pública estadounidense: la política a través de la cual la Administración estadounidense intentaba ganar la mente y corazones de la población en la Guerra Fría. Así, *Ibérica* tenía vínculos con organizaciones asociadas a tal diplomacia pública, como la United States Information Office. Adicionalmente había una relación estrecha con otra revista que formaba parte de la política de la diplomacia pública: *Cuadernos*. También hoy en día es conocido que las dos personas que fueron nombradas Presidente de Honor de la revista, Salvador de Madariaga y Norman Thomas, estuvieron vinculadas con otras iniciativas apoyadas por los servicios secretos americanos en el marco de esta diplomacia pública (De la Guardia 154-161).

En este artículo se pretende investigar algunos aspectos de la faceta estadounidense de *Ibérica*. Lo que nos interesa es explorar esta posible relación entre la Administración estadounidense y la revista en el marco de la diplomacia pública. A tales efectos se analizarán los inicios del boletín, centrándose el estudio en el año 1953 cuando se estaba en el proceso de crear y formar esta publicación y antes de que en 1954 saliera publicado el primer número. Investigar el proyecto de *Ibérica* y sus posibles vínculos con la Administración estadounidense en el marco de la Guerra Fría nos puede arrojar luz sobre esta faceta estadounidense de la publicación. Para entender cómo fueron construidos, en su caso, estos posibles lazos con la Administración estadounidense, se examinará la composición de uno de los órganos formales de la revista: el Consejo Asesor, así como los vínculos de cada uno de sus integrantes con la Administración estadounidense.

1. EL AÑO 1953 Y LA DIPLOMACIA PÚBLICA

Una de las políticas ejecutadas por la Administración estadounidense que iba dirigida a parar la influencia de Moscú durante la Guerra Fría era la diplomacia pública. Mediante la organización, el fomento y la financiación de eventos y actividades que en gran parte iban dirigidos a las personas de la "izquierda no-comunista", la Administración norteamericana pretendía realizar propaganda por la *"American way of life"*, y esperaba así conseguir que estas personas, inclinadas a apoyar a las políticas de la izquierda, obtuvieran una impresión benévola de los Estados Unidos, y su manera de vivir y consiguientemente, se decantarían por apoyar el grupo americano y no el bloque soviético. Inicialmente, tal política se enfocaba en la población europea para evitar que el comunismo triunfara en este continente devastado por la Segunda Guerra Mundial. Posteriormente, se ampliaría el público objetivo, dirigiéndose también a otros países, por ejemplo, de Latinoamérica. De determinadas iniciativas era evidente la involucración del gobierno estadounidense, como por ejemplo era el caso de los programas de *American Studies* que se crearon en numerosos países. Sin embargo, otras veces esta política solamente podía ser eficaz en caso de que el vínculo con la Administración estadounidense quedaba oculto, por ejemplo cuando se pretendía llegar a un público con una inclinación antiamericana. En tales casos a menudo eran los servicios secretos los que determinaban y gestionaban las actividades realizadas en el marco de la diplomacia pública.

En septiembre de 1953, la Administración estadounidense firmó los pactos con España mediante los cuales, entre otros, España cedía parte de su territorio a Estados Unidos para fines militares estratégicos. En aquel momento, dirigir la diplomacia pública hacia la población española no era considerada una prioridad para el gobierno americano (Delgado Gómez-Escalonilla 103). Sin embargo, en el resto de Europa y en Estados Unidos la maquinaria de la diplomacia pública estaba funcionando con mucha potencia, especialmente a través del Congreso por la Libertad de la Cultura que, en este mismo año 1953 empezó a expandir su programa hacia Latinoamérica mediante la publicación en tal continente de una nueva revista *Cuadernos* (Glondys 2012: 76-80). Las características de las operaciones encubiertas realizadas por parte de la diplomacia pública varían enormemente, tratándose a veces desde un mero apoyo financiero hasta la infiltración de discípulos de los servicios secretos en las propias organizaciones. Por otro lado, se intentaba cubrir la totalidad del abanico de la población de "izquierda no-comunista" dirigiéndose a colectivos como obreros, católicos o intelectuales. Es más, aunque legalmente no estaba permitido ejecutar proyectos de diplomacia pública dentro del territorio de los Estados Unidos, a veces se realizaban operaciones que afectaban a la población doméstica (Wilford 84; Kelley, citado por Glondys 2015: 123). Asimismo, las particularidades que gobernaban las diferentes relaciones entre las personas de la CIA, las personas que representaban a la CIA en las operaciones encubiertas o las personas que estaban a la cabeza de proyectos apoyados por estos servicios secretos, eran muy diferentes y complejas y de ninguna manera se podría comparar la diplomacia cultural con una diplomacia "tradicional", donde el personal actuaba siguiendo las órdenes de un superior: había discrepancias de interpretación acerca de cómo desarrollar la política oficial, luchas de poder y en determinados proyectos la Administración tenía poco o ningún control sobre cómo se gastaba el dinero desembolsado por los servicios secretos (Wilford 9-10). Asimismo, resulta difícil saber hasta qué punto las personas que oficialmente no formaban parte de los servicios secretos, pero sí operaban en estas operaciones encubiertas eran conscientes de que las mismas estaban siendo respaldadas por parte del gobierno americano. Incluso en aquellos casos en que sabemos que el apoyo financiero del gobierno americano era conocido, la postura de las personas hacia el vínculo con la Administración era muy diferente dependiendo de cada caso. Es importante tener en cuenta el cambio de actitud que se ha producido desde la década de los cincuenta hasta el día de hoy respecto de la realización de actividades encubiertas, que contaban con el apoyo por parte de un gobierno con la finalidad de persuadir a un determinado grupo de personas. Si hoy en día se vería como moralmente reprochable la colaboración con el gobierno por ganar las mentes y los corazones de la población, en los años en que la Guerra Fría vivía su máxima expresión, no existía esta visión negativa. Es en este contexto en el que hay que entender que algunas de las personas colaboradoras, que sí sabían o sospechaban el vínculo con los servicios secretos americanos, consideraban su ayuda al gobierno en la Guerra Fría como algo natural. Resulta importante resaltar también que cada uno que trabajaba en proyectos apoyados por los servicios secretos lo hacía por sus propios motivos. A veces, las ideas, objetivos o ideologías de un grupo de personas coincidían con los objetivos de la diplomacia pública y, en tal caso, se entendía que la Administración estadounidense proporcionara un apoyo útil para poder promover estas ideas. Otras veces, las personas aprovecharon la ayuda financiera o los medios que facilitaban los servicios secretos para sus fines personales. Por tanto, el término "diplomacia pública" abarca una multitud de casos diversos (en este sentido Glondys 2015; Scott-Smith; Wilford).

2. LOS INICIOS DE LA REVISTA *IBÉRICA POR LA LIBERTAD* EN 1953

En enero de 1953 la revista *Hemispherica* que se ocupaba del mundo latinoamericano y que se publicaba bajo el amparo de la Interamerican Association for Democracy and Freedom o IADF, una organización liderada por Frances Grant, persona quien posteriormente formaría parte del Consejo Asesor de *Ibérica por la libertad*, salió a la venta junto con un suplemento.

Este suplemento, llamado simplemente *Ibérica*, fue publicado, bajo la dirección de Victoria Kent y Louise Crane, en inglés y se dedicaba a los asuntos españoles.[2] A lo largo de la primavera de 1953 surgió la idea de "independizar" este suplemento y de crear una revista autónoma que debía tener como objetivo facilitar noticias objetivas sobre España, retratando este país por lo que era –un territorio cuya gente vivía bajo un régimen dictatorial–, y no por lo que representaba en aquella sociedad estadounidense inmersa en la Guerra Fría –un aliado de Estados Unidos en su lucha anticomunista– (carta de Louise Crane a Rudolf Berle y carta de Louise Crane a Eugene M. Meyers). La representación que se hacía de España como componente integrado en el mundo libre y democrático occidental, así como el hecho de que las relaciones entre España y Estados Unidos para la población norteamericana únicamente tenían relevancia en el marco de la Guerra Fría (Jarque 246-247) implicaba que cualquier argumento crítico hacia este país europeo o hacia la política oficial que mantenía Estados Unidos con España, ya rápidamente se entendía como una retórica procomunista. Era, por tanto, raro encontrarse manifestaciones críticas hacia la política de Franco en los medios de comunicación norteamericanos. Es por esta razón que las creadoras de *Ibérica* estimaron necesario la publicación de un boletín que contenía noticias acerca de España que eran objetivas, veraces y rigurosas. Otra razón de la constitución de *Ibérica* era que esta revista debería servir como muestra de apoyo a "aquellos españoles que comparten nuestros ideales de una libertad individual y de una libertad de pensamiento". Así lo describía Louise Crane en las primeras cartas en que tenemos constancia del proyecto, y en las cuales explicaba el formato del futuro boletín (carta a Rudolf Berle; carta a Eugene M. Meyers). La razón de tales escritos era obtener la opinión de terceras personas acerca de la viabilidad de la publicación de una revista como *Ibérica*, en un entorno muy sensibilizado con cualquier tema que podría ser considerado un ataque a Estados Unidos y un apoyo al comunismo. Este doble objetivo de la revista se seguiría mencionando en los escritos posteriores que se intercambiaban en los siguientes meses con personas a las que se presentaba este proyecto de la revista independiente, añadiendo, sin embargo, específicamente que el gesto de apoyo iba dirigido al "elemento liberal anticomunista del pensamiento español, el que, inevitablemente, en algún tiempo futuro, será reintegrado en la vida política de su país" (por ejemplo, carta a Victor Reuther).

3. EL CONSEJO ASESOR

Una de las maneras para informar al público acerca del mensaje político antifranquista, pero sobre todo anticomunista, que sostenía la revista era a través del Consejo Asesor. Este era un cuerpo compuesto por personas que públicamente vinculaban su nombre a la revista en muestra de apoyo. Mediante este respaldo, la revista podría atraer lectores provenientes de los sectores representados por los miembros del Consejo y/o que tenían una ideología política afín a ellos. Según consta en las cartas enviadas por Louise Crane y Victoria Kent tanteando el interés de diferentes personas para formar parte del Consejo de *Ibérica por la libertad*, no se exigía que los consejeros se involucraran activamente en la gestión de la publicación (carta de Louise Crane a Victor Reuther). En el momento de salir a la luz la primera publicación de *Ibérica*, el 15 de enero de 1954, el Consejo Asesor estaba compuesto por personas que, con una única excepción, formaban parte de un mismo círculo y tenían vínculos con la diplomacia pública.

Así, el Consejo Asesor de la revista contaba con dos presidentes honoríficos: el intelectual Salvador de Madariaga y el socialista Norman Thomas. Además, tenía los siguientes consejeros: Frances Grant (secretaria general de la ya mencionada IADF e involucrada en numerosas organizaciones relacionadas con Latinoamérica), Roger Baldwin (activo en el campo de derechos humanos y presidente del International League of the Rights of Men), y Robert Alexander (experto en temas políticos/sindicales latinoamericanos y vinculado a diversos órganos públicos). Adicionalmente, el Consejo contaba con dos representantes de asociaciones sindicales: Serafino Romualdi, quien trabajaba para la American Federation of Labor (AFL) y Victor Reuther, en nombre del Congress for Industrial Organizations (CIO). Finalmente, formaba parte de este órgano el presbiteriano John Mackay, director del Centro de Teología de Princeton.

Thomas, Grant, Baldwin y Alexander se habían comprometido con la futura revista *Ibérica* desde un primer momento, según contaba Victoria Kent en octubre de 1953, en su carta a Salvador de Madariaga, en la cual le invitaba a ocupar el cargo de presidente honorífico del Consejo Asesor. Serafino Romualdi llegó de la mano de Robert Alexander (carta de Robert Alexander a Louise Crane) y había sido Norman Thomas quién había organizado una reunión entre Louise Crane y Victor Reuther (Carta de Louise Crane a Robert Alexander). Mackay había accedido a entrar en el Consejo Asesor por medio de una solicitud escrita por parte de Louise Crane. No queda constancia en los archivos cómo se produjo el primer contacto con Thomas, Baldwin, y Alexander. Es posible que se hizo con la intermediación de Frances Grant, bajo cuyos auspicies se había publicado el suplemento *Ibérica*. En este otoño de 1953, Grant, Thomas, Baldwin, Alexander así como Reuther y Romualdi, habían coincidido ya (aunque no necesariamente a la vez) en muchas organizaciones y comités. El contacto entre Grant y Thomas puede rastrearse hasta la década de los años veinte cuando tanto Norman Thomas como Frances Grant participaban activamente en el partido socialista estadounidense (Carletta 301-302). Las actividades conjuntas de Thomas y Baldwin se iniciaron incluso antes, en 1921, cuando los dos servían en el Comité Ejecutivo de la recién incorporada organización socialista League for Industrial Democracy. Grant coincidió con Baldwin en 1945 en el Comité de Dirección de la organización que promovía los derechos humanos International League of the Rights of Man, de la cual Baldwin era presidente. Robert Alexander, que pertenecía a una generación más joven, era la mano derecha de Grant en la IADF. Había trabajado en la segunda mitad de la década de los años cuarenta, para la Administración estadounidense, en la US Office of Inter-American Affairs donde coincidió con Romualdi. Tanto Romualdi como Alexander colaborarían, a partir de los años cuarenta, de manera intensa con Grant en sus diferentes proyectos latinoamericanos, más notablemente en la ya mencionada IADF, constituida en 1950. Reuther formaba parte del círculo de Thomas y Baldwin a los que conoció desde la década de los treinta, cuando colaboraba en el partido socialista estadounidense.

El grado de involucración de cada una de estas personas o de las organizaciones en que trabajaban con las labores de los servicios secretos americanos difiere caso por caso. Sin embargo, con excepción de Mackay, todos tenían algún vínculo con la diplomacia pública. El vínculo tanto de Thomas como de Madariaga con organizaciones ideadas y apoyadas por la CIA es conocido, aunque los dos han alegado no ser conscientes de que las organizaciones en que colaboraban estuvieron apoyadas por la diplomacia pública. Madariaga participó activamente en las actividades del Congreso por la Libertad de la Cultura, una organización con una fuerte vinculación con la administración pública. Asimismo, Norman Thomas fue miembro del brazo americano de este Congreso: el American Committee for Cultural Freedom, y, entre otros, constituyó el Institute for International Labor Research que recibió asimismo financiación de la CIA (Iber 1024). Queda comprobada en la literatura actual que las dos asociaciones sindicales AFL y CIO, representados en el Consejo Asesor por Romualdi y Reuther respectivamente, estaban estrechamente vinculadas a la diplomacia pública, y que muchas actividades encubiertas ejecutadas en Europa estuvieron financiadas a través de estas organizaciones (Wilford 52-69). Asimismo, es sabido que el trabajo de campo realizado por Robert Alexander en Latinoamerica en la década de los años cincuenta fue financiado con fondos de los servicios secretos (Iber 1003). Frances Grant, finalmente, colaboró durante décadas con personas como Alexander y Romualdi. Adicionalmente, numerosas personas cuyo vínculo con la diplomacia pública es conocido hoy en día asistieron al Congreso en el cual se creó la IADF, tales como Arthur Schlesinger jr., y Sol Levitas. Si bien no hay una constancia explícita de una colaboración directa entre Grant y los servicios secretos, sabemos que fue consciente del apoyo que prestó la Administración estadounidense a algunas de las organizaciones en que Grant participaba (Iber 1024). La única persona que pertenecía al Consejo de Administración de la revista que no formaba parte de este grupo de personas vinculadas entre sí con conexiones estrechas con la administración pública, era el presbiteriano John Mackay. Liberal y progresista en sus opiniones, le unían lazos emocionales con España. De estudiante, había pasado el curso académico de 1915-1916 estudiando en Madrid, viviendo en la residencia de estudiantes donde llegó a conocer, entre otros, a Miguel de Unamuno (Moorhead 279-280). Si bien participaba en numerosos comités, no es conocido ninguna colaboración suya en organizaciones vinculadas a la diplomacia pública o en las que coincidía con otro miembro del Consejo Asesor de *Ibérica*.

Mackay habrá sido la excepción. Sin embargo, el resto de las personas que integraban el Consejo Asesor de *Ibérica* pertenecían a un mismo círculo en el cual la diplomacia pública estaba presente. Aunque este hecho obviamente no implica automáticamente que la revista estuviera apoyada por la Administración estadounidense, sí nos da una idea del entorno en que se creó la revista y de la proximidad que había entre Kent y Crane por un lado y la diplomacia pública por otro lado: no hubiese sido complicado construir lazos con la diplomacia pública. De hecho, quizás se podría deducir que por la composición del Consejo Asesor tales lazos ya existían, puesto que la gran mayoría de los consejeros colaboraba activamente con la Administración en el marco de la diplomacia pública.

Ajustar el prisma a través del cual analizamos la revista *Ibérica por la libertad* y enfocarnos en algunos aspectos relacionados con la política y cultura estadounidense, nos permite explorar facetas de la revista que quizás no eran muy visibles, pero las cuales desde luego estaban presentes y resultan esenciales a la hora de entender la publicación. El entorno estadounidense de la década de los cincuenta dejó sus huellas en esta revista cuyo Consejo Asesor estaba compuesto por personas que, con la excepción de Mackay, tenían todas lazos con la diplomacia pública norteamericana. Aunque no nos permite concluir con toda seguridad que había una colaboración activa en el proyecto de la revista por parte de la Administración estadounidense, sí podríamos decir que había una colaboración pasiva o una "sinergia" con la diplomacia pública puesto que, podemos asumir, los mensajes lanzados por el boletín y por la diplomacia pública no eran incongruentes, teniendo en cuenta el apoyo a la revista por parte de colaboradores de tal diplomacia. La plataforma, por tanto, que era *Ibérica por la libertad*, en la cual se daba a conocer las voces del exilio y de la disidencia española, era una plataforma que estaba apoyada por personas vinculadas a la Administración estadounidense.

REFERENCIAS

Alexander, R. *Carta a Louise Crane*. 30 de octubre de 1953. Louise Crane and Victoria Kent papers, Beinecke Rare Books and Manuscript Library, YCall Mss 473. Print.
Carletta, D. M. *Frances R. Grant Pan American Activities 1929-1945*. Dissertation. Michigan State University, 2009. Print.
Crane, L. *Carta a Eugene M. Meyers*. 14 de mayo de 1953. Louise Crane and Victoria Kent papers, Beinecke Rare Books and Manuscript Library, YCall Mss 473. Print.
__. *Carta a Rudolph Berle*. 14 de mayo de 1953. Louise Crane and Victoria Kent papers, Beinecke Rare Books and Manuscript Library, YCall Mss 473. Print.
__. *Carta a Robert Alexander*. 31 de octubre de 1953. Louise Crane and Victoria Kent papers, Beinecke Rare Books and Manuscript Library, YCall Mss 473. Print.
__. *Carta a Victor Reuther*. 18 de noviembre de 1953. Louise Crane and Victoria Kent papers, Beinecke Rare Books and Manuscript Library, YCall Mss 473. Print.
Delgado Gómez-Escalonilla, L. ""After Franco, what?" La diplomacia pública de Estados Unidos y la preparación del posfranquismo". *Claves internacionales en la transición española*. O. Martín García. y M. Ortiz Heras. Coords. Madrid: Los libros de Catarata, 2010: 99-127. Print.
De la Guardia, C. *Victoria Kent y Louise Crane en Nueva York Un exilio compartido*. Madrid: Silex, 2016. Print.

Del Moral, R. (Raúl Morodo). "Interior y exterior un examen de conciencia". *Ibérica por la libertad* 11 (1964): 3-5. Print.

Glondys, O. *La Guerra Fría cultural y el exilio republicano español.* Madrid: CSIC, 2012. Print.

__. "El Congreso por la Libertad de la Cultura y su apoyo a la disidencia intelectual durante el franquismo". *Revista Complutense de Historia de América* 41 (2015): 121-146. Print.

Iber, P. ""Who Will Impose Democracy?": Sacha Volman and the Contradictions of CIA Support for the Anticommunist Left in Latin America". *Diplomatic History* 37:5. (2013): 995-1028. Print.

Jarque Iñiguez, A. *"Queremos esas bases" El acercamiento de Estados Unidos a la España de Franco.* Alcalá de Henares: Universidad de Alcalá, 1998. Print.

Kent, V. *Carta a Salvador de Madariaga.* 20 de octubre de 1953. Louise Crane and Victoria Kent papers, Beinecke Rare Books and Manuscript Library, YCall Mss 473. Print.

Moorhead, J. "The Ecumenical Vision of John A. Mackay". *Theology Today* 71:3. (2014): 276–291. Print.

Scott-Smith, G. *The politics of apolitical culture The Congress for Cultural Freedom, the CIA and post/war American hegemony.* London: Routledge, 2002. Print.

Wilford, H. *The Mighty Wurlitzer How the CIA played America.* Cambridge (MA): Harvard University Press, 2008. Print.

NOTAS

1   La investigación contenida en el presente texto se realizó en el marco del Proyecto de investigación Intercambio culturales y creación de identidades a través de fuentes literarias, siglos XIX y XX (HAR 2016-76398-P)

2   Para más información acerca del suplemento y sus razones de cese, vid. De la Guardia, 133-136 y 141-142.

FRANCISCO DE VITORIA IN DANIEL PATRICK MOYNIHAN'S *ON THE LAW OF NATIONS*

Fernando Gómez Herrero
University of Birmingham

To Joanne Herrero, who understands things.

"On Saturday d.v. I go to Salamanca to celebrate the fourth century of the death of a Thomist philosopher whose name escapes me." E Waugh to John Betjeman, 11 June 1946. (Waugh 1980: 230-1)
Scott-King slipping away to be with Bellorius. (Moynihan 1990: 107)

1. INTRODUCTION

The fundamental history that concerns us here starts fifty years ago. Its main genealogical thread includes the predecessor of the failed presidential candidate Hillary Clinton, U.S. New York Senator Daniel Patrick Moynihan (1927-2003), "wry Democrat who joined the [Nixon] White House staff" (Farrell: 352). Moynihan finds a congenial spirit, twenty-four years his senior, the English novelist Evelyn Waugh (1903-1966). This essay addresses the ideological nature of the witty wisdom of two authors operating mostly in the English-speaking North Atlantic (Roberts vii-xiv). It is the text *On the Law of Nations* (1990) [*Law of Nations* from now on] that specifically concerns us here.

Law of Nations is conventional history from an officialist American perspective on the "old" liberal side of things, say, the 1970s. Moynihan points in the virtuous direction of the desirability of rules and regulations among nations. He advocates exercising self-restraint on the part of the U.S. superpower in the 1980s when such self-restraint was not taking place. The self-restraint argument is largely preservationist rather than moral or idealistic. Catholicism appears to signify little in these domains, even for our self-professed U.S. Catholic of Irish extraction. The last two chapters in the book are the core: "*Pacta sunt servanda!*," the Latinate should not distract from Reagan's dystopia, which Moynihan is denouncing; and above all, "A normless normalcy?," the rhetorical question generates ripple effects reaching us today. Self-restraint is defended in ominous anticipation of a not so distant future in which its negative conditioning may come back to haunt the U.S., the main perpetrator of international-law fracture. Such is the seriousness of matters at hand, with or without the happy pair of witty and wry mentioned earlier.

Slim, nimble, written with a certain speed and flair, *Law of Nations* has seven chapters. We can establish three sections: what we may call the Wilsonian preamble (or the "prehistory"), the middle passage or the beginning of the Cold War, the mid-1950s, inside which we will find the clearing of the forest, inside which the figure of Francisco de Vitoria via Evelyn Waugh will emerge (or "ancient history"), and the immediate present tense of the 1980s, the pressures of the Reagan years (or "history that matters"). As mentioned, the last chapter is the crucial one. Interestingly, against the early emphasis of Moynihan's urban sociology, ethnicity (or race) has all but vanished from domestic considerations as though utterly immaterial to these matters of foreign affairs. The chapter headings follow a loose chronology covering most of the twentieth century with occasional scholarly references to the nineteenth-century precedent (Peace, War, Wilson, Roosevelt, "Big White Space," "*Pacta Sunt Servanda*" and "A Normless Normalcy"). The last chapter has fifty-seven pages. The second "war" chapter, where Vitoria and Waugh are included, only has seven. Vitoria and Waugh are swiftly handled in two pages with occasional sprinkling here and there in the book. All wars matter but some matter more than others. Ditto: favourite spots for historical reconstruction. *Law of Nations* americanizes history and there is precious little history that is not American-origin, or sourced or based in America and more reductively captured by U.S. officialdom. There is no "Latin" or "ethnic" America of importance here. The history that matters for our public intellectual is fundamentally played on the reduced-qua-U.S.A. American domain with all-American-official players and sources fighting for power and knowledge with or without the "extroversion" into "international law," (if on the fractured side of things). Moynihan purportedly upholds this flaccid branch with a certain face of resignation consistently in the minority vote surrounded by the Reagan team. Yet, there is never much of a foreign "intrusion" making sense of things, relativizing this all-American story, much less challenging this all-American "game," even with the Democrat majority in the House. Ask the ghost of fellow Irish Democrat Tip O'Neill about it.

Another ghost, that of Woodrow Wilson, comes and goes. The not so distant lighthouse in these times of darkness, Wilson is the beginning of the international history that matters for Moynihan (how could origin be foreign?), and point of reference with renaissance potential, but mostly for American domestic consumption (chapter three is his and also chapter six, neo-Wilsonianism has re-emerged during Bush's Iraq war, remember the Azores photo with Blair and Aznar?). What I wish to call preamble, or even overture, is thus Wilsonian, the internationalist beginning of meaningful things for world affairs, post 1898 and pre-WWII, and as mentioned re-emerging after 1990. It has abated, yet the talk of liberal internationalism gets revived from time to time. Southerner, "fiercely anti-imperialist," teacher of the "law of nations" (or *ius gentium*), scholar with "considerable work of jurisprudence in the field of international law... and first political scientist ever to become President of the U.S., but for whom "power never gained a purchase" (1990: 45), Wilson lends himself to commendable soundbites, theoretical collaboration and multi-lateralism for instance. Moynihan finds him easier to like in foreign affairs than domestic domains. Still Moynihan remains perhaps warmest to him in relation to the labour interests of Woodrow Wilson (he was vice president of the American Association of Labor in 1911, remaining throughout his term as president of the U.S.). Labour is seen as Irish-ethnic enclave, also Democrat stronghold, a trade unionism of sorts (Farrell's biography of Nixon includes telling anecdotes against the context of the Vietnam War).

2. TREADING ON THE THIN SHADOW OF FRANCISCO DE VITORIA

A brief chapter two includes the reference to the Dominican figure of Francisco de Vitoria (1486-1546). There is no mention of the second-generation, the Jesuit Francisco Suárez (1548-1617). It is never a direct, first-hand pursuit of genuine interest. The news of this old world reach him via the English novelist Evelyn Waugh (1903-1966, 24 years his senior) who attended the *Pax Romana* Conference in Spain in the spring of 1946. There is affinity here: an anti-Communist Catholic U.S. liberal vision of the defeat of Fascism recoiling at the "victory of Communism" (1990: 25). The "hideous paganism" of the former is supplanted by a "more hideous modern atheism" (1990: 25). The English-speaking and anti-Communist American Catholic follows the thread of the English Catholic writer, also ideologically in the vicinity, seeking guidance in the virtues and vices of the global terrain out there. Moynihan takes Waugh at his grand emotional word: "all that seeming solid, patiently built, gorgeously ornamented structure of Western life was to melt overnight like an ice-castle, leaving only a puddle of mud" (1990: 25). There is here a bit of theatrical world weariness. Yet, the American's Catholicism appears hidden, wrapped up under the napkins in the cupboards, ethnically pertinent perhaps in small circles, or perhaps mostly ornamental for "literary" occasions and old-boys' network of relative power and privilege. Waugh is the more frequent traveler to foreign localities (Ethiopia, Tito's Yugoslavia, Franco's Spain...) making a living as foreign correspondent from time to time. Moynihan remains more provincial, despite his brief ambassadorship to India (1973-5). Oxford remains a point of international reference.

Waugh is important in mood and mode for Moynihan. Waugh's novella *Scott-King's Modern Europe* fictionalizes in the satirical mode such Vitoria celebrations in the early Franco Regime days. In it, the figure of Scott-King (i.e. Brierly) is "a hapless and not in the end ignoble classic master at an English public school" who has done work on the late Renaissance poet Bellorius (stand-in for Vitoria) in the nation of Neutralia (code for Franco Spain, pace Orwell). Moynihan elbows the proper scholar J. L. Brierly, also Oxford based, mentioned earlier in *Law of Nations* (1990: 16-18) in favour of Waugh's satirical novella. I cannot help but feel that Brierly's scholarship is treated superficially by Moynihan, hence our American sociologist commits the same sin Orwell accuses Waugh (rightwing trivialization of the potential political adversary). Had our American sociology of public policy read properly Brierly's text in question titled, yes, *The Law of Nations* (1928)? Had he not bothered to read it properly hence the elbowing? The true scholar gets elbowed out of peripheral vision in honour of the satirical novelist who does not want to hide he did not get much from the proceedings in the foreign land. In *Scott-King's*, the eponymous anti-hero Scott-King (Brierly) is a pathetic figure of banalized scholarship, often suffering from stomach virus. Is he emblematic of antiquarian knowledge of legal scholarship, made superfluous and trivialized against some very silly Spanish background of poor taste and "barbarian" backward disorganization? No bad thing is mentioned about Franco, though. But no good thing either. I am framing Waugh's parody using Moynihan's lenses if you wish. The whole narrative has an air of Mariano-José-de-Larra, an almost-nineteenth-century *costumbrista* feel of caricature characters who cannot be taken seriously. The narratorial voice stands tall above all of them. Yet the intelligent reader may wonder at the true inspirational source of his standing. Waugh's novella is hard going. And Moynihan does help. He does not do literary criticism. He cites Waugh's description of this dystopian chronotopia (a typical modern state, a single party, run by a Marshall, supporting pathetic bureaucracy, the country has endured every inconceivable ill: wars, foreign invasion, revolting colonies, *pronunciamientos*, etc.).

In what appears to be cut and paste, Moynihan continues: "The pilgrimage (he is obviously mocking) proceeds from innocent to horror ending in No. 64 Jewish illicit immigrant' camp Palestine" (1990: 26), one page before the last one in *Scott-King's Modern Europe*. Nothing else is mentioned by Moynihan who delegates interpretive power to George Orwell: the "utmost lightness" of Waugh's novella... "has a definite political meaning" (1990: 27). The modern world... is simply "purposeless self-corruption" (1990: 27). We do not know where Moynihan stands in all of this. Orwell: A handful of classical quotes (Horace, Euripides) "will be more useful than what is now called "enlightenment" [sic, in quotation marks in the original] (1990: 27). A "sixpenny pamphlet on Marxism" has more political truth than Waugh's satirical novella: Orwell's conclusion. Moynihan appears to take Orwell's word for granted, yet, muddles the ideological waters, whilst striking Waugh's poses about the modern world and occasionally about the God of Catholicity. Moynihan appears to be equidistant from both English authors against the red-line of "tyranny" (Communism and the Soviet Union). This is the true enemy of his domestic and foreign-affairs works.

Irishness appears not to have much of an intellectual say in these international domains. Hence, our Irish-American appears happy to delegate to the three Englishmen, Brierly getting the brunt of the gentle parody, but mostly against the parody of cartoonish Spain. Waugh's novella is a metaphorical "slap in the face" if you wish, of anything that wants to make claims in the direction of high culture, challenging scholarship, political ideals or even (modernist) art, a middlebrow sort of "revenge" if you wish against "high" cultures of scholarship without falling for those "down under." Readers will travel to the foreign land of Yahoos for whom there is no love of detail, no elaborate ethnography worth the salt. There is a fair amount of xenophobia and its positive other is missing in action (perhaps future readings into Waugh's travel literature will prove otherwise). Yet Orwell warns of "his attacks, no good-natured attacks," on American civilization, and how equal rudeness was used in handling Europe in quintessential British, or should one always say English, "of being in it but not of it" (the part of the whole puts itself out of the "continent," ideologically externalizing its own being; mutatis mutandis, "American" eurocentrism versus Europe). Waugh does not wish to go "down" to the "joys" of popular culture down "there" in this or that English geography, Neutralia, Yugoslavia or elsewhere. The whole trip is short-framed and mostly a chaotic waste of time. There is no intellectual or emotional content except aggravation and tedium and the occasional hangover and stomach virus, grabbing Scott-King. Larra's prose is more forcible and mordant, to be sure.

Catholicism is an assumed, if neglected thread. We may remember the martyrological account of Vitoria's contemporary, the Jesuit figure of Edmund Campion (1540-1581), written by Waugh in 1935, five years after conversion. Moynihan notices Brierly's appreciation of Vitoria, originally in 1928. He includes the quotation marks in relation to the "Catholic" and "neglected" progenitors inside territories controlled by Protestant authorities, but does not do anything substantial about them. So there is something of a failed rescue operation at work here, an interrupted "mission" if you wish, if one that is happily delegated not to other Jesuits, but to the English Catholic convert of conservative ideology who did some journalistic travel writing in some of these foreign parts in the first half of the century. The importance of Vitoria is his Americanness: "his principal work [title not included], published after his death, contained "an examination of the title of the Spaniards to exercise domination over the inhabitants of the New World which is remarkable for its courageous defense of the rights of the Indians," Moynihan quotes from Brierly's *Law of Nations* (1955) in his own *Law of Nations* (1990: 27). The following paragraph is worth quoting in its entirety to notice Moynihan's nimble pen. This is the follow-up to Brierly's Vitoria soundbite:

> Well, men had thought that way. But it no longer much mattered. There was not going to be a "New World... untainted by tyranny or dogma." There was nothing *save* [sic, italics in the original] tyranny and dogma. What was coming was Orwell's world of *1984*, which would appear in Britain four months after his review of Waugh was published in the United States.

> In 1951 Hannah Arendt, a Jewish refugee, one of the lucky ones, now in New York, published *The Origins of Totalitarianism*. It began:
> Two World Wars in one generation, separated by an uninterrupted chain of local wars and revolutions... (Moynihan 1990: 27)

A bit too easy the pen: simple sentences, folksiness and colloquialisms, citing Brierly and Arendt, adding Orwell and Waugh to the ideological cocktail with no apparent explosive clash at least from the American distance forty years later. The peculiar second chapter, titled "War," the shortest in the volume, is a series of free associations jumping from one citation to the next, from one context to the next, mostly within Europe, letting Vitoria and Spain go ever so quickly out of the picture. They are not a priority. What fixes the American perspective is the ideological enemy of the Soviet Union under Mikhail Gorbachev in the 1980s. In a handful of pages, our author retraces the industrial devastation of WWI Arendt is followed by William Pfaff's equation of Leninism and totalitarianism. The outcome of this war? Nihilism. But this is no philosophical inquiry into the concept. Our policy scientist attributes this "bad thing" to others out there. Nihilism is the victor and sits comfortably in Nazi Germany and Tsarist Russia (Italian Fascism is closely related to Catholic corporatism, he notices also that there is neo-corporatism in the 1990s, but there is no development). The universalism of totalitarian Marxism-Leninism is the enemy, the disappearance of which will leave Moynihan restless –and also surely his readers with him– by the end of *Law of Nations*. This is the core of the book and American policy social-scientists have not done a good job at interpreting the opposing ideology, including its vanishing in the 1980s: Moynihan is sincere enough to admit to this native comprehension failure from which he would want to jump out of, but his shirt, shorts and socks remain tangled up in it.

Always holding hands with English interpreters, Moynihan finds parallels between Communism and organized Western religion, courtesy of Bertrand Russell. What he finds to emphasize is that it is a belief system not easily defeated:

"Founders, martyrs, texts, hierarchy, faithful." The single-word noun-and-final-adjective parataxis is an eloquent insinuation of dictation with no complex-sentence grammatical structuring of ideas contextually situated. Thin on philosophical content, fast in the citation, quick in the rosary of names and citations, seemingly in embellished non-sequiturs, slippery in the narrative, sloppy in the scholarship, which is also tightly circumscribed to the American-public-arena and a bit of European extra radius, but also through English mediation, the light-touch prose is symptomatic of a superficiality of thought that finds anchor in conventional clichés of the era. The perspective is East Coast USA, New York City to be precise, as in the famous cartoon "View of the World from 9th Avenue" (1976 illustration by Saul Steinberg for *The New Yorker*). Manhattan is indeed the center of the world that matters in Moynihan's *Law of Nations*. It is indeed an immensely reductive world vision with no meaningful discourse of foreignness in it.

And crude psychologizing is the way he does it. Bolshevik intellectuals are interested in the "masses" (Moynihan includes the quotation marks). They are overwhelmed by nihilism and also by guilt. John Dollard is cited in this vicinity. Religions help handle it. But modern sensibility rejects these explanations. So, void, blame and anger at class differentials. There is no attempt to reconstruct one specific social group or environment. The banality continues. The entire century travels fast and furious in one page and a half via invocation to decontextualized and disembodied human feelings. World War II happens and there is more horror. Following Nathan Glazer, Moynihan declares that American communism is the merchandise of recent immigrants peaking in the 1930s. Leaving the 1960s and 1970s untouched ever since his early sociology, Moynihan singularizes the fate of the millennial ideal in the immediate figure of Richard Rovere, political commentator of *The New Yorker*, and of *The Masses*: the Hitler-Stalin alliance, the Molotov-Ribbentrop pact, on 24 Aug. 1939 was the "end of ideology," Daniel Bell's famous title, read: Communism, also valid for Moynihan. The invitation is that it should also be for us and others. Moynihan's simplistic history lesson is plain and clear for all to see.

Moynihan leans on *The Economist* to assert that the (bad) idea of Communism "had threatened to take the twentieth century by storm." More nouns, no verbs, no context, no foreign authors: "The century; the world. This was at first its defining feature: it was an international movement. The blood of all men is red; hence the Red Flag. Hence that doleful anthem, "The Internationale…" It was written, you could say, nothing personal." The quizzical chapter closed down with free-associating and a closing reference to Brierly's international peace. But it is not the way he –Brierly– envisioned it. The Leninists conceive of one final "convulsion" between "two camps" (sic, in original with quotation marks), and back to Arendt, who agreed with the resolution of the two into a greater "evil." Broken pretzel of chronologies, indistinction of geographies, extroversion of domestic limitations into unintelligible phantasmatic foreignness, American-lazy lip diluting of historical and social complexities, a practice in the language that appears to evoke the dictation to a tape recorder to be transcribed by a faithful typist or a reliable secretary. Chapter two does not appear to fit with the others. It is coming from nowhere (Vitoria's Spain) and it is going nowhere (international peace but not Brierly's, rather Leninist resolution of the dyad, equated to Arendt's fear of the worst yet to come). With so much dystopia in the 1980s, the future-oriented utopia is, and has to be, for our Irish-American public intellectual, allegorized "freedom," or the bald eagle, exclusively landing on the skyscrapers of 9th Avenue in New York City. Where else could he –and the magnificent bird with him– have gone? Vitoria is thus "interesting" foreign deviation from Americanness. Its elucidation constitutes the core of these pages.

What is wanted is tacit. The norm is implicit even when it will be violated as we will see soon in relation to Reagan's 1980s. The reconstructed thought would be as follows: if the Other [of Communism] is this abject Other, via a caricature depiction in a journalistic prose full of fanciful citations, then it follows in simplistic binary logic, that the One [freedom] that matters is always already near my own standing ground [which] I do not need to leave behind for any reason on earth. Travels are not epistemic travels. Histories are not journeys in pursuit of difference since I am conservatively lodged in the narrow-minded certainty of my tightly-framed existence, call it "official American" if you wish in the case of Moynihan, restoration of the good reputation of such American officialdom he doggedly pursues in *Law of Nations*. There is, for him, no desirable "outside." Strictly speaking, "Vitoria" is not needed. "Spain" is not needed either and these are two signs, allegorical entities if you wish, among many others that could be added to complicate matters appertaining to the reconstruction of the Moynihan world that is attempted here. The "game" of trivialization that is here being reconstructed in relation to both Waugh and Moynihan, has to do with subordination and abjection, but also with inferiority complex on the part of the American interpreter in question as we will see in the end. If the Other speaks thus uninvitingly, via those English-speaking interpreters in Europe and a handful of immigrant intellectuals in New York, it is no wonder that the quintessential Trumanesque Cold-War language will typify the Other as tyranny and dogma. The dilemma is real deal for Moynihan since he commits himself to exposing the Iran-Contra corruption of Reagan America in the 1980s. Tellingly however, thick-texture ethnicity has by now if not entirely vanished by 1990s, certainly attenuated its cognitive grasp certainly in the domestic space. Such attenuation is unmistakable in *Law of Nations*: ethnicity is seemingly all theirs, or "out there," i.e. more vice than virtue, more foreign and non-American than inborn native, largely harbinger of bad news, and disruptor of social energies, now "doing damage" on the lap of the disintegrating Soviet Union. Correspondingly, there is ventriloquizing of children's lingo worthy of fairy tales, or typical Hollywood formula if you wish, in simplistic binary opposition (the "us good" versus the "them bad") and there is also appeal to universal human emotions. This tension is as right as rain: we find it here in this sociological scholarship making serious claims about truncated international law of reduced vision, monolingual in the imperial English language, of course. But Moynihan will not let it go within and against the Reagan violation of international law. The final chapter of *Law of Nations* will summon dark clouds once more, as though the debilitation of the Other cannot possibly bear good news for the binary mindset obsessed with being the permanent number-one. In fact, there is no history prior or post number-one of the world for the U.S.A. That is why Woodrow Wilson matters in so far as this is the allegorical name of a national-imperial preamble to podium with or without the calculated inclusion of caveats.

It is indeed simplistic psychology of some cosmic kind with no inclusion of psychoanalysis. The automatic-reflex of this typical kind of American-style Manicheism, of which Moynihan participates, is surely reinforced by the crisis and dissolution of the Soviet Union under Gorbachev. There is no apparent need to go deep into it. But it is interpreted as virtue-signal warranted by some deity, the Catholic God perhaps?, bringing the virtue closer unto the speaking position, the narratorial voice, who claims prescience. Moynihan does it. Waugh does it less so in his satirical novella; more so in his diaries and articles. Both appear to stand in relative isolation from an explicit group formation as though collectivity often conjured monsters. It is therefore others doing it. It is thus ethnic tension that brings the Soviet Union down and out as though picking up late the main theme addressed by Moynihan and Nathan Glazer and Daniel Bells and others in the 1960s and 1970s. There is the assignation of a belated temporality to foreign parts, the former Communist Other, crumbling down in the vicinity of ethnic turmoil. Tellingly, the sign "Vitoria" –and the original space of national provenance of Spain by extension-- is not explicitly charged with such "race-and-ethnicity" content by both authors in question.

The implicit "America", read: U.S.A., since Moynihan is not really including the "Latin" in it, is here not speaking to us directly in a disorienting international terrain populated by Vitoria, Waugh, Arendt, Pfaff, Russell, Brierly… The desirability of the ideal allegory of "America" emerges by default, by omission, when figures of otherness fail to signify potently. If the others fail, well, then I stick to my own "girl" on the dance floor in my own barn: why travel?, this mind set (Moynihan's but also Waugh's) can be thus glibly summarized. The angle of vision is reduced Anglo vision with zero interference of the foreign languages: this locust plague will not happen here. Pitiful silent figure of the Spanish language in this company! Like "white" in conventional social categories in the U.S. Census for example, such Spanish-speaking epistemic absence or totalitarian English-speaking monolingualism is the dominant, default, main text or subtext, the virtuous and free speaking subject position, implicit, sometimes explicit, hardly warming up to or indeed welcoming other colours and voices, languages and perspectives to widen or enrich the world-making process. "Policy"-based social-science writing is perforce nimble and portable, strategically reductive and simplistic, most often anti-philosophical and anti-historical, manageably nomothetic always already justifying the immediate professional context, typically in Manichean-binary opposition within and against plural others scaled up in varying degrees of difference. Crisis or chaos and danger will be the common calls rather than detailed establishment of long-lasting international peace. In *Law of Nations*, there are no multi-perspectival horizons informing this meagre vision of international law that are left barely standing after the impact of the Reagan decade. Moynihan handles those ruins with tact and care, particularly in the final chapter titled "[n]ormless normalcy" as we will see soon. His simple-sentence prose is eminently preoccupied with the short term, the history of the previous decade and the next and that is, he would surely think, plenty. There is little else to worry about here or at any rate this is for others to pick up. The prose quoted earlier trips ever so easily over so many historical avatars and contexts. It will not linger amorously attached to any of these. Moynihan's language is ever so fast and fluid, gift of the gab indeed, and friction-free that instantly makes you suspicious in the easy quoting in the early pages of one so many English-language authors exclusively, almost in the manner of a novice author, Irish and American. Is he being a bit obsequious with more senior members and respectable figures in the gentleman's club in the elegant London town? (next book *Pandemonium* is written for them). There is no need at this point apparently to do good ethnographic or ideographic rendition of foreign landscapes. There are no intellectual figures emerging out of them like happy bunnies at the sight of this hunter with no hunger of foreign knowledge. Waugh will suffice. Waugh will provide some of that foreign knowledge in 1947 and that's that, end of the story of Vitoria and Spain and yet there will be an underdeveloped whiff of Vitoria surviving in Brierly's account of international law. Big-picture imperialism, colonialism, Eurocentrism, etc. are cumbersome pieces of mental furniture: better not to include them. These nouns do not bring heavy clouds to the 1980s for our American weather man. Big history before Reagan was not, apparently, a big problem for our Democrat public intellectual fundamentally preoccupied with the 1980s. Big history before and after Reagan remains problematic for all of us, but never easily so. The issue of release or outlet of historical expressivity, divergent from hegemonic Anglo frameworks, inside university sectors and outside, remains a burning issue by the time this writing goes into print.

Yet, it is against the totalitarianism of the Other that Moynihan's Waugh-mediated Vitoria's New World is mentioned in passing. It is second-hand, distant Vitoria. What gets repudiated is attributed to the ideological Other (i.e. the theoretical alternative to U.S.-led capitalism historically typified by the Soviet Union and to a lesser degree comparable Third World options). Light-touch, fast-pen, sociable and gregarious, even light-hearted, (remember the praises bestowed by Farrell in his Nixon biography on our Irish American speech writer, and how much the disgraced President liked our man,) and we get to something meaningful here, the mood and mode of the history that matters. There is Vitoria, one valid Early Modern and colonial figure of expansive Iberian provenance if you wish. Moynihan is no doubt largely trivializing foreign historical dimensions not easily broached. Policy-oriented sociology in the vicinity of international law is here not conducive to detailed historical recreation. In blacker ink, our man is largely detached and dismissive of what he has not read or understood and the reconstructed feeling is that he felt there was no need to go *there*. Why bother to do so when the community of readers and interpreters would have mostly been in American foreign-affairs circles and generally on some kind of middlebrow mass media, mostly East Coast. England must have allowed for the occasional outlet and contacts (English Catholic Times editor William Rees Mogg, father of Jacob Rees Moog of current hard-

Brexit inclinations, is one name). Moynihan is handling Brierly's citations in perfunctory fashion, without feeling the pain or the pleasure of erudition. Are we to imagine his enjoyment at the parody of the main character of Scott King, satire of of "dim" erudition? Something about Waugh's literature touched a chord in the American sociologist who enjoyed repeating Waugh gestures of dismissive criticism, if in more genial fashion. For example, in his criticisms of Wilson's self-assigned rigid high-moral ground and "innocence" at the desire for transparency in political affairs: "Scott-King slipping away to be with Bellorius" (1990: 107). The scholar retreats into his favorite writing corner. And the fast prose continues in a different paragraph thus:

> Does this seem lugubrious? Possibly. But ask what Wilson would have thought of the institution of the American presidency towards the end of the twentieth century. A president who wrote and typed his own speeches is now at some removes succeeded by presidents who do not know the names of most of their speechwriters, much less of their lawyers, economists, statisticians, strategists, yes, as of 1989, the White House demographer. First the president got staff, then the staff got staff... (Moynihan 1990: 107)

There is facility in this pen. Not in vain Moynihan became Nixon's speech writer. He kept such virtue alive until the end, the emblematic Irish quality of the gift of the gab. His light tone addresses the point of the bureaucratization of politics, particularly of the American presidency. Moynihan highlights the delegation of speech-writing to others, i.e. the discourse of power is delegated and plurally assigned. What tongue best captures power? Secrecy reigns. Look at the two previous rhetorical questions. Look at the answers (tremendous euphemism in the adverbial "possibly" and asking the ghost of Wilson!). There is colloquial easy flow in the simple sentences as though recorded by a cassette player or dictated to another party. "But ask what...:" subordinate clause restricting the previous adverb of open possibilities. Conclusion: the banishment of the fastidious scholar from these spaces of power and knowledge. The unmistakable insinuation: the frustration of knowledge pursuits in "intelligence matters" ("intelligence" is short name for secret services, covert operation, etc. in contemporary American idiom). And perhaps most importantly: the reader of *Law of Nations* must ever so gradually face up to the political use of dirty tricks, covert operations, breach of law, symbolic and institutional violence, manufacture of war and destruction of enemies, domestic and international and even further open to the charged language that is still not vernacular American English: state terrorism. The tension of the thoughts dissipates in the previous quote after the two initial rhetorical questions. And what does this thinking do to the "doing"? And why does this thinking matter now? Why always Wilson? Is there no one else around?

Yet, it is not clear where's Waugh's centre of satire in *Scott-King's Modern Europe*. Where is the bull's eye of his darts? Is there more than one? The Lilliputian foreigners down there in the South of Europe? Are we, readers, fundamentally dealing with creative xenophobia from a self-assigned perspective of unclear virtue? The characters in the novella are all clumsy and cartoonish, buffoonish beyond the pale of redemption. This is a harsh pantomime depiction of a foreign society Waugh appears to know little about. *Scott-King's Modern Europe* is the very English sport of pantomime, family-friendly silly farce peaking during the Christmas season. But this is bad summer of 1946 in Salamanca and Madrid and other cities for Waugh and bad Reagan decade of the 1980s for Moynihan in the U.S. in relation to the Iran-Contra affair and other affairs. The external narrator of the satire does not hide he is wasting his time in some tawdry celebration of someone (Vitoria) he does not know or cares to know. Mercilessly, the narrator throws barbs at the "protagonist," Scott-King, stand-in for the legal scholar J.L. Brierly, who attended the aforementioned "bad summer" proceedings (Scott-King is also likely composite character combined with some features of a hated Oxford don in Waugh's biography). The whole thing is futile. Who on this earth can take this proceeding and these Spanish characters seriously? There is not even clear communication: the external narrator does not know the foreign language and there is pidgin French in an international salad of foreign delegates and manipulative hosts of uncertain intent. The novella is a kind of pocketsize charade, imagine something of a sketch or early script for Berlanga's *Bienvenido Mr Marshall* (1953). *Scott-King's Modern Europe* is generated by a haughty visitor in a brief visit with nothing better to do, apparently pursuing nothing in particular, with little feeling, appetite or awareness for the local culture, which is largely beneath this middlebrow product. Everything appears to reinforce stereotypes of clumsiness, improvisation, disorganization, lack of class, with or without Catholicism, which is not really included. There are references to dictatorial politics in the foreign land and of the use of the Conference delegates for some photo opportunity around the ugly statue of the celebrated Bellorius (stand-in for Vitoria) for the propaganda of the dictatorial regime but the readers will never feel s/he is dealing with puppets with no clear master. It is not clear what mastery will be. The novella has no outlet, no utopian release. These Spaniards —Orwell's exclusive adjudication of the foreign location in Tito's Yugoslavia is wrong— appear not too dissimilar from the waiter Manuel in the also well-known British television show *Fawlty Towers*. Is this "utmost lightness" winning? One is entitled to wonder what to do and not to do with this persistent trivialization of history and of politics. Is this anything but a *divertimento*, a very English pastime of the aforementioned pantomime, at the expense of the foreigners? Moralization is said to be the way out of this labyrinth. Would the invocation of the sign of "God" resolve matters? Not so in the satirical novella. Moynihan includes occasional invocations of God, for example in relation to scholarship on Le Corbusier's "redemptive architecture" by Colin Rowe and Fred Koetter, or in another rhetorical question, "and what does modern sensibility have to say of this?" (1990: 25). There is still less architecture and more politics, less "God" and perhaps more "evil" in the concluding pages.

Vitoria is thus indirectly picked up and quickly dropped but not entirely forgotten. To repeat a previous point, the fundamental message in Law of Nations is Vitorian: the push for the official desirability of the sensible exercise of self-restraint coming from imperial powers. Moynihan feels no need whatsoever to see what Spaniards make of Vitoria from mid-1950s onwards. We do not have a clear sense of the celebrations since there is nothing beyond Waugh. There is enormous distancing and silencing in our amiable Irish-American. His landscape has no Iberian figures other than an isolated Vitoria emerging from some void or black hole of bad history. There are no fellow scholarly travelers emerging out of the Iberian peninsula who might help make sense of international law at large, with or without Vitoria. Brierly's sentences are also not sufficiently included by both Waugh and Moynihan. A figure such as Camilo Barcía Trelles (1888-1977), authorized by the Franco Regime, was in a prominent position at the said Pax Romana (XIX Congreso Mundial, Salamanca, 21 June / El Escorial 4 July 1946)1. Try to catch this name in both accounts by the English novelist and the American sociologist. The local newspaper of Salamanca, La Gaceta, is repository of these international efforts so close to the ruins of World War II (there is overlap with the Nuremberg Trials). Barcia Trelles defends a wide-ranging internationalism, writes about the Monroe Doctrine, also about the pan-Germanic racial imperialism among many other subjects. Surely there is a legal intelligence here that provides a valid Spanish-language counterpoint to narrow English-speaking visions. His left-leaning brother Augusto Barcía Trelles (1881-1961) is illustrious Republican politician, minister of state under Azaña, exiled in Argentina, so there is even some ideological variation in the family. On the internal peninsular side of international matters, the name of Alvaro D'Ors (1915-2004), son of Eugenio D'Ors (1881-1954) is another name. A figure such as Carl Schmitt (1888-1985) was not far from the Iberian peninsula in the second half of the last century. He would keep lifelong friendship connections and even be honored by Spaniards on both sides of the political spectrum such as Manuel Fraga Iribarne (1922-2912) and Enrique Tierno Galván (1918-1986), among many others. Multilateral reconstructions of international relations in the 1950s will have to incorporate names such as these if only to open up visions, because neither Waugh nor Moynihan will deliver. And why go there to the mouthpieces of lesser powers?, a fictionalized reconstruction of Moynihan's political unconscious might add. Perhaps to get a more comparative, bigger picture of world avatars? Moynihan also critically forgets about the previous American management of Vitoria precisely in the immediate chronology of his admired Woodrow Wilson (James Brown Scott (1866-1943) for instance, also in the vicinity of the city of Salamanca)². It is thus not for him but for others to care about such "old" history.

3. THE DISCREET CHARM OF VITORIA, "FATHER OF INTERNATIONAL LAW." CONCLUSIONS. PROJECTIONS

> There is no room for tourists in a world of 'displaced persons.' (…). [O]thers, not I, gifted with the art of pleasing public authorities may get themselves despatched abroad to promote 'Cultural Relations;' the very young, perhaps, may set out like the Wandervogels of the Weimar period; lean, lawless, aimless couples with rucksacks, joining the great army of men and women without papers, without official existence, the refugees and deserters, who drift everywhere today between the barbed wire. I shall not, by my own wish, be among them (Waugh 1984: 9).

> In the annals of forgetfulness there is nothing quite to compare with the fading from the American mind of the law of nations. In the beginning this law was set forth as the foundation of our national existence. By all means wash this proposition with cynical acid and see how it shrinks (Moynihan 1990: 99).

During the Reagan-Thatcher era, Moynihan took his wits to Vitoria in what is still a rare detour. He did not do it alone. He still did it superficially, indirectly via Waugh, who also did likewise, in a trivializing manner, four decades earlier, during the Clement Attlee government (1945-51) inside a Cold-War England of uneven status within continental Europe at large. Such unevenness is accentuated tremendously by this time I write this article during Brexit. Moynihan's Law of Nations includes a brief account of Francisco de Vitoria based on Waugh's Scott-King's

Modern Europe, satirical novella poking sharp and biting fun in various directions, one at least against high cultures of legal scholarship. Waugh exemplifies a kind of middlebrow popular-culture attack, 'revenge' gesture of the manageable novel form if you wish, aiming at the type of intellectual life ideally inhabiting 'higher' or more demanding and exacting 'minority' readership. The themes are law and literature, war and peace, international and cultural relations within Europe mostly are here present and the good outcome is never guaranteed. Waugh who mocks Scott-King (Brierly) and through him largely at what is called "modern Europe" wanting little of it at least by 1946. Picking up this English-speaking Catholic thread across the pond, Moynihan repeats the Waugh gesture four decades later in Reagan America surveying confusing foreign geographies from afar, say from Saul Steinberg's 'View of the World from 9th Avenue" cartoon in The New Yorker. This unambiguous vision and ideological clarity (anti-Communism) is still having a good time despite arriving late to the general scene, holding linguistic handicaps, getting knickers twisted and holding pretzels broken in between two clever Englishmen, Waugh and Orwell, sitting pretty on opposite sides of political ideology, among other decontextualized foreign names in seemingly interchangeable geographies. This modern Europe is a big mess for Waugh and also for Moynihan. "Mess" is something you kick out of your system, something you dismiss, and you do not understand because you do not try or want to understand it. Our good American cares first and foremost about the United States, thank you very much, and who can blame him for that.

These pages invite a more sombre reconsideration of this double-down wisdom and wit in the name of a "higher seriousness," including better humanistic-type or ideographic knowledge acquisition, contextually based, starting from the specificity of the various disciplines and the embrace of the foreign languages, Spanish would be my preference, outside the insufficient confines of the English lingua franca. Try to catch epistemic claims made in this global language inside the official Anglo world on both sides of the Atlantic and good luck to you! Waugh's haughty prose would make no friends in the united nations of literary and cultural achievements and this star may be dimming as time comes along. Moynihan cares mostly about corrective policy measures levels of administration corruption during the Reagan administration in the 1980s. The title of his book, Law of Nations, is surprisingly discreet and modest, Brierlyesque, almost neutral, calm and tactful, a tad phlegmatic, perhaps even utopian in the combination of ideal and aspirational to what otherwise is an exposé of the corruption of the Reagan decade. Its true title is Exposing the Fracture of the Law of Nations as Done by the American Government during the Reagan Era.

Waugh does not care very much about international law, at least in Scott-King's Modern Europe. He is no great appreciator of cultural difference, hampered by supremacist- English monolingualism and haughty theatrical mannerism, but mostly for his own social kind of relative privilege, minority-Catholic circles in the original English context. Moynihan, starting from an Irish-American sensibility initially open to social inequalities and immigrant travails, follows the minority-Catholic thread all the way to Vitoria always via Waugh (minority-Catholic position in Anglo environments of historically dominant official Protestantism on both sides of the Atlantic). Both saw little or nothing in the Catholicism of "Neutralia" (fictional composite of Franco Spain and former Yugoslavia in 1946, surely relative peripheries in early Cold-War Western Europe in between bipolar U.S.-Soviet Union push-and-pull). But "Neutralia" could be another word for externality. Interestingly, the minority-Catholic identity marker does not allow them to see potential or inspirational meaningfulness embedded in the majority-Catholic marker elsewhere. There are blinkers to the horse's bridle and we have considered at least two horses in these pages. There is no doubt where both of our men stand ideologically. And yet, surprise, surprise, neither registers anything of merit in relation to the XIX World Congress called Pax Romana in honour of Vitoria in Spain (21 June -4 July 1946). This is Catholic, Vatican-approved endeavour, anti-Communist, leaning towards the "West," "Latin," "Roman" indeed, with many nations, Latin American nations vastly represented, but also "Anglosaxon" presence, Britain and the United States, Canada and Ireland. Our future endeavours will reconstruct this internationalist event taking place in modern Europe still feeling the devastation of world wars. Yet, King-Scott's "modern Europe" is eminently slapstick, disorderly, incoherent, chaotic, buffoonish. There is an awful lot of panto here. Waugh puts his narrator in charge of mounting the mocking soap box called Scott-King's Modern Europe. And here there is no Vitoria and no decent foreigner saying one or two things that make sense about the legacy of the Dominican figure, the city of Salamanca or many other things. In essence, Moynihan's greater geniality sticks to the same belittling. There is no doubt more blindness than insight here, and the sociological pen borrowing from a literary sensibility of satirical bite say, American doubling down after the English putdown. Incapacity? Inability? Carelessness? Lack of education in the foreign cultures and the foreign languages? Proper or improper feelings of superiority? Mote in one's eye? Beams in the others'? All of the above in relation to both authors mistreating Vitoria and Vitoria's context thus? Always willingly undersold: the word play is with the convoluted motto "never knowingly undersold" of John Lewis, an explicit declaration of good intent. Another matter is whether it is substantiated in practice and the customers and consumers will have a say in public spaces. In relation to Waugh and Moynihan, our interpretation points instead towards the implicit authorial intent embedded in such trivialization and banalization of Vitoria, but also Spain, Pax Romana, Latin Catholicity, "modern Europe," etc. The list can go on and the mounting suspicion is, and this is the strong assertion of these pages, that foreignness cannot, at least in relation to our persons of interest, possibly signify meaningfully in such foreign tongue, not even in translation. This analysis has dealt with the explicit and the implicit of law and literature, with the unofficial effect or unacknowledged consequence of the trivialization and banalization of a foreignness externalized in relation to the issues that matter most in the immediate circumstance in which our representative authors in question developed their careers, did the writing, etc. This is therefore an attempt at an ideological critique of the standard attitude or default position of belittling in the conventional Anglophone zone of capture of the potentially promising foreign dimension, here typified by the name of Vitoria originally inhabiting the Hispanophone area of "lesser" countries. Waugh and Moynihan are two names and two examples of the phenomenon that has concerned me here, this trivialization or banalization mechanism. This critique still wishes to typify such standard inside the conventional academic set-ups of the "humanities" (literature, languages and culture), brutally debilitated by the time of this writing in the U.K. and elsewhere, and outside in our global world of multiple exchanges and flows. There will be other names, good and bad, and exceptions to this standard of subalternity identified with non-Anglo foreignness within Anglo domains emerging from positions that will run the gamut of confident locality and nativism, flat-footed parochialism, snub-nosed provincialism or more strident jingoism and xenophobia. At some level, it appears almost inevitable that names will have to play a national-representational role in fiction, sociology but also in national football teams and academic departments. There are also restrictions, inequalities, silences. I happen to be more interested in the latter fault lines of diminished expectations.

This article addresses the ideological nature of the wisdom and the wit of Waugh and Moynihan addressing a foreign exteriority conveniently synthesized as Vitoria. The suggestion has been, the closer you look, the less warm the wit and the less inviting the wisdom. Tanto monta, monta tanto... and we have the representative of the creative arts, or the expressivity of literature, or even "fudge," as it is currently dismissed by anti-humanities rhetoric, and the politician, also "public intellectual" engaged with the "real-life" of the social sciences, the sociology of democratic and foreign policy in the vicinity of circles of influential power still to this day and for how long. I remain interested in this transatlantic triangle of the Anglophone pincer capturing the foreign representative of the Hispanophone name, taking into account the dominant context of the U.S., which cannot be left alone (the U.K. is largely junior partner and we will see for how long). The attempt has been to juxtapose both domains, the creative expressivity, or literature, not entirely left behind, and "law," or the repressive culture, always following Lalinde-Abadía's inspiration, at least in relation to the "policy-level" projection informing Moynihan's sociology. Here, there is no law without literature and vice versa, and the Spanish category of "letrado" is a provocative rich historical synthesis to take to future endeavours. Why does Daniel Patrick Moynihan go to Francisco de Vitoria? And how does he do it? We have walked briskly holding this literature-law candle burning bright so to speak and with no wise or witty narrators on the imaginary bridge over the troubled waters of US-liberal, or "neo-liberal" Democrat, surely engaging and affable within historically minority Irish-American Catholic extraction, and a dyspeptic English man of letters, also minority Catholic-styled, conservative ideology in between fascism and communism, starting from early Cold War in 1946, the date of the publication of the satirical novel Scott-King's Modern Europe and ending in 1990, the date of publication of the sociological treatise Law of Nations, to which we can add the coda of Pandemonium in 1993. It is quite a trip. And there will be others soon.

REFERENCES

Brierly, J.L. *The Law of Nations: An Introduction to the International Law of Peace.* Sixth Edition. Sir Humphrey Waldock. Ed. Oxford: Clarendon Press, [first ed. 1928] 1963. Print.

___. *The Basis of Obligation in International Law and Other Papers.* Sir Hersch Lauterpacht and C. H. M. Waldock. Ed. Darmstadt: Scientia Verlag Aalen, [Reprint of the Edition Oxford 1958]1977. Print.

Callinicos, A. "Marx's Politics". *200 years of Marx - International Socialism* 158 (2018): 35-63. Print.

Davie, M. Ed. *The Diaries of Evelyn Waugh.* London: Weidenfeld and Nicolson, 1976. Print.

Eade, Ph. *Evelyn Waugh: A Life Revisited.* London: Weidenfeld & Nicolson, [2016] 2017. Print.

Farrell, J. A. *Richard Nixon: The Life.* London: Scribe Publications, 2017. Print.

Glazer, N. & D. P. Moynihan. *Ethnicity: Theory and Experience*. Cambridge, Mass.: Harvard University Press, [1975] 1976. Print.
Gómez Herrero, F. "Baroque Castastrophe Now? Space and Power and Carl Schmitt" (forthcoming).
___."Francisco de Vitoria in 1934, before and after". *Modern Languages Notes* 117 (2002a): 365-405. Print.
___. "Historicidad, Juricidad y Para-Literatura: En torno a Francisco de Vitoria (1486-1546)". *Anuario de Estudios Americanos* LIX (2002b): 413-440. Print.
___. "Plights and Flights of Historical Reason Within and Against Pax Americana". *Nepantla: Views from the South* 4:3. (2003): 567-589. Print.
___. "La identidad nacional estadounidense según Huntington". *Casa de las Américas* 242 (enero-marzo/2006): 22-35. Print.
___. "Sobre la crisis oficial de la política exterior estadounidense en las primeras décadas del nuevo siglo". *Nuevo Texto Crítico* XXIII: 45/46. (2010): 25. Print.
Hastings, S. *Evelyn Waugh: A Biography*. London: Sinclair-Stevenson, 1994. Print.
Huntington, S. P. *Who are We?: The Challenges to America's National Identity*. New York: Simon & Schuster, 2004. Print.
Jennings, J. Ed. *Race, Politics, and Economic Development: Community Perspectives*. London: Verso, 1992. Print.
Lalinde-Abadía, J. *Las Culturas Represivas de la Humanidad*. Zaragoza: Universidad de Zaragoza, 2 Vols., 1993. Print.
Manela, E. *The Wilsonian Moment: Self-Determination and the International Origins of Anticolonial Nationalism*. New York: Oxford University Press, 2007. Print.
Mehring, R. *Carl Schmitt: A Biography*. Cambridge: Polity, 2014. Print.
Moynihan, D. P. *On the Law of Nations*. Cambridge, Mass.: Harvard University Press, 1990. Print.
___. *Pandaemonium: Ethnicity in International Politics*. Oxford: Oxford University Press, 1993. Print.
___. *Miles to Go: A Personal History of Social Policy*. Cambridge, Mass.: Harvard University Press, 1996. Print.
___. *Secrecy*. New Haven: Yale University Press, 1998. Print.

___. *A Portrait in Letters of an American Visionary*. New York: Public Affairs, 2010. Print.

Orwell, G. "Mr. Waugh Pays a Visit to Perilous Neutralia. Review of Scott-King's Modern Europe by Evelyn Waugh". *The New York Times* February 20, 1948. Print.

Parsons, T. & K. B. Clark. [And with a foreword by Lyndon B. Johnson]. *The Negro American*. Boston: Beacon Press, [1965] 1966. Print.

Perlmann, J. *America Classifies the Immigrants: From Ellis Island to the 2020 Census*. Cambridge, Mass.: Harvard University Press, 2018. Print.

Rainwater, L. & W. L. Yancey. *The Moynihan Report and the Politics of Controversy*. Cambridge, Mass.: The M.I.T. Press, 1967. Print.

Roberts, A. *Pandemonium*. Oxford: Oxford University Press, 1993: vii-xiv. Print.

Shorter Novels of Herman Melville. United States of America: Liveright Publishing, Black and Gold Edition, January 1942. Print.

Toynbee, A. J. & G. R. Urban. *Toynbee on Toynbee: A Conversation between Arnold J. Toynbee and G. R. Urban*. New York: Oxford University Press, 1974. Print.

Toynbee, A. J. *Civilization on Trial*. London: Oxford University Press, 1948. Print.

___. *The World and the West: The BBC Reith Lectures 1952*. Oxford: Oxford University Press, 1953. Print.

Waugh, E. *The Complete Short Stories*. London: David Campbell Publishers Ltd., Distributed by Random House, Everyman's Library, 1998. Print.

___. *A Little Order*. D. Gallagher. Ed. Plymouth and London: The Bowering Press, 1977. Print.

___. *When the Going Was Good*. Boston: Little, Brown and Co., [1934] 1984. Print.

___. *The Letters of Evelyn Waugh*. M. Amory. Ed. London: Weidenfield and Nicolson, 1980. Print.

Webster, Y. O. *The Racialization of America*. New York: St. Martin's Press, 1992.

NOTES

1. These materials are available online: www.filosofia.org/ave/001/a049.htm
2. See Gomez Herrero 2002a, 2002b.

LA CONSTRUCCIÓN DE EUROPA Y SU RED ESPAÑOLA EN LOS ESTADOS UNIDOS DE AMÉRICA (1945-1959)

José Ramón Rodríguez Lago
Universidad de Vigo

La historiografía clásica sobre el proceso de construcción europea, condicionada por el apoyo institucional comunitario, ha privilegiado tradicionalmente el papel ejercido por las instituciones europeístas, públicas o privadas, y por los denominados padres fundadores de Europa (Judt). También ha soslayado la influencia de las ideas y los cuantiosos recursos llegados desde América a la convaleciente Europa de la posguerra. Hoy sabemos que los debates generados entre los europeos exiliados en las universidades de la costa este de los Estados Unidos y las dinámicas impuestas posteriormente por el contexto de la Guerra Fría tuvieron un impacto sobresaliente en aquellos años de la primavera de Europa (Lowe; Milward). Solo teniendo en cuenta las voluntades y los capitales aportados por la administración federal y algunas fundaciones privadas norteamericanas puede interpretarse con rigor el inicial impulso de las propuestas europeístas.

Mientras el silencio sobre las redes transatlánticas establecidas entre los Estados Unidos y la Europa occidental ha sido sofocado ya por el progreso de los estudios sobre la Guerra Fría cultural (Stonor; Scott-Smith; Haigh), la historiografía española ha seguido minusvalorando el papel desarrollado por algunos españoles en todo ese proceso. Contribuyó a ello el tardío ingreso de España en la Comunidad Económica Europea y la construcción de un relato oficial de la europeización española amparado en el marco de una transición a la democracia que tendió a subestimar las acciones desarrolladas previamente por la España del exilio, identificada con el pasado y la derrota, y la del franquismo, asociada al aislamiento y la falta de libertades (Moreno & Núñez). España, que debería aguardar a junio de 1985 para ver firmada su Acta de adhesión a la Comunidades Europeas, había solicitado por primera vez su ingreso en febrero de 1962, cuando la dictadura de Franco marcaba todavía el devenir del país, pero mucho antes de esa fecha, españoles del exilio exterior e interior contribuyeron de manera notable en un proceso de integración que entendían como garantía de modernización y democratización, contando con el apoyo de los Estados Unidos. Superar los silencios de la historia oficial exige profundizar en la labor de aquellos españoles que, desde posiciones ideológicas diversas, en el exilio o en el seno de la España franquista, trabajaron por la integración europea, arropados por los vínculos establecidos previamente en los Estados Unidos.

Este artículo presenta la singladura transatlántica y europeísta de tres españoles que establecieron puentes de cooperación decisiva entre los Estados Unidos, España y el proyecto de integración europea. Afortunadamente, los tres legaron también repertorios documentales de sus peripecias personales, depositados hoy en el Instituto José Cornide de Estudios Coruñeses (Fondo Salvador de Madariaga. IJC-FSM), el Archivo General de la Universidad de Navarra (ES31201. AGUN/47 - Fondo Francisco de Luis), o el Arxiu Nacional de Catalunya (FONS ANC1-288 - Enric Adroher i Pascual, Gironella). Las consultas realizadas en estos y en otros archivos como los Historical Archives of the European Union en Florencia, los de la Catholic University of America en Washington D.C., y los de la Rokefeller Foundation en Nueva York, permiten analizar sus trayectorias y la influencia ejercida por las redes norteamericanas en los inicios del proceso de construcción europea.

1. LA PISTA AMERICANA DEL EUROPEÍSMO LIBERAL: SALVADOR DE MADARIAGA

El más afamado de los españoles comprometidos con el proceso de europeización ha recibido un trato historiográfico más afortunado que el de sus compañeros, pero hasta la fecha las referencias a la influencia de las redes establecidas por él veinte años atrás en los Estados Unidos han sido escasas (Rodríguez 2008). El gallego Salvador de Madariaga Rojo (1886-1978) visitó por vez primera Nueva York en diciembre de 1927, consagrado ya como eminente diplomático y delegado de la Sociedad de Naciones. Las amistades cultivadas con la red norteamericana en Ginebra sirvieron de plataforma privilegiada para el desarrollo de sucesivas giras por los Estados Unidos, acogido siempre con honores en el seno los principales *Think Tanks* del internacionalismo. Entre 1927 y 1941 su misión se volcó en una apuesta inequívoca por la mundialización como vía para alcanzar la paz y el desarrollo de los pueblos en libertad (World Foundation). Una tarea en la que no escatimó críticas a un proyecto de los Estados Unidos de Europa que juzgaba demasiado estrecho, oportunista y mero imitador del coloso americano:

> And then, where is the European? Not in Europe, to be sure... It's nor Pan-Europe an imitation of the errors of Pan-Americanism without the compensation of the advantages which Pan-Americanism yields to the United States in a continent without balance of power. (Madariaga 1929)

Sin embargo, desde 1943, con un continente dividido entre el totalitarismo del III Reich y el soviético, Madariaga comenzó a contemplar la hipótesis de una integración europea avalada por los Estados Unidos y el Reino Unido, como única garantía para la consecución de la paz y la libertad (Madariaga 1943). En diciembre de 1945 defendió por primera vez de manera expresa una unidad europea que debería verse guiada por los espíritus de Sócrates y Cristo. La duda y la fe deberían caminar juntas para salvar la civilización europea frente a los designios marcados por la deriva totalitaria y un intrusivo intervencionismo del Estado en la vida de los individuos.

> Let us therefore beware of falling into the Inquisition on the Left when we are but just emerging from the Inquisition of the Right. Let us create a Europe at once Socratic and

Christian, at once in doubt and in faith, in freedom and in order, in variety and in unity... and let us adopt as a motto for Europe the beautiful lines of Lamartine: Je suis concitoyen de tout homme qui pense. Mon pays, c'est la liberté. (Madariaga 1945)

Una nueva estancia en los Estados Unidos, entre octubre de 1946 y marzo de 1947, resultó decisiva. Los miedos de la posguerra y el contacto con las redes intelectuales cultivadas en los años que forjaron el relato de la Guerra Fría propiciaron su definitiva conversión al europeísmo (Adams). Tras su regreso al viejo continente presidió en Oxford la fundación de la World Liberal Union (WLU) y apoyó la primera reunión de la Mont Pèlerin Society, convocada por su colega Friedrich Von Hayeck (*Liberal Manifiesto*).

En mayo de 1948 sus discursos durante el Congreso de Europa celebrado en La Haya y el I Congreso de la WLU celebrado en Zúrich lo convirtieron en símbolo de la Europa de las libertades frente a la amenaza totalitaria; también en apóstol de una unidad europea que más allá de la solidaridad material, forzada por los intereses económicos, se viese anclada por la solidaridad espiritual y la construcción de una identidad cultural bajo el lema "Unidos en la diversidad". En junio de ese mismo año, Joseph Retinger y Duncan Sandys comunicaron oficialmente su designación como presidente de la Sección cultural del Movimiento Europeo, encargado de poner en marcha las bases intelectuales e institucionales del alma de la nueva Europa (Deschamps). Desde marzo de 1949 ese proyecto contó además con la ayuda técnica y financiera del American Commitee for United Europe (ACUE), dirigido por el general William Donovan, quien durante la guerra había comandado la Office of Strategic Services (O.S.S.) que tan decisiva había resultado para la victoria de las tropas aliadas contra el nazismo (MacPherson; Chalou).

La Conferencia cultural celebrada en Laussane en diciembre de 1949 y el Colegio de Europa en Brujas, ambos presididos por Madariaga, no solo recibieron el apoyo financiero de los Estados financiados por los fondos procedentes del Plan Marshall; también contaron con la participación directa del ACUE como herramienta estratégica en la Guerra Fría cultural (Braden). La red trasatlántica de Madariaga se mantuvo en los años siguientes, alimentada por sucesivas estancias en los Estados Unidos y su cooperación en instituciones como el Congress of European-American Associations (CEAA) fundado en septiembre de 1951.

En septiembre de 1954 Madariaga regresó a la Universidad de Princeton para impartir doctrina en un Special Program in European Civilization y en septiembre de 1957 ejerció como anfitrión de la I Conferencia sobre la Atlantic Comunnity celebrada en el Colegio de Europa. En abril de 1959 una nueva gira por los Estados Unidos precedió el segundo encuentro de la citada organización, celebrado en Londres, y la décima conferencia Mont Pèlerin Society, reunida en Oxford. En ambos, Madariaga se mostró proclive a reforzar la integración europea en el marco de la cooperación atlántica y frente a la amenaza soviética. Erigido portavoz de la Europa silenciada, también reivindicó, como había hecho siempre, la búsqueda incesante de vías de integración en la Europa de las libertades para aquellos países que sufrían todavía dictaduras militares como España, Portugal o Grecia, o regímenes totalitarios como los de la Europa central y del Este. Una insistencia en la que, desde posiciones ideológicas distintas, incidirían también los otros dos españoles aludidos en este artículo.

2. LA PISTA AMERICANA DEL EUROPEÍSMO SOCIALISTA: ENRIC "GIRONELLA"

El catalán Enric Adroher i Pascual (1908-1987), dirigente del Partido Obrero de Unificación Marxista (POUM), apodado "Gironella", llegó a Nueva York a finales de 1945. Las experiencias traumáticas atravesadas durante la Guerra Civil española y durante su posterior exilio en el México de Lázaro Cárdenas habían contribuido a forjar una conciencia crítica frente al totalitarismo. Como para muchos otros dirigentes de la izquierda no estalinista, su etapa mexicana supuso un intenso laboratorio de experiencias, entre al acoso de los partidarios de la órbita soviética, y la aproximación a las redes estadounidenses identificadas con la social-democracia o con el socialismo cristiano del ministro presbiteriano Norman Thomas. La amistad labrada durante la Guerra Civil con el apóstol del socialismo en los Estados Unidos (Thomas), facilitó ahora su residencia en los Estados Unidos.

Gironella llegó a una ciudad donde el proyecto europeo se había venido fraguando y en el que habían participado de manera muy notable dirigentes del PSOE como Fernando de los Ríos ("Draft...") o Indalecio Prieto, pero en el que ahora se incorporaban además antiguos dirigentes del POUM como Julián Gorkin o él mismo, inspirados por el fallecido Víctor Serge. Los lazos entre el ala izquierda del Partido Demócrata, liderada todavía por el antiguo vicepresidente Henry Wallace, y el gobierno del Partido Laborista en el Reino Unido alimentaban la esperanza de una tercera vía y trabajaban por la integración de toda la izquierda no comunista en el proyecto europeo.

Tras su fructífera estancia en Nueva York, Gironella llegó a Londres en febrero de 1947 para participar en la fundación del Movimiento por los Estados Unidos Socialistas de Europa. Durante el II Congreso de la organización celebrado en junio de ese mismo año, resultó designado secretario general ("Report of the..."). En mayo de 1948 participó en el Congreso de Europa celebrado en La Haya y el 2 diciembre de ese mismo año solicitó de manera oficial la integración del Movimiento por los Estados Unidos Socialistas de Europa en el comité de coordinación del recién fundado Movimiento Europeo. También confirmó significativamente el cambio de denominación de la organización por la definitiva Movimiento Socialista por los Estados Unidos de Europa, y expresó las razones que provocaban su incorporación en el Movimiento Europeo.

> La constitution de l'Union Européenne est considérée par les Socialistes comme un moyen plus efficace de faire progresser les solutions socialistes au problème du monde moderne... Doit offrir aux pays de l'Europe Orientale la possibilité d'adhérer à cette union sur une base d'autodétermination démocratique... Doit protéger, et pour commencer atteindre

les conditions de son indépendance à la fois militaire et politique à l'égard de l'U.R.S.S. et des U.S.A. ("Note explicative...")

Convertido en encargado de establecer la comunicación oficial entre ambas organizaciones (Gironella 1948), su dirección del movimiento y de la revista *La Gauche Européene* cobró mayor importancia tras la llegada a la presidencia del Movimiento Europeo y del Consejo de Europa del socialista belga Paul-Henri Spaak y la puesta en marcha en septiembre de 1950 de iniciativas como el Consejo para los Pueblos de Europa, y la Campaña europea por la Juventud, donde las organizaciones de trabajadores, más o menos jóvenes, recibieron atención prioritaria para ganar la decisiva Guerra Fría cultural. La retórica de la tercera vía se vio desplazada muy pronto así por una intensa colaboración con el ACUE y con algunas de las campañas financiadas de manera encubierta por la CIA.

Figura 1. Subvenciones de ACUE al Programa Europeo entre febrero de 1949 y abril de 1952

Subvenciones otorgadas a organismos europeos	$	%
Movimiento Europeo	77.143	40,30
Consejo de Vigilancia o de los Pueblos de Europa	42.014	21,95
Campaña por la Juventud	28.183	14,72
Grupo parlamentario europeo	11.513	6,01
Movimiento Socialista por los EE.UU. de Europa	8.016	4,19
Unión Europea de Federalistas	10.534	5,50
Comité Jurídico	5.000	2,61
Centro Cultural Europeo	4.002	2,09
Otros organismos europeos	5.002	2,61
Total	191,408	100

Fuente: Hovey

Desde marzo de 1953 Gironella participó además activamente en la revista *Cuadernos del Congreso por la Libertad de la Cultura* (Glondys). En febrero de 1956 defendió también públicamente desde los órganos oficiales de la asociación la creación del EURATOM (Gironella 1956). Unos meses después, trasladó su residencia desde París a Bruselas, ejerciendo en la capital de las instituciones comunitarias como secretario general del Centro Europeo de la Empresa Pública. En todos esos años y a pesar de sus diferencias ideológicas, su colaboración con Salvador de Madariaga fue cada vez más firme y resultó decisiva en la evolución del papel jugado por el exilio respecto a la posible integración de España en el proyecto europeo.

3. LA PISTA AMERICANA DEL EUROPEÍSMO DEMÓCRATA-CRISTIANO: FRANCISCO DE LUIS

Significativamente, el último del nuestros protagonistas –y el más desconocido hasta la fecha– había sido el primero en pisar los Estados Unidos durante su juventud. El asturiano Francisco de Luis Díaz (1896-1973), llegó por vez primera a Nueva York en 1920 para culminar sus estudios de periodismo y trasladar sus conocimientos a la primera Escuela de Periodismo de España, la Editorial Católica y la dirección del prestigioso diario *El Debate*, del que se hizo cargo en febrero de 1933 tras la renuncia de su mentor Ángel Herrera Oria. Su relación con los Estados Unidos se diluyó en parte durante los años de la Guerra Civil y de la II Guerra Mundial, pero en octubre de 1945 el cardenal Pla y Deniel le otorgó su aprobación para que ejerciese como delegado en España de la agencia norteamericana Noticias Católicas, dependiente del News Service del National Catholic Welfare Conference (Rodríguez 2017).

En años en los que la dictadura se veía condenada en las instancias internacionales, su dirección de la Editorial Católica permitió una singular atención a la realidad norteamericana, que se reflejó significativamente en el boletín oficial de la Asociación Católica Nacional de Propagandistas, y en la revista *Ecclesia*, órgano de la Acción Católica Española.

> Las palabras del Presidente Truman apuntan a la tesis de la imprescindibilidad de lo religioso, siempre que se aspire a una solución verdadera de los grandes problemas internacionales... El caso de Norteamérica adquiere una significación especialísima... Ahí está la nación que anda a la cabeza del poderío técnico y económico del mundo proclamando la necesidad de que la materia no deje el brazo del espíritu. ("Norteamérica y el Vaticano")

La atención por el amigo americano coincidió a su vez con un muy temprano interés por el proyecto de integración europea.

> Es innegable que entre las palabras pronunciadas en Zúrich hace escasos días por unos de los artífices de la victoria aliada corrían una frescura y limpidez que recordaban... manantiales de ideas incorruptas que saltan por el mundo desde las cimas de la revelación cristiana... Esa palabra unión tiene cuño cristiano. Y a la fragua cristiana hay que acudir si se la intenta reproducir sin falsedad... La unión en el pensar es ya medio camino hacia la unión en el hacer y el ser. ("Si Europa...")

En diciembre de 1950, tras el éxito alcanzado por la Declaración Schuman, De Luis dejaba claro en sus declaraciones al diario *ABC* su apuesta por un proyecto de unidad europea enraizado en los valores cristianos, promotor del libre comercio, y avalado por el apoyo estratégico de los Estados Unidos ("¿Cuál será...?"). Él fue uno de los designados por el Foreign Leaders Program diseñado por el Departamento de Estado para contribuir a la formación de una opinión pública favorable a los Estados Unidos en la España franquista (Delgado 2003).

En mayo de 1954 ejerció además como socio fundador de la Asociación Española de Cooperación Europea (AECE) (López). Acababa de regresar de una gira por los Estados Unidos, invitado por los dirigentes de la National Catholic Welfare Conference y trabajaba arduamente para sacar al país del aislamiento internacional al que se había visto sometido en la década precedente. En octubre de ese mismo año participó en el primer Seminario Hispano-Americano organizado por la oficina de Asuntos Culturales de la embajada estadounidense en Madrid (De Luis Díaz). En mayo de 1955 la AECE publicó su primer manifiesto, identificando el proyecto europeo con los valores cristianos y la defensa frente a la amenaza soviética, e integrándose oficialmente entre las organizaciones afiliadas al Movimiento Europeo (Zariategui).

En enero de 1956 De Luis pasó a ocupar la presidencia de la organización (Nueva Directiva), solo unas semanas antes de la revuelta universitaria que provocaría la destitución del Ministro de Educación Joaquín Ruiz-Giménez y quebró las expectativas reformistas. En octubre de ese mismo año, mientras la AECE aprobaba en una asamblea extraordinaria el documento "Bases para intensificar la cooperación entre los grupos europeístas", el norteamericano Frank Hall, director de la agencia News Service (Hall), realizaba junto a su esposa una gira por España, con Francisco de Luis convertido en anfitrión y maestro de ceremonias de sus visitas oficiales. La Ayuda Social Americana aportada por los católicos estadounidenses, que tanto había servido para aliviar el hambre y terminar con las cartillas de racionamiento, se veía ahora superada por las cuantiosas inversiones de capital realizadas por las empresas norteamericanas (Delgado 2009).

Tras el ingreso de España en la Organización Europea de Cooperación Económica en julio de 1958, y la aprobación de los planes de estabilización al año siguiente, la AECE esperaba acompañar las medidas de liberalización comercial con las ansiadas reformas necesarias en el ámbito político. Los seminarios presididos por Francisco de Luis avalaban las tesis del desarrollismo y del *American Way of Life*, convertidos en clave de modernización y democratización de la Europa occidental y de la España futura ("Conferencia...").

4. CONCLUSIÓN

La cooperación transatlántica fue sin duda uno de los pilares decisivos para el inicial éxito del proyecto de integración europeo. Frente a los mitos del aislacionismo sin fisuras y del *Spain is different* es preciso poner en valor las acciones desarrolladas por diversos españoles que desde la óptica liberal, la socialista o la demócrata-cristiana contribuyeron en los inicios de este proceso de integración, contando con las relaciones establecidas previamente en los Estados Unidos. Desde 1945, liberales y socialistas incorporaron al proyecto europeísta las redes transatlánticas del exilio español, coordinadas por el gallego Salvador de Madariaga y el catalán Enric Adroher "Gironella". En febrero de 1949 la constitución del Consejo Federal Español del Movimiento Europeo permitió incrementar la colaboración entre ambas corrientes.

Tras los Pactos de Madrid entre la dictadura de Franco y la administración Eisenhower, los atraídos por la democracia-cristiana contaron además con el aval de una organización, que, dirigida por el propagandista católico asturiano Francisco de Luis y tolerada inicialmente por el dictador, pretendía explorar en el seno del mismo régimen posibles vías para la futura integración de España en las Comunidades Europeas. Desde entonces, el protagonismo del exilio comenzó a ceder paso frente al papel emergente desarrollado por la oposición interior al régimen. El análisis de las trayectorias biográficas de Madariaga, Gironella y De Luis y del influjo de sus vivencias americanas permite interpretar mejor el papel desempeñado por España y por los Estados Unidos en los primeros años de la integración europea.

REFERENCIAS

Adams, F. S. "Princeton Stresses Liberty Honors 23 at Bicentennial". *The New York Times* 20 octubre 1946. Print.

Braden, Th. W. a Nelson Rockefeller. *Rockefeller Archive Center. World Affairs. American Committee on United Europe.* Record Group 110.23. Serie III2Q. Box 33. Folder 284. (29 diciembre 1949). Print.

"Conferencia del vigués D. José Luis Sierra en Madrid. Tema: El capitalismo norteamericano". *El Pueblo Gallego* 23 diciembre 1959. Print.

"¿Cuál será, a su juicio, el acontecimiento más importante que nos reserva 1951?". *ABC* 28 diciembre 1950. Print.

Delgado Gómez-Escalonilla, L. "Las relaciones culturales entre España y Estados Unidos, de la Guerra Mundial a los Pactos de 1953". *Cuadernos de Historia Contemporánea* 25 (2003): 35-59. Print.

__. *Viento de poniente. El Programa Fulbright en España.* Madrid: Comisión Fulbright-LID Editorial Empresarial-AECID, 2009. Print.

Chalou, G C. *The Secrets War. The Office of Strategic Services in World War II.* Washington DC: NARA, 2002. Print.

De Luis Díaz, Francisco a Jaime Fonseca Mora. The Catholic University of America: NCWC, News Service Collection, Spain. Correspondents, Box 10.32. (9 octubre 1954). Print.

Deschamps E. "La Conférence européenne de la Culture de Lausanne (décembre 1949)". *Journal of European Integration History* 5:2. (1999): 49-61. Print.

"Draft Constitution of the United States of Europe, Research Seminar for European Federation". New York: New York University, 25 marzo 1944. Print.

Gironella, Enrico a George Rebattet. HAUE, ME-494. (2 diciembre 1948). Print.

__. "Dix millions de travailleurs soutiennent l'Euratom". *La Gauche Européenne* 28 (1956): 14. Print.

Glondys, O. *La guerra fría cultural y el exilio republicano español: Cuadernos del Congreso de la Libertad de la Cultura.* Madrid: CSIC, 2012. Print.

Haigh, A. *Cultural Diplomacy in Europe.* Strasbourg / New York: Council for Cultural Cooperation, 1974. Print.

Hall, Frank A. a Francisco De Luis. The Catholic University of America: NCWC, News Service Collection, Spain, Correspondents, Box 10.32. (17 enero 1946). Print.

Hovey, A. JR. "Report to the Directors of the American Committee on United Europe. Annex D. Statement on receipts and disbursements". *Rockefeller Archive Center*. World Affairs. American Committee on United Europe. Record Group 110.23. Serie III2Q. Box 58. Folder 408 (noviembre 1953) Print.

Judt, T. *Postguerra. Una historia de Europa*. Madrid: Taurus, 2006. Print.

López Gómez, C. *La sociedad española y la adhesión a la Comunidad Europea (1975-1985): partidos políticos, asociaciones europeístas, interlocutores sociales*. Tesis Doctoral. Universidad Complutense de Madrid, 2016. Print.

Liberal Manifesto. IJC-FSM. Caja 151/2. (10 abril 1947). Print.

Lowe, K. *Savage Continent: Europe in the Aftermath of World War II*. London: Penguin UK, 2012. Print.

MacPherson N. *American Intelligence in War-time London: The Story of the OSS*. London: Routledge, 2004. Print.

Madariaga, Salvador de. "The U.S. of Europe. Theory and Facts. No Europeans in Europe". *The New York Times* 13 octubre 1929. Print.

__. "Commonwealth of Europe". *Yorkshire Post* 31 mayo 1943. Print.

__. "What's Europe?". *The Fortnightly* diciembre 1945: 369-371. Print.

Milward A. *The European Rescue of the Nation-State*. London: Routledge, 1994. Print.

Moreno Juste, A. & V. Núñez Penas. *Historia de la construcción europea desde 1945*. Madrid: Alianza Editorial, 2017: 21-26. Print.

"Norman Thomas en España". *El Sol* 29 mayo 1937. Print.

"Norteamérica y el Vaticano". *Ecclesia* 11 mayo 1946. Print.

"Note explicative sur l'Etat d'esprit dans lequel le Mouvement Socialiste pour les Etats Unis d'Europe desire collaborer au Movement Europeen". *Historical Archives of European Union* (2 diciembre 1948): ME-494. Print.

"Nueva Directiva de la Asociación Española de Cooperación Europea". *ABC* 17 enero 1956: 32. Print.

"Report of the Second International Conference for United Socialist States of Europe, Paris, 21 and 22 June, 1947". CVCE, 7 julio 2016. Print.

Rodríguez Lago, J. R. "American Friends. Salvador de Madariaga y sus redes en los Estados Unidos (1927-1959)". *Cornide* 1. Segunda Época (2008): 71-94. Print.

__. "Las redes católicas entre España y los Estados Unidos de América (1939-1957)". *North America and Spain: Transversal perspectives*. New York: Escribana Books (2017): 228-241. Print.

Scott-Smith, G. *Western Anti-Communism and the Interdoc Network: cold War Internationale*. London: Palgrave Macmillan, 2012. Print.

Serge, V. "Mexican Notebooks". *New Left Review* 82 (2013): 31-62. Print.

"Si Europa llegara algún día a unirse". *Ecclesia* 28 septiembre 1946. Print.

Stonor Saunders, F. *Crusading's the idea. The Cultural Cold War. The CIA and the World of Arts and Letters*. New York / London: The New Press, 1999. Print.

Thomas, N. *A Socialist's Faith*. New York: W.W. Norton & Company, 1951. Print.

World Foundation. *Bulletin I*. New York: IJC-FSM, Box 145:5. (abril 1937). Print.

Zariategui, J. M. "El europeísmo como arma de oposición al franquismo (1956-1962)". *Historia y Política* 32 (2014): 217-239. Print.

NUEVAS FORMAS EN POLÍTICA: DE LA RIGIDEZ ESPAÑOLA AL *ENGAGEMENT* AMERICANO

Alicia Ors Ausin
PhD in North American Studies, Instituto Franklin-UAH

España y Estados Unidos tienen muchas diferencias en cuanto a códigos y lenguaje político se refiere, especialmente cuando se trata de campañas electorales. No obstante, un punto de inflexión ha empezado a acercar especialmente a España a los códigos norteamericanos. La crisis económica mundial de 2008 no solo revolucionó cifras macro, sino también valores y formas de hacer las cosas en política que se tornaron rápidamente en anticuadas.

> El nuevo orden social alumbra un tipo de comunidad constituida a partir de expresiones de sentimientos y emociones dispersas, más que basada en intercambios racionales. Una comunidad que tiene el juego como componente esencial. Y junto al juego, todo aquello que favorece los procesos de identificación alimentados por la empatía: la confusión entre lo público y lo privado, el espectáculo de la intimidad, la personalización de la política y el periodismo, la notoriedad como ambición social, los deseos como justificación de cualquier comportamiento individual y el sentimiento compartido como motor de la movilización colectiva. (Arroyas Langa y Pérez Díaz 2-3)

La crisis de 2008 despertó bruscamente al electorado, hasta el momento centrado y ensimismado en su bonanza económica, y le obligó a mirar de frente a temas que había descuidado. La aparición de diferentes casos de corrupción en la clase política, el empobrecimiento de la población, la pérdida del estatus económico y, fundamentalmente, la desaparición de la clase media en España, que tanto y tan bien se había beneficiado de la pujanza económica, fueron factores clave para que el electorado mirara con especial recelo a sus políticos y se desencantara de ellos.

Una nueva clase política surgió de aquel descontento generalizado con nuevas formas y un nuevo lenguaje que atraía. El *engagement* hizo acto de presencia como valor político.

Según el blog *Centro Político*, el *engagement* político es un medio de difusión de ideas.

> Apelar a la sensibilidad de las personas y tratar de crear una imagen positiva y cercana a la población. El *engagement* en este caso se enfoca en lograr una cercanía y familiaridad para que el votante sienta que su posible gobernante es alguien como él (...) otro recurso del *engagement* (...) es el de las redes sociales.

De repente en España, los nuevos escenarios políticos hacían olvidar los tradicionales. Los nuevos líderes empezaban a bajar a la calle. Hablaban de tú a tú al electorado sobre sus verdaderos problemas. Los nuevos líderes conquistaban las redes sociales, hasta el momento menospreciadas por los políticos españoles. Los nuevos líderes utilizaban un lenguaje atrayente, mientras los tradicionales seguían anclados en el suyo, alejado de las nuevas formas en el ámbito discursivo y comunicativo de la política.

La rígida España, perteneciente a la vieja Europa, necesitaba nuevas formas para ilusionar a su electorado. Y ese electorado quería y buscaba esas nuevas formas. El elemento emocional entraba en juego y con él, las herramientas que ya se venían utilizando en EE. UU. La conexión, o *engagement* y la construcción de historias que conecten, es decir, el *storytelling*. Se trata de contar una historia aprovechando una atmósfera inspiradora y sensorial, con el objetivo de conectar emocionalmente con la audiencia. Es una técnica de *marketing* muy antigua, pero que con la comunicación a través de las redes sociales se ha hecho más actual que nunca. Empiezan a entrar en los gabinetes de comunicación de los grandes partidos políticos los nuevos asesores que conocen todos estos códigos emocionales y la manera de aplicarlos directamente en la política.

> La hegemonía de lo emocional se ha impuesto como criterio principal a la hora de juzgar y valorar los acontecimientos. La personalización de la información y de la política, unida al empleo de la narración (*storytelling*), encajan en un marco posmoderno descreído de la capacidad de generar sentido a través de relatos que, en muchos casos, pueden constituir una estrategia de palabras vacuas al servicio de la manipulación de la realidad (...) Si la emoción se convierte en el principal criterio para juzgar la acción política, por encima de la atención a los hechos en sí mismos, importará más la capacidad de seducción con la que se pueda suscitar la adhesión emocional de la opinión pública. (Arroyas Langa y Pérez Díaz 1-5)

Y el mejor espejo en el que mirarse, para el desarrollo de esta nueva corriente comunicativa, fue el por entonces candidato a la presidencia de los Estados Unidos, Barack Obama, que ganó las elecciones el 4 de noviembre de 2008 precedido de una campaña electoral que utilizó por primera vez las redes sociales en todo su potencial.

Facebook, Twitter y una potente campaña lanzada a través del *email marketing*, fueron sus herramientas más fuertes, ya que Instagram todavía no existía en aquel momento. No obstante, de haberlo hecho, se hubiera convertido en una de las herramientas más poderosas para el *storytelling* en la campaña de Obama, por la posibilidad de grabar videos directos y prácticamente sin filtro por parte del mismo candidato. Todos estos medios y estrategias, unidos a las elaboradas puestas en escena durante sus mítines, cuyo lenguaje y mensaje llegaba siempre a lo más profundo del sentimiento del electorado, convirtieron a Barack Obama en todo un modelo a seguir para los políticos españoles.

El cuadragésimo cuarto presidente de los EE. UU. fue también un gran actor, pero no en el sentido peyorativo de la palabra, sino en el sentido de líder representativo capaz de transmitir y contagiar emociones al electorado. Se trata de una forma clave de representación en Estados Unidos.

Su atractivo natural, su capacidad comunicativa, un elemento esencial en los líderes políticos norteamericanos; su habilidad para el manejo del mensaje verbal y no verbal, elementos no perceptibles para el espectador, pero que transmiten un mensaje. El antropólogo norteamericano Ray Birdwhistell, pionero de la comunicación no verbal, afirmaba que en una conversación normal entre dos personas, "los componentes verbales suman menos del 35 % del significado social de la situación mientras que más del 65 % del significado social queda del lado de lo no verbal" (Birdwhistell 15)

El líder existe, tan solo hace falta impulsarlo. Tal es así, que Rubén Sánchez Medero apunta que nada en Obama es casual "y nada en Obama espera obtener un resultado diferente del previsto".

> En una sociedad como la estadounidense, en la que la mentalidad deportiva prima sobre la mayoría de los ámbitos de la política, puede explicarse fácilmente que un político con poca experiencia y un escaso recorrido público haya podido alcanzar la Presidencia con tanta facilidad. A menudo los cazatalentos acuden a los institutos de enseñanzas medias a reclutar prometedores deportistas para sus equipos universitarios (…) este mismo modelo debieron copiarlo los miembros del Partido Demócrata al fichar a un prometedor joven llamado Barack Obama. (Sánchez Medero 11)

En España, la crisis económica ha empujado a un cambio en el lenguaje y en las herramientas en política. Las cifras han obligado a ello. Según un estudio elaborado por el Centro Reina Sofía sobre Adolescencia y Juventud, publicado por el diario *El Mundo* el 9 de abril de 2015, el 46, 10% de los jóvenes españoles de entre 18 y 25 años activos en internet y redes sociales "no confía en la política convencional". No obstante, y a pesar de estas cifras y curiosamente, el interés de los jóvenes por la política en España ha ido en aumento, según este mismo estudio. El 72,80% se interesa por ella, en un país como España donde ese interés vivía momentos bajos.

Varios son los mensajes que transmite este estudio y que nos incitan a pensar en que se ha producido un cambio. El 72 % de los jóvenes cree que si los ciudadanos quieren, pueden cambiar las cosas, siempre que exista un compromiso. El mensaje "Sí, se puede", utilizado por el partido Podemos como su lema en campaña y durante toda su corta vida política, es finalmente la traducción literal del "Yes, we can" de Barack Obama y del Partido Demócrata americano.

En octubre de 2014, según el CIS, la voluntad de voto juvenil se situaba en el 66,5 %, mientras que en 2015 el 80,8 % manifestaba su voluntad de ir a votar. El motivo que esgrimían la mayoría de jóvenes con intención de no acudir a las urnas, era protestar contra la corrupción y la falta de interés de los políticos por los problemas reales de los ciudadanos.

Era y es necesario un cambio en los códigos y los lenguajes de la política española, que se dirija más hacia el *engagement* o el sentimiento de atracción e identificación del electorado con un partido, tal y como se consiguió con la primera campaña electoral de Obama. Y no solo porque votar sea un derecho que el ciudadano debe ejercer, sino porque debe ser un verdadero reto para los políticos reconectar con el ciudadano e ilusionarle con sus propuestas, utilizando para ello todos los nuevos medios a su alcance.

REFERENCIAS

Arroyas Langa, E. y P.L. Pérez Díaz. "El valor de las emociones en los discursos periodísticos del espacio político". *Actas del I Congreso Internacional Latina de Comunicación Social.* Tenerife: Universidad de La Laguna, 2009: 1-19. Print.

Ballesteros Guerra, J. C., Rodríguez San Julián, E. y Sanmartín Ortí, A. "Política e internet: una lectura desde los jóvenes (y desde la red)". *Monografías y estudios. Centro Reina Sofía sobre Adolescencia y Juventud.* (2015). Web. 9 abril 2015.

Birdwhistell, Ray L. "El lenguaje de la expresión corporal". Barcelona: Gustavo Gilli, 1979.

Castro Martínez, L. "El marketing político en Estados Unidos: el caso Obama". *Scientific Electronic Library Online.* 2012. Web. 3 marzo 2018.

Centro Político. "El 'engagement político' como medio de difusión de ideas". *Centro político.* 21 octubre 2013. Web. 4 marzo 2018.

González, J. L. "La base electoral de Obama, redes sociales virtuales y reales: los casos de generation engage y moms for Obama". *Revista Mediterránea de Comunicación* 25-35. (2010). Web. 1 marzo 2018.

Lakoff, G. *No pienses en un elefante. Lenguaje y debate político.* Madrid: Editorial Complutense, 2007. Print.

López-Hermida-Russo, A. P., & J. Vargas Monardes. "La política relatada: el Storytelling de Barack Obama en el marco de la Operación Gerónimo". *Palabra clave* 16 (abril 2013): 12-44. Print.

Núñez López, A. *Será mejor que lo cuentes. Los relatos como herramientas de comunicación. Storytelling.* España: Empresa Activa, 2007. Print.

Perezbolde, G. "Engagement... el término del que todos hablan, pero pocos entienden". *Merca2.0.* 4 mayo 2010. Web. 3 marzo 2018.

Sánchez Medero, R. "Ese producto llamado Obama". *El Viejo Topo* 251 (2008). Web. 4 marzo 2018.

RELACIONES CULTURALES Y POLÍTICA CULTURAL EXTERIOR DE ESPAÑA

Ana Vázquez Barrado
Instituto Cervantes de Nueva York

La intervención de los Estados en las relaciones culturales mediante políticas destinadas a organizar y rentabilizar la difusión de su cultura y de su lengua por el mundo, es relativamente reciente si consideramos que sus orígenes se remontan a finales del siglo XIX. Desde entonces ha evolucionado mucho, pero es a partir de los años 90 del siglo pasado cuando ha dado un cambio radical hasta el punto que hoy, la política cultural dirigida de forma oficial no es más que una de las vías, casi artificial, por las que se produce la comunicación intercultural[1].

Efectivamente el siglo XXI ha traído con él una nueva manera de relacionarse y comunicarse. Las relaciones interculturales son un flujo multiforme y espontáneo, difícil de controlar, en el que intervienen una gran cantidad de actores movidos por propósitos muy diferentes, que sobrepasan ampliamente los límites de las relaciones canalizadas a través de los Estados. La intervención estatal en las relaciones culturales no tiene ya sentido si no se produce previamente una toma de conciencia de la importancia que han adquirido las representaciones colectivas para sus propósitos, es decir, si no hay una inclinación a pensar en términos de prestigio y legitimidad no solo en términos de poder, y no nos alejamos de la idea de una acción simplemente promocional y pertinazmente unidireccional[2]. Tenemos que abrazar nuevos códigos, nuevos lenguajes, nuevas narrativas que nos permitan llegar hasta el ciudadano.

Este artículo propone una reflexión crítica sobre nuestra manera de mirar y hacer, de cómo podemos mejorar con la intención de contribuir modestamente, al debate que nos conduzca a establecer unas relaciones culturales internacionales más efectivas, eficaces y útiles a la ciudadanía. La reflexión gira en torno a tres necesidades principales: la necesidad de reorientar la base conceptual de nuestra acción cultural exterior y actualizarla; la necesidad de profesionalizar los equipos de cultura y dotarlos de los recursos suficientes; y la necesidad de la supervisión y participación de todos los ciudadanos. La presente contribución es, por tanto, un ejercicio de autocrítica que huye de la obsecuencia para reconocer ciertos errores, detectar algunas incoherencias, tomar nota de los aciertos, asumir responsabilidades y procurar el entendimiento del otro.

1. DE LA NECESIDAD DE REORIENTAR Y ACTUALIZAR LA BASE CONCEPTUAL DE NUESTRA ACCIÓN CULTURAL

Tradicionalmente la diplomacia cultural española ha adoptado un enfoque de promoción y defensa, utilizando el contenido cultural con el propósito específico de apoyar a los objetivos de la política exterior y el interés nacional. Y todavía hoy, en gran medida, las relaciones culturales internacionales se siguen articulando a partir de prácticas clásicas (becas, giras, intercambios, etc.) con criterios muy individualizados y que no facilitan la visibilidad de la pluralidad artística. Sin embargo, todos estamos de acuerdo en que la sociedad actual requiere de nuevos discursos, prácticas y enfoques y, por supuesto, estar sustentada por un dispositivo de desarrollo de políticas transparente, participativo, y basado en el conocimiento empírico.

En cuanto a lo primero tenemos que reconsiderar nuestra acción exterior en base a un nuevo escenario caracterizado por la multiplicación de actores en las relaciones internacionales, las ambiciones de una Europa unida para desempeñar un papel internacional propio, la emergencia de nuevas potencias que constituyen a la vez nuevos polos culturales, nuestros lazos con los países hermanos de lengua y su devenir, la creciente diversidad de las sociedades occidentales como consecuencia de las migraciones o la irrupción de las nuevas redes sociales que hacen de Internet una de las naciones más pobladas del mundo.

Al desafío de responder a esta nueva sociedad, se unen, por un lado, el de tener que enfrentarse a los derivados de nuestras propias debilidades y, por otro, a la idea preconcebida que se tiene de nuestra cultura. Si queremos ser una potencia cultural real es requisito previo poseer un sector robusto que sepa explotar los yacimientos de creatividad existentes. Es necesario que la administración pública nutra estos yacimientos y establezca las condiciones para el desarrollo de un sector creativo pujante y de una industria cultural competitiva en el propio país. Son imprescindibles tanto las políticas domésticas que estimulen la educación artística, la excelencia, el respaldo a la creación, el fortalecimiento empresarial, el mecenazgo como el apoyo a las instituciones públicas que son clave a la hora de convertir esos activos culturales en *softpower*, a la par que retroalimentan el propio tejido cultural desde su internacionalización.

Por otro lado, hay que considerar los imaginarios colectivos. En la conformación de estos sabemos que influye de forma decisiva la capacidad de crear y acceder a los canales de comunicación internacional, así como a la credibilidad de la que se goza, fruto de una cultura política, un histórico de comportamiento o del grado de participación en la globalización, entre otros. Es verdad que en términos generales se afirma que la imagen de España es positiva. Sin embargo, hay que puntualizar que siguen identificándonos con atributos "blandos" (estilo de vida, clima, diversión...) y muy escasamente con los denominados "duros" (fiabilidad, innovación, pensamiento, competitividad, calidad, tecnología...). En el ámbito concreto de la lengua y cultura, si bien es cierto que, especialmente en algunos contextos como el de EE. UU., se cuenta con un creciente capital demográfico y, por tanto, económico y social, también lo es que el español tiene una escasa legitimidad cultural e intelectual y que está vinculado a la inmigración y a la pobreza en este país. La percepción de nuestra cultura está muy estereotipada e incluso trivializada en Norteamérica. Esa escasa legitimidad del español facilita la tendencia a concebir esta lengua solo como recurso, no como una lengua de pensamiento, y por lo tanto es vista como una competencia que se puede adquirir sin necesidad de comprometerse con su autenticidad cultural. Hay que romper la frontera de la lengua. Las culturas hispanas no deben ser solo importantes para nosotros, sino para todos, y hay que aprovechar el auge del hispanismo y de los medios de comunicación en castellano para dar globalidad a la cultura en español.

En ese reenfoque de la acción cultural tenemos que desprendernos de ciertos sacos de arena. Hoy, hay que entender aquella como un proceso de cooperación e intercambio con interlocutores de otros países, adoptando una actitud más cosmopolita, en el sentido de la voluntad de formar parte de una sociedad internacional múltiple y diversa de forma abierta y constructiva, ajena a la idea de un conjunto de acciones unidireccionales de promoción de una nación de antaño. Por tanto es necesario superar el discurso de la "promoción" y optar por el de "reciprocidad" (*mutuality*). Para entablar esta relación recíproca en igualdad de condiciones debemos trabajar en una "cultura de diálogo" en lugar de un "diálogo de culturas", tratando los contenidos que preocupan a los contextos en los que operamos y que forman parte, a su vez, de la conversación global. Y para que las relaciones culturales contribuyan a los objetivos de política exterior sin la dirección formal de los gobiernos nacionales, es preciso que las instituciones que actúan en el exterior gocen de autonomía e independencia en el diseño de sus programaciones, base de la legitimidad y de la credibilidad, aspectos que nos harán ser más influyentes en los respectivos contextos.

Esta reorientación conceptual obviamente supone también una revisión metodológica y una nueva generación de instrumentos y, forzosamente, pasa por definir unas pautas que nos ayuden a determinar las prioridades geográficas de nuestra acción cultural, sobre el equilibrio idóneo entre la lengua, la producción artística, el patrimonio o la creación contemporánea, que encaje, a su vez, con la política exterior en su conjunto, y sea efectiva en esta nueva realidad. La determinación de las prioridades geográficas marcará el diseño de estrategias de posicionamiento a medio y largo plazo que es hacia donde hay que mirar, huyendo de esa enfermedad llamada cortoplacismo.

En esta arena cultural global habitada por flujos cada vez más densos de ideas, percepciones, mensajes y multitud de actores, tenemos que ganar espacio y posicionarnos de acuerdo a nuestros intereses. Estamos hablando de una comunicación eficaz y, para ello, además de contar con la comentada credibilidad y partir de la reciprocidad, tenemos que ser capaces de ofrecer contenidos de calidad sobre los que debatir de forma crítica pero que, asimismo, se comuniquen de acuerdo a los códigos de cada contexto.

En el ámbito de la comunicación quizá el mayor talón de Aquiles lo tenemos en la red. En general Internet solo se utiliza para comunicar lo que se va a hacer o como caja de resonancia de lo ya realizado, pero no para hacer cultura en la red. Ciertamente, de un tiempo a esta parte, se está produciendo una nueva transformación de las redes al pasar de la puesta en red de culturas (*networking of cultures*) a las culturas puestas en red. Las redes están encarnando el paradigma de una nueva diplomacia horizontal o una nueva forma de globalización ascendente que no nos debe resultar ajena. En la actualidad, las relaciones internacionales están marcadas por las actividades de las redes transnacionales y transculturales, en cuyo centro se desarrolla la comprensión de la interdependencia de las culturas. Hay una amplísima red virtual de asociaciones y grupos importantes con una larguísima trayectoria de las que las instituciones culturales públicas suelen estar ausentes y que es donde está más presente, sin embargo, la sociedad civil. Formar parte de las redes federadoras y generadoras de proyectos de cooperación tiene que ver con fomentar la investigación, la creación, la coproducción de obras, la movilidad de obras, artistas e ideas, los intercambios de informaciones y de buenas prácticas; la animación del sector cultural. El diálogo pasa por estar presentes en todas estas capas y/o niveles de conversación. No estamos considerando suficientemente este aspecto en nuestros planteamientos de proyección cultural exterior, y tampoco estamos aportando valor desde las instituciones. Es urgente hacerlo.

Ahora se trata de entender, para actuar, cómo van a ser los procesos, las plataformas, las experiencias y las relaciones entre un contenido cultural y un entorno cada vez más masificado de audiencias culturales, cada vez más conectados entre sí, que están más y mejor informados y con un poder de palabra que trasciende su anonimato. Estos lugares en los que la gente se reúne de forma espontánea para hablar de lo humano y lo divino es lo que denominan algunos expertos como "las plazas del pueblo". Bajo estas plataformas surgen comunidades formadas por miles o millones de miembros conectadas y movilizadas por un tema de interés. Ellas son quienes en última instancia, por su poder de prescripción, pueden decir qué hay que leer, ver, escuchar. La acción cultural exterior no puede volver la vista ante todos estos cambios.

La estrategia pasa por estar donde están los usuarios, escuchando, ayudando, colaborando, acompañando, aportando sin invadir su espacio. Publicaciones con una utilidad fuera de toda duda, recomendaciones de un libro o autor sobre un tema que se convierte en el centro del debate, la invitación a ver una exposición de arte contemporáneo porque se ha comprobado que ese usuario está muy vinculado con el mundo del arte, son pequeñas acciones que generan grandes respuestas. Aquí también se suma el hecho de que una opinión publicada sobre una obra o un libro o el *feedback* sobre una exposición que se ha visitado, se convierte en una interacción de enorme valor al venir de un contexto acertado y totalmente vinculado con la disciplina cultural en cuestión. Entrar a formar parte, siempre de forma natural, de su vida digital, con presencia pero sin insistencia, es la evolución natural que deben abordar las instituciones del sector cultural.

Internet es el medio de comunicación que constituye la forma organizativa de nuestras sociedades y, por lo tanto, el corazón de un nuevo paradigma socio-técnico. La red es un espacio sin lugares, sin distancias, sin demoras, por lo que las posibilidades de interrelaciones de todo tipo no tienen parangón alguno en la historia de la humanidad. Es difícil imaginar las transformaciones que se van a producir a partir de ahora, después de este recorrido milenario de la civilización, pero lo que parece seguro es que los digitales 100 %, los niños nacidos a partir del 2006 o "generación T" tendrán una interpretación del espacio y del tiempo bien distinta a la nuestra, y así actuarán en consecuencia afectando a todos los ámbitos. Las instituciones públicas no podemos abstraernos de este hecho.

2. DE LA NECESIDAD DE PROFESIONALIZACIÓN DE LOS EQUIPOS

Esta reorientación de la base conceptual de nuestra acción debe ir acompañada inexorable e inexcusablemente por la de la profesionalización de los cuadros y equipos que se dedican a la difusión de nuestra cultura en el exterior y la dotación de los recursos adecuados para ello. Hay que hacer hincapié en que a diferencia de otros campos, el de la cultura está sujeto a variables imprevisibles y, salvo en la industria cultural, no se trabaja con procesos estándar, sino con elementos intangibles, percepciones, valores y símbolos. Por eso, las personas son determinantes y son las que acaban dando un sello de calidad.

En la cúpula de esos equipos, con más frecuencia de la deseada, suelen situarse cargos de confianza política que incluso cuentan con poca o nula experiencia. Los patronatos de nuestras instituciones culturales tampoco son prácticos y tienen más bien un carácter simbólico, a pesar de que en las administraciones públicas deberían representar a la sociedad. Suelen ser órganos débiles que simplemente corroboran lo ya decidido por un máximo responsable que en muy raras ocasiones lo ocupa un profesional independiente.

A diferencia de los altos cargos, por lo general, el de los responsables técnicos si es un ámbito profesionalizado en España. Cuentan con formación específica y este saber técnico ligado al perfil impondrá poco a poco, esperemos, modelos de gestión racionales que no permitan el acceso a diletantes. Para ello es imprescindible que se instale un sistema de méritos objetivo, que abra un lógico camino a los puestos de primer nivel, quebrando la línea que separa los cargos de confianza política de los profesionales. Los políticos deben asumir y entender que la gestión cultural es una profesión que no puede ser asumida por neófitos. Son actividades distintas, una cosa es pintar un óleo y otra dirigir un museo, una cosa es ser un melómano y otra dirigir un centro dedicado a la música contemporánea. Obviamente, porque en gestión cultural ocurre lo mismo que en cualquier otra profesión: una sólida formación técnica y de gestión cultural acompañada de una cierta densidad cultural, y de una larga experiencia en el ámbito al que se opta: museos, bibliotecas, acción exterior..., es del todo vital. Los problemas más serios en este campo, como en casi todos, son los que están instalados en las mentalidades, en los hábitos, en la idiosincrasia y, por lo tanto, también en los políticos y en los responsables culturales o gestores, artistas, intelectuales, académicos y en la ciudadanía en general. Es necesario hacerles frente.

Otro punto débil en referencia a los equipos es que en España hay una falta notable de definición de los puestos que se dedican en el exterior al ámbito de lo cultural y el solapamiento o la falta de funciones de unos y otros. Por un lado, tenemos nuestra diplomacia que es preciso que se especialice en los distintos campos en los que trabaja. En el ámbito cultural son especialmente necesarios en aquellos territorios en los que no existe ninguna otra representación cultural para que abran nuevos caminos y creen esas primeras rutas, que propicien la circulación de los trabajos de nuestros creadores. No tiene ningún sentido que un consejero cultural se dedique a hacer actividad cultural, su ámbito de trabajo es el de la sala de máquinas, aquel al que ningún otro actor puede acceder, para procurar acuerdos al más alto nivel que favorezcan nuestra propia industria cultural. Es un servicio público que debe huir del *personal branding* y del egotismo, algo que los gestores culturales también deben marcarse a fuego en la frente. Esto nos lleva a otro eterno problema de la acción cultural española, que es el de la definición de las funciones de los diferentes actores que intervienen, a partir de su función actual, bajo el principio de complementariedad, concurrencia y coordinación y que no podemos desarrollar aquí por falta de espacio.

De equivalente manera, los puestos de máximos responsables de organismos que específicamente se dedican a estas tareas en sus múltiples facetas, deben ocuparse por aquellos especialistas que cuenten con una trayectoria objetivamente verificable en el ámbito de la gestión cultural exterior y en el tipo de encargo preciso, antes de asumir unas tareas, y con las habilidades y competencias que solicite el contexto concreto, la coyuntura y el tamaño de la comisión. Sobre ellos caen o deberían caer responsabilidades que muchas veces acaban siendo delegadas y desempeñadas por los mandos intermedios.

En lo que toca a los gestores culturales, siendo los cuadros técnicos intermedios los más profesionalizados, como se ha comentado con anterioridad, deben ser conscientes, no obstante, de sus propias carencias y es su responsabilidad solucionarlas. Si bien lo deseable es que la propia Administración forme a sus equipos, no es suficiente excusa la ausencia o escasez de planes de formación. Conjuntamente deben desterrarse ciertas actitudes ajenas al trabajo colaborativo y que son muy frecuentes, como el hecho de no compartir conocimiento, no innovar en los proyectos, no investigar otras experiencias, no diseñar estrategias, centrar los proyectos en las actividades y no en los objetivos, y estimular otro tipo de actitudes como la preparación, el desarrollo de habilidades, el fomento de la competencia, el trabajo en red etc[3].

En definitiva y como filosofía de fondo, para mejorar nuestros equipos debemos tender a posibilitar el desarrollo de una carrera profesional y a la creación de equipos líderes (no individuos, pero sí a través del desarrollo individual), con los perfiles más idóneos para las regiones. Solo esto permitirá que los responsables de cultura sean profesionales que rechacen la pasividad y desarrollen una actitud más activa y voluntarista, anticipadora y moldeable, abierta al cambio, autocrítica, que se salga de la rutina para descubrir y poner en marcha soluciones creativas. Flexibles frente a inmovilistas, audaces frente a conservadores, proactivos frente a reactivos, imaginativos frente a tecnócratas.

Todo nuestro tejido cultural, desde el primer político hasta el último gestor, debe asumir que la gestión de las relaciones culturales internacionales no es un lugar para diletantes donde relajarse y procurar entretenimiento, es más bien lo contrario. Y eso exige que cada uno de los actores reflexione sobre su función y el para qué, asuman la responsabilidad de lo que podrían mejorar, de lo que podrían cambiar, de lo que podrían hacer y no están haciendo.

Un último punto que es imperioso tocar en lo que toca a los equipos, es su composición. Las mujeres escasean muy significativamente en los órganos de gobierno de las instituciones culturales en general, a pesar de que este sea un sector donde el porcentaje de mujeres activas es mayor que el de hombres. Ya han pasado más de 12 años desde que en 2007 se aprobara la Ley de igualdad (Ley orgánica 3/2007, de 22 de marzo, para la igualdad efectiva de mujeres y hombres). Sin embargo, a día de hoy, no hay muchos indicios de que esté dando sus frutos. Quizá, entre otros, porque su incumplimiento no lleva consecuencias en la práctica.

Desde hace ya tiempo, diversas organizaciones internacionales están trabajando de manera activa por la igualdad efectiva de oportunidades entre mujeres y hombres en el ámbito de la cultura. Los informes realizados por Unesco dejan claro que las mujeres siguen estando mal representadas en algunas profesiones culturales y especialmente en puestos de toma de decisiones en muchas organizaciones e industrias culturales, aminorando la diversidad cultural y privando de acceso sin trabas al potencial creativo de la mitad femenina de la comunidad artística. Sumándose a esta sensibilidad, la organización Arts Council England impulsa desde hace años acciones específicas para fomentar la igualdad de género en la cultura inglesa, las cuales se insertan dentro de una de sus líneas estratégicas fundamentales como organización: la diversidad. Aunque sin recoger información específica sobre los órganos de gobierno, su último informe al respecto, "Equality, diversity and the creative case, 2015–16", pone en evidencia una patente brecha de género en los puestos directivos de la cultura. También la organización Culture Action Europe publicó el informe "Gender inequalities in the cultural sector", en el que puso de manifiesto la necesidad de promover la igualdad de género en la cultura para garantizar el derecho fundamental de igualdad de acceso y participación. Este informe denuncia la falta de igualdad de oportunidades entre mujeres y hombres del sector creativo y previene ante la idea preconcebida y estereotipada de que la cultura es un ámbito inmune a los problemas de desigualdad de género que afectan a otros sectores profesionales.

En España han sido reveladores los informes que van realizando asociaciones como la Asociación de Mujeres Cineastas y de Medios Audiovisuales y la de Mujeres en las Artes Visuales que lo han advertido repetidas veces; o el que llevó a cabo el mismo Ministerio de Educación, Cultura y Deporte titulado "Mujeres y cultura. Políticas de igualdad", de referencia sobre el tema del poder y la representación de las mujeres en la cultura en España. Dicho estudio realizó una aproximación a la situación de igualdad en las instituciones y programas dependientes del Ministerio, analizando los niveles de participación y reconocimiento de las mujeres en la concesión de premios y la composición de sus jurados, la composición de los comités que conceden ayudas y subvenciones y otros datos relativos a la participación de mujeres en patronatos o jurados de festivales. Los datos obtenidos pusieron sobre la mesa un manifiesto desequilibrio. Por eso, este informe instaba a garantizar el cumplimiento efectivo de la Ley de Igualdad que, recordaba, se aprobó para abordar un problema social y cultural: el que se deriva del hecho de que estando hoy en día igualmente preparadas mujeres y hombres en todos los ámbitos profesionales, la presencia de mujeres en puestos de responsabilidad y decisión sea muy inferior al de los hombres.

En lo tocante a la acción cultural exterior existen diversas organizaciones de referencia con gran importancia estratégica en la proyección de España, donde se refleja esta situación de desequilibrio en la composición de los equipos. Pongamos algunos ejemplos ilustrativos. Entre las organizaciones de referencia en la proyección de nuestra cultura en el exterior Turespaña y AC/E cuentan con los equipos más equilibrados en su composición. Es significativo que en los dos casos el máximo cargo recae actualmente en dos mujeres respectivamente. Mientras que en el primer organismo la presidencia, la dirección general y las subdirecciones están ocupadas por mujeres en un 50 %; en el Consejo de Administración de AC/E, compuesto por 12 personas, 5 son mujeres (41 %); y su equipo directivo está conformado por 4 personas, 2 de las cuales son mujeres (50 %).

A partir de aquí los números empiezan a cambiar. En la Agencia Española de Cooperación y Desarrollo (AECID) los números ya dan una vuelta especialmente en los cargos de su sede central en Madrid. La Dirección general de relaciones culturales y científicas y sus 4 departamentos cuentan con 5 máximos responsables, entre los que solo figura en nómina el nombre de una mujer (20 %). Sin embargo, hay que destacar que de los 13 cargos directivos de sus centros culturales en el exterior, 5 son mujeres (38 %). En bastante peor situación se sitúa El Real

Instituto Elcano, pues de los 38 componentes de su patronado, solo 3 son mujeres (7 %) y de su Comisión ejecutiva formada por 28 personas, solo 5 son mujeres (10 %). Algo similar sucede en la Fundación Carolina de forma casi idéntica a la institución anterior pues solo 4 de los 39 miembros de su patronato, son mujeres (10 %). Y, finalmente, y en el ámbito de la lengua y la cultura, la Real Academia Española con un notable impacto internacional, destaca por no haber contado a lo largo de toda su historia con ninguna mujer como máxima responsable; y en el caso del Instituto Cervantes solo ha habido una profesional entre sus directores generales, mientras que su actual Consejo de Administración cuenta con una sola mujer (9 %), y de los 59 directores en el exterior, tan solo diecisiete son mujeres (28 %). Estos números no dejan de ser un reflejo de la situación nacional. Sirvan como botón de muestra dos datos más: la Academia de Bellas Artes San Fernando cuenta con 52 académicos hombres frente a las 5 mujeres (9 %) y de las 50 universidades españolas, solo 4 mujeres son rectoras (8 %).

La realidad es que la presencia de mujeres en puestos de responsabilidad continúa sin ser pareja a la de los hombres, proyectando una imagen de nuestra cultura sesgada en talento y aminorada en su diversidad. Es un problema sistémico que no solo se puede explicar como consecuencia de una sociedad patriarcal sino que este hecho, además, hunde sus raíces en la escasa importancia que la sociedad en general de nuevo concede a la cultura. Entramos otra vez en los problemas anclados en las mentalidades y donde es necesario que las instituciones culturales asuman la responsabilidad de promover el valor y la importancia de la cultura y la educación.

3. DE LA NECESIDAD DE LA SUPERVISIÓN CIUDADANA

No podemos delegar exclusivamente en manos de los políticos y de las instituciones, la responsabilidad común de erradicar ciertas inercias imperantes en el mundo de la cultura. La supervisión de las instituciones y las políticas culturales es una responsabilidad también del ciudadano de a pie en paralelo y/o a través de las distintas asociaciones profesionales. Para ello resulta ineludible estar perfectamente informados y ahí, los periodistas culturales, quienes a su vez forman parte también de ese equipo supervisor, juegan un papel determinante. Su actuación e implicación es inexcusable para el correcto funcionamiento de las instituciones culturales en este contexto de desvalorización de la cultura. Cada uno, en su justa medida, somos responsables de la buena salud del sector cultural. Así pues, si por un lado hay que fomentar y reivindicar el valor de la cultura, velar por la transparencia y la buena gobernanza, por otro hay que exigir que nuestras instituciones culturales representen a la sociedad con el rigor y el respeto que merece. Y para ello es necesaria esa supervisión, diálogo y cercanía entre institución y ciudadanía.

El periodismo cultural es el otro protagonista de la supervisión, como acabo de comentar. Este debe investigar, analizar y cuestionar de manera objetiva, constructiva y fundamentada. En España, no siempre es así. No se cuestionan con la suficiente profundidad las palabras y los actos. Muchas veces se transmite la información recibida de manera acrítica siguiendo la agenda. Tanto es así, que instituciones y organismos confunden el trabajo del periodista cultural con el de promotor. Diría, incluso, que algunos periodistas han caído en la misma confusión. No estoy hablando de crítica de arte o de crítica literaria que suele estar llevada a cabo por especialistas y académicos sino del periodismo que se ocupa de las políticas culturales, del buen gobierno de nuestras instituciones, de la calidad democrática de sus propuestas y acciones, del balance de sus resultados.

El periodista cultural no debe asumir el papel de un *gatekeeper*, es decir, el que se cree "poseedor" de la información y se autoencarga de seleccionar lo que, según su criterio, vale la pena. Tiene que ver más con un *Tastemaker*[4], que comunica y transmite de la forma más adecuada con el fin de llegar de verdad al público, no solo a ciertos sectores. La mirada crítica, hasta cuestionadora no es privativa de los géneros periodísticos. El cultural, como el resto, aparte de informar, debería ayudarnos a ser un público más capaz, abierto, enterado, activo. Hablo de dotar de herramientas, de datos contrastados, no de opiniones, de asideros para llegar a unas conclusiones propias más fundamentadas.

Hay que clamar por más análisis, sí, pero para ello es imprescindible que los máximos responsables de los medios garanticen las condiciones y los espacios para ejercerla con libertad y tiempo, dotando de espacio en los medios para que se puedan tratar los temas culturales y sin que el perfil o tendencia ideológica de los medios deformen en alguna medida la información cultural.

En cuanto a los modelos de asociaciones culturales formadas por ciudadanos tenemos algunos ejemplos que pueden servirnos, en los países anglosajones. Aunque los modelos de estos países tengan no pocos puntos débiles en materia de política cultural exterior y también interior, hay algunos elementos cuyo aprendizaje es de interés. En muchos de estos países como Reino Unido, EE. UU., Canadá, Nueva Zelanda o Australia se han esforzado en resaltar la importancia de la cultura con importantes campañas de sensibilización y acciones concretas a todos los niveles, desde los gobiernos e instituciones, hasta los ciudadanos[5].

En Estados Unidos o en Reino Unido es habitual encontrar organizaciones culturales que invierten importantes recursos en promover, escribir, hablar y actuar a favor de la cultura constituyendo, esta acción en sí misma, un motor social y de identidad de las propias organizaciones y asociaciones culturales. Es una forma de implicación directa del ciudadano el cual se transforma en defensor activo. En esta misma línea, un elemento muy interesante de este modelo de organizaciones culturales es que comparten el conocimiento profesional tanto con individuos como con otros organismos del sector. Diseñan y ofrecen instrumentos específicos de apoyo (*advocacy tool kits*), dirigidos y adaptados a los distintos grupos de interés para que su labor pueda ser más eficiente[6]. Esta manera de hacer revela que tanto ciudadanos como organismos y asociaciones culturales parten de la pregunta ¿qué puedo aportar?, ¿cómo puedo mejorar la situación? en lugar de ¿qué puedo recibir?, ¿qué me pueden dar? Esta manera de actuar desprende no solo que se considera importante contar por qué las artes y la cultura son beneficiosas y cómo contribuyen a la sociedad, es decir hay una conciencia del valor de la cultura, sino que lleva implícito la interiorización de un comportamiento democrático que exige de cada actor su parte de corresponsabilidad y de rendición de cuentas.

Frente a esta situación, nosotros seguimos diseñando campañas con eslóganes como hacíamos en los años 90 o nos centramos en lamer nuestras propias heridas hablando de la mala situación del sector, pero lo cierto es que hay una falta de implicación por parte de sus grupos de interés (profesionales, ciudadanos, administración pública, empresas y organizaciones) y de diálogo efectivo entre los distintos agentes de la cultura en España. A eso se suma que nuestro modelo de asociaciones profesionales, como articuladoras e interlocutoras de los sectores de la cultura, parece estar viendo cierto agotamiento y cuando menos, graves disfuncionalidades corporativistas.

En el caso concreto de la política cultural exterior que principalmente nos ocupa en este artículo, tenemos que ser capaces de construir nuestro propio relato de cómo nuestro trabajo contribuye de forma positiva a la sociedad y procurar que sea comprendido por todos para que actuemos como embajadores del trabajo que desde las instituciones se hace. Tenemos que pensar cómo describir los beneficios de la cultura y el arte, su valor cultural; cómo contribuye a una sociedad floreciente, a la educación y a la economía, y cómo estos beneficios son interdependientes, y hacerlo de la forma adecuada, según quien sea nuestro interlocutor. Sin duda debemos trabajar más en la comunicación con la difusión y promoción de estos relatos[7].

Es sumamente importante seguir mejorando en los mecanismos que propicien una verdadera participación abierta y plural de la sociedad, y eso pasa por exigir que muchas de las organizaciones culturales españolas resuelvan sus importantes deficiencias en materia de transparencia, rendición de cuentas y definición de políticas de buen gobierno, esto es, dar explicaciones a la ciudadanía sobre cómo se gobiernan, qué decisiones se toman, quiénes lo hacen, qué hacen, cómo lo hacen, qué resultados obtienen y si están o no cumpliendo con su misión. Y, por otro lado, es igual de preciso que la sociedad española participe como protagonista y se sienta parte de la proyección de la cultura en el exterior.

La participación de todos y cada uno de los ciudadanos, políticos, periodistas, profesionales etc. tiene que ser responsable, tolerante y solidaria. La responsabilidad ante los individuos con quienes se comparte la libertad o una ética de la responsabilidad; la tolerancia o el reconocimiento de la diversidad de culturas y modos de entender y mirar, su ausencia lleva a la confrontación; y, por último, la solidaridad y la cooperación social que apueste por el bien común por encima del propio.

4. CONCLUSIÓN

Si los equipos de cultura y sus cuadros directivos no están profesionalizados, si los ciudadanos no se implican, si las instituciones no adaptan sus modos de hacer a lo que la sociedad civil demanda, si la cultura no cuenta con suficiente atención en los medios y en los debates políticos es porque detrás de todo ello se esconde el escaso valor que damos a la cultura, a pesar de que sea esencial en la vida de las personas. A sabiendas de ese carácter esencial, existe un vivo debate sobre la necesidad o no de evaluar el valor de las relaciones culturales. Hay quienes opinan que intentar evaluar el valor de las relaciones culturales desde las perspectivas de los países, en términos de números, es instrumentalista y reductivo, a más de que esos intentos no van a poder revelar nunca la riqueza de las formas en que las relaciones culturales funcionan en la práctica. Otros las creen necesarias para alcanzar mayor peso en las políticas y alcanzar presupuestos más acordes.

En cualquier caso, el valor de la cultura en la sociedad está en sí misma, en el hecho de que existe. Nuestras preciosas sociedades democráticas solo se pueden defender desde el conocimiento y como resultado de eso que llamamos Cultura. Sin el conocimiento, sin el discernimiento es del todo imposible avanzar como sociedades y seres humanos. Todos queremos una sociedad consciente, libre y responsable. Y esa sociedad culta solo es posible en el marco de una colectividad que sitúe la cultura, el intercambio de reflexiones, en el centro de su vida pública y alimente la dimensión esencialmente crítica del conocimiento.

La única oportunidad para conquistar y proteger nuestra dignidad humana nos la ofrece la cultura. No me digan que no merece la pena.

REFERENCIAS

Flexner, A. "The Usefulness of Useless Knowledge". *Harpers* 179 (1939). Print.
Niño, Antonio; "Uso y abuso de las relaciones culturales en la política internacional"; Ayer 75/2009, pp. 25-61. Print.
Martel, F. *Smart*. Barcelona: Taurus, 2014. Print.
Riemen, R. *Nobleza de espíritu: Una idea olvidada*. México: Universidad Nacional Autónoma de México, 2009. Print.
Vázquez Barrado, A. "Acción Cultural y Política exterior de España". *Acción y Gestión Cultural en el siglo XXI*. Rabat: Instituto Cervantes, 2012. Print.
__. "De profesión gestor/a cultural". *Revista de Gestión Cultural* (2011). Print.

NOTAS

1. Un breve pero completo recorrido histórico sobre la política cultural exterior de España puede consultarse en Vázquez Barrado, Ana (2012); *Acción Cultural y Política exterior de España*; Acción y Gestión Cultural del Siglo XXI.
2. Niño, Antonio; "Uso y abuso de las relaciones culturales en la política internacional"; *Ayer* 75/2009; p. 33.
3. Sobre el perfil de gesto cultural vid. Vázquez Barrado (2012) "Qué responsables de lo cultural necesitamos", *Acción y Gestión cultural del siglo XXI*, Rabat. Sobre metodología de la profesión *vid*. Vázquez Barrado (2011); "De profesión gestor/a cultural" *Revista de Gestión Cultural*, México.
4. Concepto del teórico desarrollado por el periodista francés Frédéric Martel. Entre sus trabajos destaca *Cultura Mainstream* (2010), *Smart* (2014) y *De la culture en Amérique* (2011) un libro sobre políticas culturales e industrias en Estados Unidos en el que desafiaba la visión convencional y compara el modelo de gestión de la cultura francesa, financiada y organizada por el gobierno y la cultura americana guiada por las fuerzas del mercado.
5. Algunos ejemplos de este tipo de campañas son *Culture Matters* del Arts Council England, *The Voice of Culture* de la UE. o *The Conversation of Art* del Bainbridge Island Museum of Art.
6. Un ejemplo significativo es el proporcionado por el *Americans for the Arts*, que ofrece un *Advocacy tool kit* para individuos y otro para organizaciones.
7. Un estudio interesante a este respecto es "The value of arts and culture to people and society – an evidence review", Arts Council England. Este informe aporta datos cuantitativos sobre el impacto de la cultura en el Reino Unido y señala además las carencias detectadas que será necesario cubrir en el futuro.

"ESTE ES UN PAÍS DONDE HABLAMOS INGLÉS, NO ESPAÑOL". LA PRESENCIA DEL ESPAÑOL EN LOS ESTADOS UNIDOS DE TRUMP

Silvia Betti
Alma Mater. Università di Bologna
Academia Norteamericana de la Lengua Española

La historia del español en contacto con el inglés en los Estados Unidos no es reciente ni desconocida a la mayoría de la gente. El español, como muchos saben, fue la primera lengua europea en llegar a los actuales Estados Unidos, mucho antes de que los ingleses se establecieran en Jamestown. Piénsese solo en la toponimia de los Estados Unidos: Florida, California, San Francisco, Los Ángeles, San Diego, San Antonio, Colorado, etc. Así que los vínculos históricos entre España y Estados Unidos se remontan a una época lejana... Además, si consideramos los primeros asentamientos de población y los primeros flujos de migrantes hispanos de mediados del siglo XIX –hasta la actualidad– las comunidades hispanas se han configurado como un elemento imprescindible para comprender en toda su complejidad la sociedad estadounidense contemporánea (Retis y Badillo).

No existe una única cultura "latina", pero sí una en lengua común: el español. El español es el segundo idioma más hablado en los Estados Unidos, el principal –y ya oficial– en Puerto Rico y uno de los idiomas oficiales, *de facto*, de Nuevo México. Según la Oficina de Información Diplomática del Ministerio de Asuntos Exteriores y de Cooperación (marzo 2018), en este inmenso país hay 41 millones de hablantes nativos de español, con un 11,6 millones adicionales que son bilingües, en el sur, suroeste, "pero también en los barrios hispanos de las ciudades de Nueva York, Los Ángeles, Miami o Washington (D.C.) y municipios cercanos a estas dos ciudades, siendo en algunas zonas de esos estados y ciudades incluso más importante que el inglés". En el Informe del Ministerio de Asuntos Exteriores y de Cooperación podemos, incluso, leer: "Muchos anuncios y asuntos oficiales se presentan en español, además de en inglés. La mayoría de los mensajes públicos que tienen subtítulos los tienen en español" (1).

En el mundo actual, de hecho, no es posible conservar culturas intactas ni lenguas, ya que al integrarse más personas a una cultura se originan más formas distintas de apropiación de la misma, con un inevitable enriquecimiento. El mestizaje y la hibridación representan expresiones de madurez cultural, porque las personas se adaptan a nuevas situaciones de la vida, e individuos diferentes pueden convivir y compartir competencias culturales múltiples, pasando de unos espacios culturales y lingüísticos a otros (Betti 2012).

En ese panorama global y mestizo, de particular interés es actualmente el territorio estadounidense porque las continuas migraciones de hispanos hacia el norte han cambiado el perfil de los Estados Unidos, no solo desde el punto de vista cultural, social y económico, sino también lingüístico, debido al contacto entre el inglés y el español que se produce cuando esas poblaciones se encuentran. La relación entre el inglés y el español en esa peculiar realidad se caracteriza por muchos contactos e intercambios, generando una situación de compenetración y, se podría afirmar, de mutua dependencia.

Según Ethnologue.com, de los casi 325 millones de personas que viven en este país, aproximadamente 57 millones son hispanos. Las proyecciones ponen de relieve que, en 2050, la población hispana podría alcanzar los 106 millones. Estas cifras representarían un cambio evidente, ya que el porcentaje del número de hispanos aumentaría llegando a un cuarto de los habitantes, o sea un 26,6 % de un total de 398 millones. Y en el informe del Instituto Cervantes, *Lengua Viva* (13), se afirma: "En 2060, Estados Unidos será el segundo país hispanohablante del mundo, después de México. Las estimaciones realizadas por la Oficina del Censo de los Estados Unidos hablan de que los hispanos serán 119 millones en 2060. Eso supondrá que el 28,6 % de la población estadounidense, casi uno de cada tres residentes en Estados Unidos, será hispano".

Ahora bien, con la elección de Trump se han notado las primeras medidas de la nueva Administración en materia de lenguas. La web de la Casa Blanca y las instituciones federales y estatales más importantes fueron bilingües, inglés y español, con Barack Obama, y hasta el 21 de enero de 2017. Después de tal fecha, la Casa Blanca decidió clausurar las cuentas en castellano de las redes sociales utilizadas por el Gobierno. A ello se sumó el cierre de la versión en español de la web oficial –creada en 2012–, que mostraba hasta hace poco un lacónico mensaje de "página no encontrada". La nueva Administración recuperó el español solo en Twitter @LaCasaBlanca, mientras que la página oficial de la Casa Blanca sigue completamente en inglés. De esta manera, los hispanos dejaban de tener representación en la web institucional más importante del país a pesar de que constituyen la principal "minoría" con el 18 % de la población total. Daniel Ureña, del Hispanic Council, explica que la Administración Trump está cometiendo un grave error, porque el español, y la herencia hispana en general, forman parte de la identidad de Estados Unidos en el pasado, en el presente y en el futuro. Ureña recuerda que en 1984 el equipo de Reagan elaboró un informe donde se indicaba de forma explícita que para conseguir el apoyo de los hispanos había que convencerlos en español.

García-Castañón opina que no obstante el clima político actual, no muy favorable hacia el mundo hispano por lo que concierne a las más altas instancias, el avance de la lengua española es imparable. Y se puede observar no solo en la calle, con un alto crecimiento del número de hispanohablantes, sino también en las instituciones académicas, en las que se nota un aumento evidente en el número de estudiantes que eligen el español como área de especialización.

Por su lado, Lamo de Espinosa, presidente del Real Instituto Elcano, piensa que es preocupante que muchas personas de los Estados Unidos no puedan hablar libremente español. Puso en duda el discurso hacia el español que tienen el presidente de Estados Unidos, Donald Trump, y otros grupos de poder, que coloca la lengua española "como una lengua de pobres, de menor nivel social, que es estigmatizada por un mensaje racista, xenófobo" (*ídem*). Y prosiguió subrayando "Habla así cuando lo hace del muro, de los Bad Hombres en México, por lo que ahora hay un ambiente que obliga a los hispanos a ocultarlo o matizarlo". Nota que hoy en día se estigmatiza a muchas personas por hablar en español, algo que hacía décadas que no se veía. El español es una lengua que tiene un importante porcentaje demográfico, pero esto no está siempre acompañado de prestigio cultural. Si se excluyen las universidades, el español no parece ser una lengua respetada por el anglosajón; y también en el caso de los departamentos de español, hay estudiosos que observan que esta lengua puede sufrir prejuicios porque se enseña como lengua extranjera. En la vida cotidiana del norteamericano medio la identificación del español con el inmigrante y la miseria es constante, sobre todo en el *Midwest* del país.

Eliminando de la web de la Casa Blanca el español como vehículo de comunicación con los ciudadanos no solo se niega una parte esencial de la identidad de Estados Unidos, sino que se va en contra de buena parte de la cultura de más de 55 millones de estadounidenses y del segmento de población que más va a crecer en los próximos años en este país (Ureña).

Pero Trump, ya durante sus mítines delante de audiencias latinas, había criticado al precandidato Jeb Bush por hablar en español: "Estados Unidos es un país donde hablamos inglés, no español. Debería ser un ejemplo hablando inglés en EE.UU." (Rodríguez). Es evidente, explica Daniel Ureña, que la actual Administración "es menos sensible a lo hispano, pero no deberían olvidar que la propia esencia y el origen de Estados Unidos como nación tiene un marcado carácter hispano" (*ídem*). La prueba más evidente de las reticencias de la actual Administración hacia la comunidad hispana es que "no hay ningún latino de origen entre sus ministros de Gabinete, algo que no ocurría desde hace 30 años. La única representante latina en la presente Administración es Helen Aguirre, directora de medios hispanos a las órdenes del portavoz de la Casa Blanca, Sean Spicer" (*ídem*).

David T. Gies, reconocido hispanista estadounidense, en un trabajo titulado "'*Para continuar en español, oprima el nueve*': El español 'invisible' en Estados Unidos" aseveró que el español "ya no es una lengua extranjera" en los Estados Unidos, sino que es primera y segunda para muchos. Gies recalcó que: "Todos hemos tenido esta experiencia, solo hay que llamar a cualquier compañía nacional o internacional, para oír una grabación de una mujer que dice 'para continuar en español oprima el nueve'". Este estudioso, además, mostró algunos datos para demostrar que en la actualidad existen más hispanoparlantes en los Estados Unidos que en España. Por ejemplo, de los 180 programas bilingües que existen en la ciudad de Nueva York, el español domina. Incluso, en Utah y Oregón, que son estados sin raíces hispánicas, el nueve y diez por ciento de las escuelas ofrecen cursos de español. Y existen escuelas monolingües donde no se enseña inglés sino solo español (Gies). "A pesar del debate político –a menudo racista contra los hispanohablantes de Estados Unidos [...]– la gran mayoría de los estadounidenses simplemente no tienen ni idea de lo profundamente arraigada que está la lengua española en su país" (*idem*).

Los hablantes "hispanounidenses" se dan cuenta perfectamente de que su vida en los Estados Unidos se desarrolla a través de estas dos lenguas, sin preocuparse demasiado de la denominación de tales intercambios lingüísticos. De hecho, en términos semióticos, como instrumento de comunicación, todas las formas comunicacionales son válidas.

A pesar de la situación política actual y del cierre, en enero de 2017, de la página en español de la Casa Blanca, no se podrá detener un uso ya consolidado no solo entre las familias "hispanounidenses", sino entre los amigos, en las escuelas y universidades, en la vida diaria... Para muchos latinos la lengua española (y en muchos casos, también la práctica del *spanglish*), es también una forma de identidad, que en los Estados Unidos representaría perfectamente a los que viven entre estas dos realidades (Betti 2008). Todo eso parece imposible actualmente en este país, pero "no reconocer el carácter plurilingüe de los Estados Unidos, es no respetar la realidad", dijo el ex director del Instituto Cervantes, Bonet, comentando la decisión de la Administración Trump de suprimir las cuentas en castellano de las redes sociales utilizadas por el Gobierno; y agregó "55 millones de hispanohablantes no es una minoría, o si acaso, una gran minoría" (Proust Iligaray).

Torrente Paternina (54) subraya que

> la situación de política lingüística en la que se encuentra Estados Unidos y específicamente en relación con los Estados fronterizos con México, se puede observar que la falta de una planificación lingüística a nivel gubernamental federal ha afectado ostensiblemente el desarrollo de políticas públicas (lingüísticas) que estén en armonía con los contextos lingüísticos de los Estados analizados. La política de "no política" ha sido más perjudicial que beneficiosa para la población que se encuentra en esa encrucijada lingüística, y que ha sido objeto de los experimentos producto de las políticas educativas con referencia a los modelos de educación bilingüe (e incluso, de su prohibición); es posible afirmar que este silencio político está siendo aprovechado por facciones más conservadoras y radicales que no reconocen la diversidad cultural y lingüística de Estados Unidos, lo que conllevará inevitablemente la pérdida de un legado irrecuperable que sucederá cuando una persona finalmente pierda la batalla de la asimilación cultural y lingüística.

Naturalmente, la situación política actual y los sentimientos anti-inmigratorios de una parte de la población estadounidense –episodios de intolerancia y/o ataques racistas que casi cada día leemos en los diarios o vemos en televisión– no permiten vislumbrar un futuro alentador. Por no hablar del mismísimo presidente que secunda las tesis de movimientos como el *"English-only"* ("Solo inglés"), el cual reclama desde hace años la oficialidad del inglés en todos los documentos federales.

Muchos de los hispanos que viven en los Estados Unidos, que hablan español, se identifican con su parte latina, guardan un bagaje cultural que los conecta, y al mismo tiempo formando parte de la comunidad anglosajona, cogen de esa cultura lo que necesitan. Los latinos proclaman un estatus bicultural, ya que muchos de ellos son bilingües y, como es de esperar, el dominio que puedan tener de las dos lenguas siempre se define según la posición socio-económica, el nivel de escolaridad y la conciencia social de cada hablante. La mayoría de ellos entran y salen cada día de una cultura y otra; a diario cruzan una frontera cultural y lingüística y constituyen una comunidad hispanohablante y anglohablante; hispanoactuante y angloactuante (Villanueva).

Los contactos con otras culturas y formas de vida, la hibridación de lenguas, culturas, estilos de vida sirven para confrontarse con las diferencias, para poder comprenderlas, aceptarlas, vivirlas.

Sin embargo, a pesar de estos aspectos, hay que decir que se pueden encontrar actitudes negativas hacia el español también por parte de docentes y compañeros. Por ejemplo, en octubre de 2017, según escribió el *New York Times*, una profesora de secundaria de Nueva Jersey fue grabada (en vídeo) mientras reprendía a tres estudiantes porque estaban hablando en español, diciéndoles que tenían que mejorar su "americano". Esta legitimación del "rechazo público al uso del español" –de hecho, de cualquier idioma distinto al inglés– ha producido una serie de pequeños incidentes de violencia social xenófoba: reproches a hispanos por hablar español en la calle o en las escuelas, insultos –a menudo usando el término despectivo *spic*– (Badillo). Recuérdese el episodio del abogado Aaron Schlossberg, quien el pasado 17 de mayo (2018) en el restaurante neoyorquino Fresh Kitchen amenazó con llamar a inmigración (ICE), para deportar a dos empleados porque estaban hablando español con algunos clientes. O el policía de frontera del estado de Montana que demoró en mayo de este año (21 de mayo de 2018) a dos mujeres para controlar sus identidades solo por haberlas escuchado hablar en español, aludiendo que Montana "es un Estado en el que se habla predominantemente inglés" (Revista RT). Según la alcaldía de Nueva York, desde la elección de Donald Trump en noviembre de 2016 las denuncias de crímenes de odio o episodios de discriminación por raza, religión, orientación sexual han aumentado de forma considerable.

Como es bien sabido, en los Estados Unidos numerosos hispanos perciben el inglés como la lengua de la integración y del éxito. Al contrario, el español en este país para muchos de ellos es una lengua con un menor estatus socioeconómico, que puede activar un sentido de inferioridad que permanece aun cuando la población hispana aumenta en número e importancia (Betti 2008).

Pero eso no quiere decir que la realidad bilingüe no sea viva y dinámica. No existen lenguas, ni culturas puras, tampoco sociedades. La lengua cambia continuamente y cambia justo porque los hablantes al usarla, la modifican, convirtiéndola en un instrumento vivo de comunicación. La lengua no solo refleja una realidad en movimiento, sino que puede desempeñar un papel mucho más importante; la de hacer que el mismo movimiento sea más visible y contribuir así a acelerarlo en un sentido de mejora.

Es necesario pugnar por esta lengua, convertirla en una lengua de cultura en los Estados Unidos, en el sentido de fomentar la investigación, la ciencia, la literatura, el cine, el arte, la tecnología… en español. Solo así habrá conciencia de su inmenso capital cultural.

REFERENCIAS

Badillo Matos, Á. "Torres y muros frente al multiculturalismo: hispanos y español en la presidencia de Donald Trump". *Real Instituto Elcano* 26 enero 2018. Web. 2 de noviembre de 2018.

Betti, S. *El Spanglish ¿Medio eficaz de comunicación?* Pitagora: Bologna, 2008. Print.

__. "Reflexiones sobre el contacto lingüístico: el spanglish y el caso de la revista estadounidense *Latina*". *Rumbos del hispanismo en el umbral del Cincuentenario de la AIH*. P. Botta y S. Pastor. Eds. Vol. VIII. Roma: Bagatto Libri, 2012: 538 -548. Print.

Ethnologue. *Languages of the World.* 2012. Web. 2 de noviembre 2018.

García-Castañón, S. "El avance del español es imparable en EEUU, pese a factores poco propicios". *La Opinión A Coruña* 23 junio 2018. Web. 2 de noviembre de 2018.

Gies, David T. "*'Para continuar en español, oprima el nueve*: el español 'invisible en Estados Unidos". *El español en el mundo. Unidad y diversidad*. Congreso Internacional de Puerto Rico (CILE), 2016. Web. 10 de septiembre de 2016.

Instituto Cervantes. *El español: una lengua viva.* 2018. Web. 10 de septiembre 2018.
Lamo de Espinosa, E. "Prejuicios afectan al español en EU". *El Universal* 20 septiembre 2018. Web. 20 de noviembre 2018.
Oficina de Información Diplomática del Ministerio de Asuntos Exteriores y de Cooperación. Marzo 2018. Web. 28 de mayo de 2018.
Proust Iligaray, V. "El español en tiempos tempestuosos". *El Mercurio* 19 de febrero de 2017. Print.
Retis, J. y Á. Badillo. "¿De qué hablamos cuando hablamos de los 'hispanos'?". *Estudios de Política exterior* 167 (septiembre-octubre 2015). Web. 28 de mayo de 2018.
Rodríguez, A. "El auge hispano en EEUU". *Tiempo* 8 de febrero de 2017. Print.
Revista RT. "'En este estado se habla inglés': policía chequea a dos estadounidenses por hablar español". *RT Actualidad* 21 de mayo de 2018. Web. 28 de mayo de 2018.
Torrente Paternina, L. P. "El español y las políticas lingüísticas en Estados Unidos: el caso de los Estados fronterizos con México". *Cuadernos de Lingüística hispánica* 22 (julio-diciembre 2013): 47-58. Print.
Ureña, D. "Por qué Trump se equivoca al eliminar el español de la web de la Casa Blanca". *El Confidencial* 23 enero 2017. Web. 28 de mayo de 2018.
Villanueva, T. "Rupturas y alianzas en la poesía bilingüe chicana". *Poesía hispanoamericana: Ritmo(s)/Métrica(s)/Ruptura(s)*. G. Areta Marigó, et al. Eds. Madrid: Verbum, 1999. Print.

EL ACONTECIMIENTO DEL HUMANISMO MEXICANO: AGUSTÍN YÁÑEZ Y GABRIEL MÉNDEZ PLANCARTE

Héctor Aparicio
Universidad Autónoma Metropolitana

1. INTRODUCCIÓN

En una entrevista del año 2013, la filósofa María del Carmen Rovira afirmaba que el humanismo mexicano es diferente al de la tradición europea del Renacimiento, porque esta última mistifica al hombre, es decir, "el humanismo italiano hace del hombre un dios [...]. En cambio, el humanismo mexicano [...] enfoca al hombre, podríamos decir al hombre de carne y hueso, "al otro", al que tienen frente a él" (Rovira 107). Esta afirmación sobre el humanismo en México, ha sido reiterada en investigaciones de intelectuales nacionales de diversa formación: filósofos, historiadores, literatos, políticos, científicos, etc. (Beuchot; Velázquez Delgado). No obstante, en los años treinta del siglo XX, Mariano Cuevas, miembro de la Academia Mexicana de la Lengua, afirmaba que el humanismo, específicamente el mexicano, estaba caracterizado por el antecedente renacentista, limitado al estudio y cultivo de las letras humanas (grecolatinas) en contraposición a las letras sagradas y "esto fue así entendido desde el origen del humanismo" (Cuevas 16).

Estos enfoques, aunque hablan del humanismo mexicano, son contrarios y tienen casi un siglo de diferencia, lo cual motiva a preguntar: ¿por qué una corriente, habilitada como una tradición en la historia nacional, tiene definiciones y precisiones totalmente distintas? Para encontrar la respuesta es importante comenzar por analizar los trabajos de la década del último texto citado, pues si Cuevas prestaba atención a elementos filológicos y clásicos del humanismo, a diferencia de Rovira, es porque las condiciones interpretativas realizadas por los intelectuales de aquella época eran diversas a las que son empleadas hoy en día. Tentativamente son los intelectuales de la primera mitad del siglo XX, principalmente mexicanos, los que hacen del humanismo una tradición nacional enfocada en puntos éticos y humanitarios. Entre ellos destacan Alfonso Reyes, Pedro Henríquez Ureña, Samuel Ramos, Agustín Yáñez y Gabriel Méndez Plancarte, entre otros.

    El siguiente trabajo analizará solamente una selección de los escritos del padre Gabriel Méndez y de Yáñez, porque en las afirmaciones de ambos sobre el humanismo se podrá tener definido el momento en que este término fue calificado como mexicano, esto es, en sus textos puede ser registrado el acontecimiento del humanismo mexicano. Pero antes de realizar esto cabe hacer algunas aclaraciones respecto al presente estudio: la acotación del término "humanismo", el perfil de toda una investigación del cual el análisis de estos intelectuales es solo una aproximación y las bases teóricas con las que procede.

2. ACOTACIÓN DEL HUMANISMO

Es importante delimitar qué es el humanismo para conocer el horizonte desde el cual hablan los intelectuales mexicanos en cuestión. El humanismo tiene diferentes acepciones; su historia no es unívoca. Al describir brevemente el panorama del término se sabrá dónde encuadrar las propuestas de Yáñez y Méndez Plancarte. Para esto son oportunas las siguientes palabras de Reyes:

> En el sentido más lato, el término abarca todo lo humano, y por aquí, el conjunto del mundo, que al fin y a la postre solo percibimos como una función humana y a través de nosotros mismos. [...] En el sentido más estrecho, el término suele reducirse al estudio y práctica de las disciplinas lingüísticas

y las literarias, lo cual restringe demasiado el concepto y no señala con nitidez suficiente su orientación definitiva. En el sentido más equívoco se ha llegado a confundir el humanismo con el humanitarismo, especie filantrópica que nos lleva a terrenos muy diferentes. (Reyes 402)

Actualmente existen otras caracterizaciones del humanismo que insisten en la parte racional, laica y ética de las creencias y acciones humanas. Resaltan el valor moral de la existencia del hombre, la autonomía, la posición neutral ante diversas religiones y la tolerancia, en un sentido democrático, ante la libertad de expresión (Law 1-7). Por otro lado, en la primera mitad del siglo XX existieron corrientes muy específicas del humanismo, como el cristiano o como el personalismo, y varios filólogos y filósofos se pronunciaron respecto al humanismo como tradición o como resentimiento, por ejemplo Ernst Robert Curtius y Max Scheler, por mencionar algunos.

Cabe mencionar que el término "humanismo", como tal, fue acuñado por la pedagogía del siglo XIX gracias al profesor alemán Friedrich Immanuel Niethammer quien empeló el neologismo latino *humanismus* en 1808. Desde luego, muchos han visto que este neologismo puede tener antecedentes con los *studia humanitatis* de Cicerón y la reformulación que tuvo con la enseñanza en las universidades medievales y las academias renacentistas. Sin embargo, estrictamente, el término no existía ni para los latinos ni para la Edad Media y Renacimiento.

En el periodo romano se tenía una idea del hombre con la *humanitas* para referir a los asuntos humanos, especialmente educativos. Ella retoma parte de la tradición filosófica y educativa de la Grecia Antigua, en especial de las teorías de filantropía y de la *paideia*. (Poma 191-193). Así, la palabra italiana que surgió de la *humanitas* y los *studia humanitatis* fue la de *umanista* que hacía referencia, en cierta medida despectiva, a los profesores que enseñaban en las universidades las materias o temas relacionados con la escritura, lectura, retórica, dialéctica, etc. De ahí se ha asociado al humanista, es decir, al escolar, con el humanismo, la doctrina que refiere el término que trata de definir la esencia de lo humano, aunque la palabra con la cual es designada surgió después de varios siglos (Kristeller 191-212).

3. PERFIL DE INVESTIGACIÓN: APROXIMACIÓN A YÁÑEZ Y MÉNDEZ

Examinar las obras de todos los autores mencionados en la introducción es una tarea colosal. Por ello es importante tener en cuenta que este trabajo es una muestra de un proyecto más grande, donde el análisis de los textos acerca del humanismo mexicano –publicados o escritos durante el periodo que va 1900 hasta 1960– muestra el panorama en el cual fue empleado este concepto, en algunos casos justificando una tradición occidental en la cultura mexicana, en otros, otorgando crédito y antecedentes a los intelectuales del momento o, en algunos más, perfilando la figura del intelectual en México, lo cual da como resultado una tradición intelectual netamente mexicana.

Durante ese periodo –donde se acrecentaría el número de autores por leer– el diálogo entre filósofos, historiadores, filólogos y críticos literarios fue abundante y, en consecuencia, las publicaciones sobre el humanismo fueron prolijas. En resumen, en este diálogo aquellos intelectuales primero hablaron simplemente de un humanismo en general, después pasaron a clasificarlo como nacional, luego como mexicano, y por último, como parte de una tradición nacional que viene desde la época de la Colonia hasta nuestros días.

Así, desde el último año de los cuarenta, cuando fallece Gabriel Méndez Plancarte, los textos con el tópico del humanismo mexicano han continuado, tal que se ha propuesto la herencia actual de ese humanismo en el pensamiento nacional (Velázquez Delgado 9-14). Legado en el cual, desafortunadamente, no se reconoce a Yáñez y ni al mismo Méndez Plancarte, no por afán de negarlos, sino por desconocimiento de sus publicaciones. Ello es la motivación para estudiar a esos dos hombres de letras, pues no solo recibieron las enseñanzas de intelectuales anteriores a ellos

(Reyes, Ramos, José Vasconcelos, Antonio Caso, etc.), también fueron los artífices que adjetivaron, primero como nacional y luego como mexicano, al humanismo. Justo en las décadas del treinta al cuarenta, cuando ellos publicaron diversos ensayos, emplearon esa fusión de conceptos que marcaría el surgimiento del humanismo mexicano.

4. BASES TEÓRICAS

Los fundamentos que están a la base del proyecto descrito y del estudio presente, siguen una forma de indagación filosófica sobre la historia y el pasado propuesta por Giorgio Agamben, quien ha obtenido nuevas consecuencias sobre la manera en que se construye el presente por medio de la crítica textual. Él alega que ese tipo de crítica conlleva a la deconstrucción de interpretaciones que han delineado una lectura de textos de acuerdo con una *canonizzazione*, la cual es cuestionada con la relectura de las fuentes. Estas han estado mediadas por lo que él llama "canon", que genera una anteojera, por decirlo así, y que además torna un dispositivo controlador de los futuros estudios, que tienen como peculiaridad omitir la reflexión sobre el estado propio de lo que se examina, o que olvidan las condiciones en las cuales se constituyeron los conceptos, las teorías, las categorías, y demás, que en muchos casos son diferentes a como son especuladas en el presente (Agamben 86-89).

Igualmente es importante dar crédito a Emilio Uranga, quien antes del intelectual europeo, hacía 1952, expresaba las mismas ideas críticas sobre el pasado, pues respecto al estudio del ser del mexicano dice:

> La idea actual no viene de la de otros siglos, sino que, al revés, lleva a éstos su influjo. Lo que distingue a la idea histórica del hecho natural es precisamente este peculiar *retroefecto*; una investigación contemporánea es a la vez una reforma del pasado. Lo pretérito no es lo inmutable, sino

lo dócil a la replasmación que avanza desde el presente. Se forja el concepto de lo mexicano a tenor de las circunstancias actuales, y se lleva esa noción, así esclarecida, a otros siglos, al XVII y el XVIII, para iluminar con ella en la mano lo que entonces se entendía por mexicano. (Uranga 151)

Este fragmento sugiere que la exploración de los trabajos consistirá en analizar retrospectivamente las fuentes que emplean, las ideas que citan de las corrientes de pensamiento en boga, así como las características que proponen del humanismo y lo destacable que lo hace mexicano. Todo ello con la finalidad de saber cómo el conocimiento actual del fenómeno histórico, el "humanismo mexicano", se constituyó con ciertas condiciones para que sea reconocido como tradición intelectual o como parte de la cultura nacional.

Ahora bien, debe considerarse que en esta crítica se generan otras preguntas. Además de la que ya fue planteada, viene a cuenta saber de dónde provienen las fuentes que Yáñez y Méndez contemplaban para la elaboración de sus ideas. Al revisarlas, presumiblemente, se verá la relación transatlántica entre la producción intelectual española y la reinterpretación que hacen los estudiosos mexicanos. De manera concreta el vínculo que existió entre la formulación de las ideas de Yáñez, las publicaciones de la editorial de José Ortega y Gasset *Revista de Occidente*, los índices del humanismo de Méndez Plancarte y la lectura que hacen, tanto este padre michoacano como el autor de *Al filo del agua*, de Marcelino Menéndez y Pelayo.

5. EL HUMANISMO SEGÚN YÁÑEZ

En el ensayo "Humanismo y filosofía en México", publicado en la revista *Universidad. Mensual de Cultura Popular* en 1936, luego reeditado en 2002 en la *Revista de la Universidad de México*, Yáñez relaciona el humanismo con la educación. Pero no es la ligada a las lenguas clásicas y a la tradición grecorromana de pensamiento.

Es una educación de los valores morales primordiales, la cual crea una comunidad que se preocupa por la convivencia cordial entre los hombres. Ello es la aportación fundamental del jalisciense al concepto del humanismo, porque indica que este no se limita a la formación clásica, sino que es creador y activo. En este sentido, el humanismo ni es un mero adiestramiento escolar, ni está acotado en una vida contemplativa, es decir, no es puramente intelectual. Conforma valores como una acción básica para la persistencia del hombre. Se define en la figura del humanista como el que recrea y reanima estos valores, los vive en sí (Yáñez 2002: 55).

Otro rasgo que es indispensable mencionar es la manera nacionalista con la cual se calificaba al humanismo y a la construcción de los valores morales positivos (Yáñez 2002: 53). Además, el jalisciense afirmaba que la Universidad es la institución que debería estar a cargo de formar esa comunidad moral inclusiva. Por medio de la educación universitaria los mexicanos la construirían:

> Toca, por todo ello, a la Universidad, y muy especialmente a su organismo céntrico, la Facultad de Filosofía y Artes, promover la renovación nacional de estas disciplinas; si ella no organiza con profundo sentido de uni-versalidad (unidad de toda variedad), las tendencias dispersas y [...] urgentes para la integridad de nuestra fisonomía cultural, el mal de las escuelas de México se multiplicará, pues en todo el país se habrá perdido el vigor humanista y la filosofía de los ciudadanos será tan borrosa, que precisará llamar al Fundidor que en el "Peer Gynt", de Ibsen busca a los hombres inútiles para echarlos en el crisol de donde saldrá una mejor humanidad. (Yáñez 2002: 56)

El humanismo de Yáñez pretende formar una comunidad moral porque el hombre posee *humanidad*, y tiene la capacidad metafísica de reconocer los rasgos que le son característicos para generar los valores positivos. Tiene, pues, la facultad ontológica de reconocer la permanencia de esos valores y de las personas que los forjan. En este sentido, la contribución del jalisciense también está en definir al humanismo con características metafísicas y éticas.

Este es el mismo humanismo por el que han apostado filósofos a lo largo de la segunda mitad del siglo XX y también durante las primeras décadas del presente siglo. Autores como Rafael Moreno Montes de Oca, Mauricio Beuchot, María del Carmen Rovira, Enrique Dussel, Ambrosio Velasco, entre otros, le deben mucho a Yáñez, no solo por la definición ético-metafísica del humanismo, sino por el conocimiento y rescate, desde 1940, de una figura que para muchos de ellos ha sido central en el pensamiento hispanoamericano: Bartolomé de las Casas (Yáñez 1966; Casas).

La deuda con Yáñez se vuelve más clara si se toma en cuenta lo siguiente: el humanismo no está limitado al estudio de las lenguas clásicas, sino a la apropiación y comunicación de valores que forman una entidad moral de hombres, según lo han expuesto otros autores como Ernst Troeltsch y Ernst Robert Curtius:

> Resueltamente nos pronunciamos contra el humanismo restringido a las estrechas dimensiones de la gramática y la literatura. Humanismo –estudio de humanidades–, en síntesis última, ha de ser la comprensión y la participación activa del espíritu de todos los hombres valiosos, principalmente de aquellos que surgieron dentro de la cultura de occidente que nos es esencial. El concepto de humanismo, por lo tanto, apareja los sentimientos de cordialidad, simpatía, amplitud, inquietud, actividad. El humanista ha de hacer suyos el espíritu y las experiencias de los hombres creadores de valores; para ello, primeramente, ha de buscarlos, ungida su premura en el óleo de la simpatía; luego ha de entenderlos, amarlos y seguirlos con fervor renovado. Simbiosis constante y consciente, como quiere Troeltsche. Biología de la tradición, según define Curtius. (Yáñez 2002: 54-55)

Esto es similar a la afirmación de Rovira en la entrevista ya referida. El humanismo es una tarea que se ocuparía de formar hombres más humanos que consideren "al otro". Como detalle es importante ver que la base de esta idea es el pensamiento del filólogo Curtius, del cual leyó el artículo "Humanismo como iniciativa" –donde está citado Troeltsche– y que apareció en el número 109 de la *Revista de Occidente* en 1932. Este texto fue esencial para Yáñez, como también lo sería la traducción de José Gaos de *El resentimiento en la moral* (1927) de Scheler, para la misma editorial, con el que apostaría por definir el ser del mexicano como resentido. Sin embargo, esto último cae en otro terreno diferente al humanismo.

6. EL HUMANISMO MEXICANO DE MÉNDEZ PLANCARTE

Méndez Plancarte y Yáñez coinciden en las fuentes que leen. Ambos estudiaron la obra de Menéndez y Pelayo. Lo hicieron con la finalidad de establecer una continuidad entre las letras mexicanas y la cultura clásica. Pero las consecuencias del diálogo con el académico español, registrado en *Crónicas de la Conquista* (1939) de Yáñez y en *Horacio en México* (1937) de Méndez Plancarte –título que homologa un trabajo de Menéndez y Pelayo enfocado en España– al igual que en otros textos de este michoacano, son diferentes para cada intelectual mexicano. Mientras que para el jalisciense las ideas del español ayudan a afirmar la identidad nacional y mexicana en la historia de la literatura, para Méndez Plancarte el pensamiento del santandereano sirve para establecer una identidad nacional en el humanismo.

La idea esencial de Méndez Plancarte es que el humanismo es una relación moral de valores que consideran a la persona humana, al trato con ella, en cariño y cordialidad (Méndez 2008b: V-VIII). Es el humanismo que se inquieta por el otro, como lo mencionaba Rovira. Pero, para el padre michoacano, este humanismo ejerció un peso fundamental para crear una identidad intelectual específica, tanto en la filosofía, como en cultura mexicana. De modo que esta identidad tiene sus raíces en un antecedente cultural grecolatino, cristiano y español:

> De todas las naciones a las que España transfundió, generosa y materna, la savia inmortal de la cultura mediterránea, México ha sido –y es– la que más profunda y tenazmente se ha asimilado, hasta convertirla en sangre y vida propias,

> la tradición humanística grecolatina. Homero, Píndaro, Esquilo, Anacreonte, Teócrito; Horacio, Virgilio, Ovidio, Tibulo, Catulo y otros de los grandes poetas de la Hélade y del Lacio, han hablado en español por boca de mexicanos y se han incorporado –irrevocablemente– a lo más auténtico y entrañable de la cultura mexicana. Y en estos años de sombría tragedia, cuando esa cultura cristiana u occidental parece hundirse bajo el alud de sangre y de hierro de los nuevos bárbaros negadores de la dignidad trascendente de la persona humana, México se enorgullece de su tradición humanística cuatro veces secular y reafirma su fe en los eternos valores del espíritu. (Méndez 1944: 70-71)

Méndez definió este humanismo como expresión invariable a lo largo de la historia de México. Además, afirmó que aquel término era natural e intrínseco en la cultura nacional. Así, en palabras de este padre, el humanismo mexicano es más genuino porque los representantes de aquel "fueron humanistas –y grandes humanistas– en el más alto sentido, filosófico y moral, del humanismo auténtico, en que se condensaron los más nobles ideales de aquel complejo fenómeno cultural que se llamó el Renacimiento" (Méndez 2008a: V-VI). Además, tenía la convicción de un panorama continuo del "desarrollo de esa tradición humanista en México, desde el siglo XVI hasta nuestros días" (Méndez 2008a: V).

No obstante, el humanismo se convierte en mexicano porque los letrados y religiosos que residían en la Nueva España mostraban en sus escritos afinidades con la cultura indígena y la educación de los criollos. De modo que, no es la trasmisión de la cultura clásica, sino la educación con sentido humano, lo que da como resultado el acendrado mexicanismo de estos religiosos. Ellos son interpretados por Méndez Plancarte como los que hacen una transmisión de valores morales retomados del humanismo del Renacimiento y el humanismo cristiano, al igual que de la reflexión católica sobre la moral y la modernidad (Priani 212-226). La lista de los letrados es extensa. Aunque Méndez Plancarte no los denomina así, sí enfatiza su conexión con la religión, el cristianismo sobre todo, y con el estudio de las letras clásicas:

Juan de Zumárraga, Bartolomé de las Casas, Francisco Clavijero, Francisco Xavier Alegre, entre otros más.

Puede concluirse que Méndez Plancarte argumenta a favor de la existencia de una tradición de humanismo mexicano donde está mezclado el carácter moral de los hombres con el estudio del latín y griego. Todo esto forja una identidad que también está ligada a la religión católica pues, como lo veía Menéndez y Pelayo en *Historia de las ideas estéticas en España* –el cual retoma el padre michoacano– la verdad, la belleza y la bondad son parte del verdadero humanismo, y los humanistas que fueron mencionados representan, tanto moral como religiosamente, el pleno sentido de la palabra "humanidad" (2008b: XIX-XXI).

7. BREVE REFLEXIÓN

Faltaría apuntar sucintamente algunos detalles para reflexiones ulteriores. Primero: la condición, material si se quiere, para que Yáñez formulara su idea del humanismo fue debida a las traducciones de *Revista de Occidente*. Naturalmente es una condición necesaria, pero no suficiente, pues el hecho de la traducción no bastaba para que este escritor interpretara a los pensadores que se han señalado como sus bases. Esto significa un intercambio cultural de pensamiento entre España y México que demuestra una relación intelectual trasatlántica, la cual todavía está por estudiarse, no solamente en el humanismo mexicano, sino en otros temas.

Segundo: el diálogo intelectual entre ambos países, que puede verse concretamente con la lectura de Menéndez y Pelayo, demostraría una preocupación similar por la identidad, por forjarla en antecedentes clásicos –tal como lo hacía Méndez Plancarte–, inquietud que también podría localizarse en intelectuales de otras naciones. Asimismo, implicaría para el humanismo en México, por un lado, revisar las fuentes que pudieran proceder de otras partes además de la península ibérica y, por otro, apreciar la constitución de una identidad nacional, al igual que de una tradición intelectual mexicana, a través de lecturas de variadas fuentes, las cuales son examinadas según circunstancias sociales, económicas, políticas, etc.

Por último: el estudio retrospectivo sobre los dos autores en cuestión va más allá de ser reivindicativo. Es cierto que Yáñez y Méndez Plancarte fueron olvidados, pero ello no es grave cuando se piensa únicamente en el descuido de las ideas que fueron esenciales para la emergencia del humanismo mexicano. Lo oneroso está en desconocer que estos intelectuales, al plantear el humanismo como una comunidad moral de mexicanos y como una identidad nacional por medio de la historia humanística, también promovían una ideología con matices elitistas y conservadores, alejados totalmente de lo que ahora se pensaría sobre el humanismo mexicano. Pues, a pesar de las intenciones inclusivas en las ideas de Yáñez y Méndez Plancarte, connotan una ideología que, por un lado, está ligada al franquismo con un matiz conservador hacia la modernidad (Mora 139-167) y, por otro, parece justificar que la creación de valores es propia de algún grupo o partido político, por ejemplo al que perteneció por muchos años el jalisciense, tal como se ha examinado en su narrativa (Romano 55-84). Esto conllevaría a tomar conciencia de la situación desde la que se habla hoy del humanismo, al igual que conocer la que en su momento vivieron estos intelectuales. Al tener conciencia de estas características ideológicas se apreciará que las propuestas de Yáñez y Méndez Plancarte igualmente estuvieron marcadas por las guerras mundiales que acontecieron en Europa.

REFERENCIAS

Agamben, G. *Signatura rerum. Sul metodo*. Italia: Bollati Boringhieri, 2008. Print.
Beuchot, M. "Elementos esenciales de una hermenéutica analógica". *Diánoia* 74 (2015): 127-145. Print.
Casas, B. de las. *Doctrina*. Prólogo y selección de Agustín Yáñez. 5ª ed. México: UNAM, 1992. Print.
Cuevas, M. *Orígenes del Humanismo en México*. México: Escuela Tipográfica Salesiana, 1933. Print.

Kristeller, P. O. *Ocho filósofos del Renacimiento italiano*. M. Martínez Peñaloza. Trad. México: FCE, 1974. Print.

Law, S. *Humanism. A Very Short Introduction*. New York: Oxford University Press, 2011. Print.

Méndez Plancarte, G. *Índice del humanismo mexicano*. México: Ábside, 1944. Print.

__. *Humanistas mexicanos del siglo XVI*. 3ª Ed. México: UNAM, 2008a. Print.

__. *Humanistas mexicanos del siglo XVIII*. 5ª Ed. México: UNAM, 2008b. Print.

Mora Muro, J. I. "El catolicismo frente a la modernidad: Gabriel Méndez Plancarte y la revista Ábside". *Relaciones* 32 (2011): 139-170. Print.

Poma, A. *Cadenzas. Philosophical Notes for Postmodernism*. Switzerland: Springer, 2017. Print.

Priani Saisó, E. "La tesis del humanismo novohispano: fuentes e implicaciones teóricas y políticas". *Filosofía desde América*. A. C. Ramírez. Ed. Ecuador: Universidad Politécnica Salesiana, 2011: 211-230. Print.

Reyes, A. *Obras completas de Alfonso Reyes*. E. Mejía Sánchez. Ed. Vol. XX. México: FCE, 2000. Print.

Romano, E. "Novela e ideología en Agustín Yáñez". *Nueva novela latinoamericana I*. J. Lafforgue. Buenos Aires: Paidós, 1969: 55-84. Print.

Rovira, M.C. "Entre el Humanismo y la utopía en México". *Murmullos Filosóficos* 4 (2013): 102-111. Print.

Velázquez Delgado, J. *Herencias del humanismo en la filosofía mexicana*. México: Biblioteca Nueva, 2016. Print.

Uranga, E. *Análisis del ser del mexicano y otros escritos sobre la filosofía*. Selección de Guillermo Hurtado. México: Bonilla Artigas Editores, 2013. Print.

Yáñez, A. *Fray Bartolomé de las Casas: el conquistador conquistado*. 3ª ed. México: Subsecretaría de Asuntos Culturales de la Secretaría de Educación Pública, 1966. Print.

__. "Humanismo y filosofía en México". *Revista de la Universidad de México* (julio-agosto 2002): 53-56. Print.

EL EXPRESIONISMO ABSTRACTO NORTEAMERICANO: EL LENGUAJE ARTÍSTICO QUE NOS UNE A TRAVÉS DE EL GRECO Y POLLOCK

Antonio Fernández Martín
Instituto Franklin-UAH

No hay duda en afirmar que desde el descubrimiento de América el intercambio cultural y social entre el Viejo Continente y el Nuevo Mundo ha sido siempre una constante. Ahí quedan, entre otras, las aportaciones socio-culturales, lingüísticas, literarias y por supuesto artísticas. Así ocurre con varias obras religiosas de pintores mexicanos como José Juárez, Sebastián López de Arteaga o del peruano Melchor Pérez de Holguín, que si bien nos recuerdan al Barroco europeo no están faltas de complementos indígenas. Efectivamente, el arte de la pintura nos une, no solo con Latinoamérica sino con los Estados Unidos también. Desde que el arte español se empezara a conocer gracias a las aportaciones de pintores como Eduard Manet, que a mediados del siglo XIX se vieron atraídos por el exotismo peninsular y por la creación de grandes museos como el Prado, los grandes genios del arte español El Greco, Velázquez y Goya saldrían de nuestras fronteras para convertirse en referencia de muchos jóvenes artistas de ambos continentes. Ahora bien, la obra de El Greco será la que más influya en los pintores norteamericanos del Expresionismo Abstracto por varias razones. A saber, tras la victoria de la Segunda Guerra Mundial, Estados Unidos se veía en la necesidad de desarrollar un arte propio que le desvinculara de los movimientos culturales europeos. Los pintores norteamericanos habían estado siempre vinculados al arte vanguardista de Europa pero, desde ese momento, el país que tomaba las riendas de la economía occidental se tenía que hacer también con el liderazgo artístico.

Es en ese contexto donde El Greco jugará un papel destacadísimo en la pintura norteamericana. A principios del siglo XX el cretense era tan desconocido como atrayente. Según Jeffrey Schrader, no fue hasta 1902 cuando el Prado le concediera su primera gran exposición, lo que contribuyó a su conocimiento internacional y a la adquisición de algunas de sus obras por coleccionistas y museos que facilitaron la profusión de su legado en Norteamérica (Barón 242).

Con las consecuencias de esta exposición el cretense se pone de moda. Por un lado, empieza a interesar su personalidad y biografía por acercase a los artistas norteamericanos de la posguerra. Fue un inmigrante que buscaba éxito en tierra extraña, lo que le vinculaba con varios artistas llegados desde Europa. Además, su fuerte personalidad, que le condujo a enfrentarse contra instituciones tan poderosas como la iglesia de su tiempo, le vinculaba con los inconformistas y *outsiders*, tan críticos con la política internacional norteamericana. Por otro, la rebeldía de su obra ante los patrones clasicistas del Renacimiento. La técnica pictoricista, basada en "crueles borrones" como diría Francisco Pacheco en su *Arte de la Pintura*, o en pinceladas completamente libres, sueltas e inacabadas como si de bocetos se trataran. El uso caprichoso del color, mórbido y delirante, que si bien nos recuerda a la escuela veneciana queda muy lejos de la forma de pintar de los maestros de la laguna. Finalmente los movimientos danzantes, flameantes y retorcidos de sus figuras que forman composiciones dialogantes, absolutamente equilibradas de líneas cóncavas y convexas que se yuxtaponen entre sí.

No es de extrañar que tal peculiar artista llamara la atención de los nóveles pintores relacionados con el Expresionismo Abstracto norteamericano como Franz Kline, Willem de Kooning y muy especialmente en Jackson Pollock. Este pintor, en opinión de Schrader, conoció la obra de El Greco a través de su profesor Thomas Hart Benton, quien al igual que hiciera Luca Cambiaso en el siglo XVI, estudiaba el movimiento de las figuras a través de dibujos muy esquemáticos que ayudaban a entender la composición de la obra (Barón 253). Esta forma de aprender se la transmitía a sus alumnos porque con el dibujo de las obras de los grandes maestros se podía llegar a entender el equilibrio en la composición de los cuadros. Así lo podemos ver en varios dibujos hechos por Benton de los lienzos de El Greco como *La Resurrección*, pintado para el retablo mayor del colegio de la Encarnación de Madrid y que hoy podemos contemplar en el Prado. Siguiendo los pasos de su profesor, Jackson Pollock hace de esta misma obra una lectura mucho menos rigurosa. Sus líneas son mucho más exageradas, gestuales, vibrantes y nerviosas conforme a la inestabilidad de su personalidad. Además de este estudio, podemos mencionar otros tantos dibujos o bocetos realizados durante los años 30 sobre *El Laocoonte, La Oración en el Huerto* o *La Curación del Ciego,* entre otros. Estos trabajos le valieron para conocer la maestría del cretense y utilizarla en algunas de sus obras de juventud que, aun manteniendo un carácter todavía figurativo, abrirían, sin embargo, el camino hacia la abstracción; momento en el cual este aprendizaje tenga aún más repercusión como veremos a continuación.

Jeffrey Schrader pone de manifiesto que Pollock también entró en contacto con la obra de El Greco a través de los muralistas mexicanos José Clemente Orozco, Diego Ribera y David Alfaro Siqueiros. En 1930, José Clemente Orozco realizó un mural para el Pomona College de Caremont (California) que presentaba a un Prometeo muy vinculado con el San Sebastián pintado por El Greco y que hoy podemos observar en la catedral de Palencia (Barón 261). Pollock funde la obra de El Greco con la de José Clemente Orozco en *El Hombre Desnudo con Cuchillo*. Aunque por otro lado no es difícil visualizar rasgos que nos recuerdan al *Guernica* de Picasso (no debemos olvidar que esta obra se realiza durante los últimos años de la Guerra Civil Española). La gama cálida del color fundido en rojos, naranjas y marrones, el uso de una figura desnuda presionada por los propios límites del lienzo, lo ponen en relación con la obra de Orozco. Sin embargo, las líneas gruesas y rítmicas que veíamos en las interpretaciones de los dibujos de la obra de El Greco marcan el movimiento principal de la figura para denunciar la situación convulsa del momento.

Continuando con el periodo figurativo de Pollock podemos seguir viendo la influencia del cretense en *Figura Arrodillada ante un Arco con Calaveras* (h. 1934-38). La técnica pictoricista a base de borrones y pinceladas rotas, la composición triangular de la figura central y el arco que enmarca la obra nos recuerdan a *La Adoración del Nombre de Jesús o Alegoría de la Liga Santa* que El Greco pintó para Felipe II en 1579 y que hoy podemos contemplar en El Escorial.

Durante la década de los años 40, Pollock empezó a inclinarse por el arte de la abstracción a través del *dripping* o uso de goterones salpicados sobre el lienzo. Curiosamente será esta forma de expresión la que mejor plasme el aprendizaje del movimiento y equilibrio de las formas danzantes y yuxtapuestas que veíamos en los bocetos sobre la obra de El Greco. En *Gothic* (1944) las líneas ascendentes de la composición nos hacen pensar en sus dibujos sobre la *Resurrección* (Emmerling 54). La libertad en el uso del color con tonos metálicos y tornasolados nos recuerda a los brillos y destellos cambiantes frecuentemente usados en las vestimentas pintadas por el candiota. El rítmico movimiento equilibrado de las gruesas líneas negras que se yuxtaponen con formas cóncavas y convexas nos vuelve a recordar los movimientos retorcidos del cretense.

Sin toda esta explicación sería muy difícil llegar a ver la influencia de El Greco en cuadros tan significativos como *Mural* (1943/1944). Obviamente, no está en la figuración, que difícilmente podemos encontrar en el cuadro, sino en la composición. Las líneas parecen hablar entre sí, es como un diálogo donde la curva se complementa con la contra curva. El cuadro tiene un movimiento absolutamente rítmico para lograr una composición completamente equilibrada, llena de fuerza y originalidad. Es este resultado el que una vez más vincula el cuadro con los bocetos realizados por Pollock sobre los cuadros de El Greco en sus años de aprendizaje.

Jackson Pollock, a través de la abstracción y la técnica del goteo, pretendía expresar su disconformidad y frustración hacia un periodo protagonizado por la incesante amenaza de la Guerra Fría. Esta nueva forma de interpretar la realidad le convertiría en el mejor representante de un arte genuinamente norteamericano conocido como Expresionismo Abstracto. Aunque ya en 1910, Kandinsky iniciara en París el arte de la abstracción con su *Primera Acuarela Abstracta* (del Castillo-Olivares 116) será, sin embargo, este lenguaje artístico el que mejor represente el nuevo espíritu del arte estadounidense. La expresividad, el gesto y la materia serán sus señas de identidad y Pollock su mejor representante; aunque no se debería olvidar, ni a Mark Rothko, Franz Kline o Willem de Kooning, entre otros. Si bien, estos pintores presentan una forma de trabajo más cercana a la tradicional, en cuanto al uso de la brocha y el pincel sobre el lienzo se refiere, no por ello será menos importante su influencia internacional. Kline será un gran referente para los pintores españoles de la posguerra en cuanto a la ausencia de color se refiere, al igual que será la expresividad inquietante en la casi oculta figuración de De Kooning. Kline reducirá el color al blanco y negro mientras que De Kooning no abandonará las referencias figurativas para llevarnos a una expresividad un tanto inquietante (del Castillo-Olivares 215).

Si hemos visto como El Greco fue un referente para muchos pintores norteamericanos del siglo XX, no sería de extrañar encontrar una respuesta inversa. El Expresionismo Abstracto norteamericano se convertiría desde los años más tensos de la Guerra Fría en la tendencia a seguir por el arte occidental y en este camino los pintores de la posguerra española hallarían su particular forma de expresión.

En 1957 se crea en Madrid el grupo *El Paso*, al que pertenecieron Antonio Saura, Rafael Canogar, Luis Feito, Martín Chirino o Manuel Millares, entre otros (Bonet 14). Estos artistas querían desmarcarse del academicismo tradicional apoyado por el régimen. El panorama artístico en España, durante los años de la posguerra, estaba completamente vinculado al lenguaje figurativo por estar mucho más cerca del gusto franquista. Esto favorecía a que los pintores más vanguardistas se decantaran por la abstracción como medio de repulsa hacia los convencionalismos tradicionales. Serán principalmente las obras de Pollock, Kline y de Kooning las que mayor influencia tengan en los componentes de la vanguardia madrileña. La ausencia de color, que en muchos casos se reduce a grises y negros, la técnica del *dripping* o goterones, los brochazos que cubren la mayor parte de la superficie del lienzo y la aplicación de materias nada tradicionales como la madera, el metal o la arena serán las señas de identidad de un grupo que ve en el lenguaje abstracto la mejor manera de expresarse contra la asfixia del régimen absolutista de Franco.

Obras como *La Tolona* (1959) o *Toledo* (1960) de Rafael Canogar, reflejan a través de la ausencia del color el desgarrador recuerdo de la Guerra Civil. La paleta en *Toledo* se reduce a una pequeña mancha roja en el centro del cuadro rodeada de blancos, negros y grises que parecen dar forma a unas líneas que rápidamente ascienden formando un cielo negro como si se tratara del hongo producido por el humo de una gran explosión. Viendo el cuadro y conociendo la historia de Toledo, no sería difícil relacionar la mancha roja con la muerte; mientras que las manchas negras y grises estarían relacionadas con las explosiones acaecidas en la capital manchega durante los primeros meses de la guerra civil.

El mismo tipo de técnica y uso del color lo podemos encontrar en Antonio Saura. Entre varios ejemplos elegimos *Brigitte Bardot* (1959) y *Grito Nº 7* (1959). Ambas obras las podríamos relacionar con la figuración semioculta de De Kooning, pues *El Grito Nº7* parece recordarnos a alguna forma antropomorfa que lucha por escapar. El pintor nos revela su subconsciente, su estado anímico, al igual que hacía Pollock con su pintura gestual. El movimiento de las extremidades parece querer romper una imaginaria red que oprime y ahoga su libertad. Por eso lucha para escapar de sí mismo, como si de una metáfora sobre la situación política de España se tratara. Igualmente podemos encontrar referencias figurativas en *Brigitte Bardot*. El propio título en sí nos hace pensar en la belleza femenina de la actriz francesa, sin embargo, Saura parece desfigurar nuestra visión utilizando ligeras formas zoomorfas. No es la belleza exterior de lo que trata el cuadro sino del estado de ánimo, del subconsciente, de la presión social y mediática que cierta persona puede tener por estar aprisionada en la belleza física de su cuerpo. Un cuerpo utilizado y deseado como si de un objeto sexual se tratara y que por eso la oprime y encasilla sin poder escapar de él.

En general es difícil entender el arte de la abstracción casi siempre vinculado a una crítica social alejada del placer figurativo. La situación convulsa internacional que se vivía a escala mundial después de la Segunda Guerra Mundial hizo reaccionar a los pintores para crear un arte crítico, que se alejara del placer visual academicista tradicional, que hoy conocemos como el "Informalismo" o "Arte Otro". Este término creado para englobar todas las formas de abstracción que se desarrollaban en ese momento agruparía también al Expresionismo Abstracto desarrollado principalmente en Estados Unidos gracias a figuras tan influyentes como Jackson Pollock. Los estudios que este artista hizo sobre los grandes genios del pasado, entre ellos El Greco, lo relacionan con el arte español continuando así con los vínculos históricos que se produjeron desde el descubrimiento del Nuevo Mundo.

Si Pollock tomó El Greco como uno de sus profesores, no menos significativa fue su influencia en los pintores españoles que vieron en su obra la mejor forma de expresión y crítica sobre la política del momento. Ahora bien, en el caso español la negación del color estaría más vinculada a la herencia de Goya, como manifiesta Víctor Nieto Alcaide, simplemente por cercanía y conocimiento del pintor (del Castillo-Olivares 223). Efectivamente, no cabe ninguna duda en establecer un paralelismo entre algunos miembros del grupo *El Paso* con Goya, pues todos ellos vivieron bajo el yugo de regímenes totalitarios que castraban su creatividad. Sin embargo, no se debe olvidar que en el contexto internacional sería la corriente norteamericana la que influyera definitivamente en la nueva concepción del arte. La casi ausencia del color, el gesto, la expresividad y el uso de la materia serán los elementos esenciales para transmitir los sentimientos del pintor en un periodo condicionado, para unos, por el cercano recuerdo de la Segunda Guerra Mundial y la amenazante Guerra Fría. Para otros, por el presente recuerdo de la Guerra Civil, la larga posguerra y la amenaza constante de la soberanía represiva del régimen franquista.

REFERENCIAS

Arroyo Esteban, S. et al. *El Modelo Veneciano en la Pintura Occidental*. Madrid: Centro de Estudios Ramón Areces S. A., 2012. Print.

Barón, J. et al. *El Greco & la Pintura Moderna*. Madrid: Museo Nacional del Prado, 2014. Print.

Bonet J. M. y J. Maderuelo. *Museo de Arte Abstracto Español. Fundación Juan March, Cuenca*. Madrid: Editorial de Arte y Ciencia S. A., 2005. Print.

Del Castillo-Olivares, A. M.D., V. Nieto Alcaide y A. Serrano de Haro Soriano. *El Arte del Siglo XX: Metamorfosis del arte*. 1ª Reimpresión. Madrid: Centro de Estudios Ramón Areces S. A., 2012. Print

Emmerling, L. *Jackson Pollock 1912-1956*. Alemania: TASCHEN GmbH, 2003. Print.

EL NUEVA YORK DE ELVIRA LINDO: LUGARES COMPARTIDOS, VIDAS INESPERADAS / ELVIRA LINDO'S NEW YORK: SHARED PLACES, UNEXPECTED LIVES

Yolanda López López
Universidad de Santiago de Compostela

>...Nos han hablado tantas veces de Nueva York que ya no sabemos lo que es. Si es una ciudad, una isla o un decorado que se usa en postales y en películas. Un atrezo de rascacielos luces y neones que anuncian take away o lecturas de tarot veinticuatro horas. Y, sin embargo, un día en Nueva York ha sido un sueño. El sueño americano. Era de nuevo esa vieja obsesión de poner nombres y adueñarse. Un objeto o un sentimiento...
>(Ferrero 34)

La estancia de Elvira Lindo en la ciudad de Nueva York durante más de una década perfiló no solo el escenario vital de dos libros (*Lugares que no quiero compartir con nadie*, 2011 y *Noches sin dormir*, 2015) y un guión cinematográfico (*La vida inesperada*, Jorge Torregrosa, 2014). La escritora ofrece a través de estos trabajos una reflexión sobre las esperanzas y fantasías del habitante temporal, del visitante ocasional y del soñador taciturno. En la caleidoscópica representación de la ciudad estas propuestas venían a sumarse a las de otros escritores y directores que ahondaban en el retrato de quien, absorto por los neones y la luz de la urbe, buscaba atestiguarlo en primera persona.

Lindo había trabajado durante la década de los 90 con Miguel Albaladejo en una serie de filmes de realismo social (*La primera noche de mi vida*, 1998; *Manolito Gafotas*, 1999 o *El cielo abierto*, 2001) en los que el retrato de lo cotidiano recuperaba la tradición picaresca hispana. Años más tarde, y bebiendo de su propia experiencia en la ciudad, escribía el guión de *La vida inesperada* pensando en su amigo Javier Cámara como protagonista. Jorge Torregrossa, quien también había vivido en Nueva York durante años, se unía al proyecto para dirigir la historia de dos primos: Juanito (Cámara) y Jorge (Raúl Arévalo). Un dibujo "sobre los miedos más profundos a no alcanzar los objetivos propuestos, al compromiso, a hacerse mayor y dejar atrás una juventud en la que todavía todo era posible, a perder las posibilidades que te ofrece el destino, a tener miedo, a tomar decisiones" (Martínez 30).

Encontramos solo dos películas españolas precedentes que ilustraban las desventuras de emigrantes en la Gran Manzana: *La línea del cielo* (Fernando Colomo 1983) y *Sublet* (Chus Gutiérrez, 1991). A ellas se suma la pareja protagonista de nuestro filme: Juanito (Javier Cámara), persistente en sus sueños a pesar de su visión realista, y Jorge (Raúl Arévalo), quien le visita fascinado por la urbe e imaginando otras vidas posibles. Su acercamiento neoyorquino no es el de un principiante, sino el de quien desea empaparse de los deleites tras haberse acercado de forma turística en un pasado. Así lo confirma una de sus líneas de diálogo: "Lo del MOMA y el Metropolitan ya lo tengo hecho, ahora a disfrutar".

Las tramas se construyen en torno al antagonismo de los protagonistas desde la óptica de comedia agridulce en la que la melancolía (lo que fue, lo que pudo ser y lo que ya no será) siempre está presente. Nueva York se nos presenta en los títulos de crédito iniciales mediante panorámicas de sus rascacielos, semáforos, reflejos y tráfico con una música extradiegética que subraya el lirismo de la noche en la ciudad que nunca duerme. Más adelante, junto a *travellings* de acompañamiento o vistas de edificios y enclaves reconocibles como elemento separador de secuencias, la ciudad se refleja en los lugares en los que se narran las rutinas del pluriempleado Juanito: desde las bambalinas del teatro, la tienda de comestibles de Claudio y la parada de metro de Gran Street, al parque de High Line, los exteriores de Central Station o el encuadre alleniano del puente de Queensboro. La cita al director estadounidense está presente no solo en el guiño a *Annie Hall*, sino además en la evocación del perdedor. Tal y como apuntaba Marañón: "No es esta la urbe de Woody Allen y sí la de los fans del maniático universal, esos que duermen en sus películas y se empeñan en malvivir en una isla que no pueden permitirse".

En *La vida inesperada* Lindo vierte muchas de sus experiencias para hablarnos, en realidad, de lo que esperamos de la vida en un enclave evocador: Manhattan. Y todo ello viene determinado por el imaginario cultural, literario, cinematográfico y vital que portemos. Tal y como afirmaba Boyero en su crítica:

> Cualquier memoria verdaderamente cinéfila posee una tonelada de recuerdos, muchos de ellos imborrables, de la ciudad de Nueva York. Hasta el punto de que la primera vez que la pisas te asalta una fascinada sensación de *déjà vu* y de que sus paisajes te resultan más familiares que lugares en los que has vivido. En esa memoria cinematográfica se mezclan la luz y la oscuridad, Nueva York puede ser mágica y provocar miedo, alimentar comedias y sentirte amenazado [...]

Indisoluble a cualquier tópico, al dibujo y estereotipo de novelas, canciones y películas palpita, además, la condición española de Juanito, y un acervo cultural presente en las citas de obras que actúan como paratextos de las tramas; las teatrales (*Tres sombreros de copa* de Miguel Mihura y *Doña Rosita, la soltera* de Federico García Lorca) y la zarzuela (*Katiuska, la mujer rusa* de González del Castillo y Sorozábal). Junto a ellas la gastronomía se ve reflejada tanto en la paella, en la cata de vinos y quesos, como en la presencia de productos propiamente de fabricación española (Jorge desembarca con un cargamento en la maleta de chocolate en polvo –Colacao–, galletas –Príncipe–, quesitos –El Caserío–, arroz –SOS– o berberechos –Cuca–). Con ecos almodovarianos se dibuja, además, el personaje de la madre (Gloria Muñoz) y sus conexiones diarias a través de Skype, emotivas conversaciones mediante las que paliar la soledad, la extrañeza y los kilómetros.

El largometraje dilató su realización por problemas de producción: fue un proyecto que algunos rechazaron por el tono, el rodaje en dos idiomas (inglés y español), o la necesidad de filmar en un país trasatlántico. A excepción de las secuencias que transcurren en el interior del apartamento (ubicado en realidad en Valencia) las localizaciones fueron totalmente neoyorquinas. Y es que, no hubiese tenido sentido recrear o reconstruir decorados cuando la presencia del propio espacio era tan determinante en la acción. A este respecto Andrea Köhler (95-96) trazó con gran acierto los condicionantes que toda traslación espacial supone:

> Para pisar suelo virgen es necesario llegar por aire o desde el agua. La sensación de haber perdido pie literalmente, de habernos alejado de la tierra y encontrarnos en un terreno oscilante, que el elemento fluido sustituya nuestro lugar de procedencia, es este un proceso que nos depara para la llegada a un nuevo destino... Quizá Nueva York, ese lugar de tránsito hacia el "Nuevo Mundo" custodiado por la estatua de la Liberad, sea sobre todo eso: la aglomeración de innumerables llegadas, desde el agua y el aire, que despiertan la expectativa verdaderamente inusitada de poder volver a empezar de nuevo.

Antes de que llegue la secuencia final, un canto a la desvirtuación de Nueva York como ciudad donde los sueños se cumplen, hemos tenido oportunidad de constatar el mensaje subyacente en la historia. Primero en las palabras de Claudio (Juan Villareal), el tendero argentino, quien asevera con rotundidad la dificultad de tener el alma dividida entre el país que dejas y el que te acoge: "Es raro ser extranjero. La vida es más dura como extranjero. Solo tienes tu juventud, el resto está en otro lugar". Y más adelante en la canción de Gershwin *But not for me* que interpreta Juanito en el bar ("They're writing songs of love / But not for me / A lucky star's above / But not for me"). La propia letra supone un canto al sentimiento de saberse no premiado por la fortuna. Con todo y ello, tal y como se despide Jorge antes de coger el taxi de regreso: "No todos somos tan valientes, Juan [pero] primo, si tuviera dos vidas, me gustaría vivir la tuya". Y es que ahí radica la moraleja conciliadora del filme: "Uno ha de tener sus sueños, y si se truncan, entonces se han de ser fuertes y seguir adelante con otro plan para ser feliz. El gran fracaso es no haberlo intentado" (Ulled 105).

Muchos de estos apuntes están presentes, como no podía ser de otro modo, en los dos libros que escribió Lindo tras su estancia en Nueva York. La presencia del barrio y la caracterización de personajes habían sido elementos determinantes en la primera colección de relatos de *Manolito Gafotas* (1994), por lo que no es de extrañar, tal y como analizaba Servén (351) que "en [sus] novelas, el hombre y su paisaje se acompaña[ba]n en el seno del barrio dibujando el mundo peculiar del Madrid posmoderno... Madrid ya no es una ciudad con una almendra central de ocio y comercio, sino una constelación de barrios peculiares en los que arraiga el apego del urbanita...".

Tanto en *Lugares que no quiero compartir con nadie* como en *Noches sin dormir* la autora se nos presenta como una *flâneuse*, una mujer que deambula y observa con la misma curiosidad y lucidez con la que cuestionarse su percepción vital. "Pierdo mucho el tiempo pero me justifico a mí misma aferrándome a la idea de que el vagabundeo es un alimento para la escritura" (Lindo 2013: 17). Esos zapatos vagabundos no hacen más que recordarnos los de la tarareada melodía de Green, Comden y Bernstein. Y para ello no duda en buscar referencias y contraponer su realidad frente a tópicos cinematográficos o literarios:

> Hace unos días vi *Birdman* y creo que hasta ahora no había visto reflejado con tanta maestría el miedo a volverse loco que a veces te asalta en Nueva York, y dentro de Manhattan, en este triángulo pavorosamente plagado de luminosos en donde hay un gentío al que se le dispara la adrenalina y vive una ilusión de felicidad, y otros tantos, infelices, vulnerables, miedosos, entre los cuales me incluyo, que temen quedarse atrapados entre la masa, sin encontrar la salida, la imposible vuelta a casa de algunos cuentos, y no poder regresar jamás a la vida anterior. (Lindo 2015: 64)

En ambas novelas reúne la descripción de espacios y costumbres, prestando especial atención a bares, restaurantes y comercios (no en vano se anexan una relación final con dirección del callejero neoyorquino). Lindo ahonda en la dificultad para integrarse en el medio como paseante insomne, ansiosa, en tránsito perpetuo. Al igual que el personaje cinematográfico de Claudio no duda en expresar la complejidad de vivir entre dos mundos, el de su vida familiar anclada a sus orígenes y el de un presente en el que descubre nuevas amistades cómplices: "Ya no vuelvo a hacer otro viaje relámpago; mi alma se divide. No puedo entender cómo hay ejecutivos que llevan una vida internacional. Yo no sé vivir entre dos ciudades" (Lindo 2015: 141).

Los paralelismos con la película son evidentes, y así podemos constatar de dónde pueden haber surgido imágenes y situaciones inspiradas en sus propias vivencias. Es el caso de la paella en las clases de gastronomía que imparte Juanito sin gran maestría pero con gran arrojo: "Es irónico que me haya aficionado a cocinar en Nueva York. La afición comenzó en el primer invierno y empecé con el plato más difícil del mundo: la paella. O, por respeto a los puristas valencianos, el arroz con cosas" (Lindo 2015: 109). Aunque la acogida que realiza Juan a su primo no sea del todo entregada, la autora relata asimismo su condición como anfitriona de familiares y amigos de paso en la ciudad: "Hace años escribí un artículo "El sofá cama", que se hizo célebre entre españoles en Nueva York y sus visitantes. Pienso en todos los hoteles que se han ahorrado amigos y familiares con ese sofá cama (Lindo 2015: 142).

A pesar del gran número de lugares públicos que aplaude y celebra como guía más que turística, vivencial, Lindo confiesa su especial devoción por High Line Park, uno de los enclaves reflejados en varias secuencias de nuestro filme. Un espacio que la vincula con Lorca, una presencia literaria determinante en su primer acercamiento al espacio urbano:

> Conocí este parque hace once años, cuando vine a Nueva York con la intención de escribir un libro para jóvenes sobre Federico García Lorca, y visité esta calle, Riverside Drive, y este parque del Riverside, porque es aquí donde la familia Lorca vino a instalarse una vez que abandonaron España. Vine a este parque porque era donde el padre de Lorca, don Federico, venía a diario a fumarse su cigarro puro… Nunca pensé que el territorio que acogió a don Federico, a doña Vicente, a don Fernando de los Ríos o a doña Gloria Giner

sería el mío. Lo caminé entonces como objeto de estudio y hoy lo camino porque es mi parque. (Lindo 2013: 89-90)

Y es que, las vinculaciones culturales y las referencias literarias y cinematográficas están presentes de forma recurrente en los textos de la autora. "Pienso en todas esas emociones prefabricadas por tantas horas de cine, condicionadas por cómo nos han contado la ciudad Woody Allen, Martin Scorsese, Vicente Minnelli, John Badham, John Schlesinger, Blake Edwards, Elia Kazan, Wayne Wang, Rod Reiner o Paul Mazursky" (Lindo 2015: 155-156).

En ambas obras literarias reúne nombres de directores, novelistas, músicos, películas y canciones que han ido engrandeciendo el propio imaginario de la ciudad, desde diferentes perspectivas, géneros y evocaciones sentimentales y geográficas. Reflexionar cómo Nueva York ha sido recreado y soñado por otros retroalimenta el nuevo bosquejo que cada uno de nosotros trazamos, a priori, desde la lejanía y más adelante, cuando la paseemos y vivamos en primera persona. Y es que dentro de Nueva York coexisten muchos "Nuevas Yorkes", las escritas y descritas en sus guías, diarios, novelas, series de televisión y melodías. En esta perpetua reinvención y reconstrucción de la identidad cosmopolita la escritora comentaba en su libro *Noches* (2015: 210) un nuevo proyecto particular que se añadía al caleidoscopio: "Le he propuesto [al director del Cervantes] hacer una exposición de fotos con obras de cuatro fotógrafos españoles que viven desde hace tiempo en Nueva York y la conocen muy bien. *New York just for the brave*".

Finalmente, y en un evidente ejercicio de confesión, Lindo expone la poética de la derrota, de quien no logra cumplir sus anhelos. Las luces neoyorquinas guían y se apagan ante la mirada perdida del soñador. Conviene entonces recordar el sentimiento que resta tras el visionado del filme: perder hubiera sido, en tal caso, no haberlo intentado. Los espacios neoyorquinos camelan, alimentan fantasías de las otras vidas cuyo camino no hemos tomado (tal y como ocurre con el personaje de Raúl Arévalo) y, aunque conscientes de la trampa, definitivamente nos salva la valentía de haber tentado la suerte (de haberlo intentado como

Javier Cámara). No obstante, como creadora de personajes e historias, la autora es consciente de su contribución al espejismo, de su glamurosa "culpabilidad" para acrecentar el mito:

> ...El coraje de la resistencia no es suficiente. Nueva York es también la ciudad de los sueños rotos, como la llamó John Cheever en ese cuento que define este lugar en su aspecto más sombrío, tan sombrío como cierto, y que uno debiera leerse como si se tratara de la guía *Lonely Planet* antes de hacer el equipaje para emprender ese viaje de conquista en el que tantos han fracasado. Yo me siento responsable de haber alimentado en algunas mentes soñadoras la pasión insensata por esta ciudad. He escrito infinidad de crónicas describiendo esa parte alegre e insensata que despierta Nueva York en quien está dispuesto a disfrutar y participar de su extravagancia, pero incluso cuando he descrito una escena de su lado más desabrido y antipático no he sido capaz de transmitir tan crudamente como hubiera querido su particular manera de dejar a los débiles a la intemperie. (Lindo 2013: 152-153)

Quizás, pasear por Nueva York requiere siempre de la complicidad para compartir lugares y aguardar que la vida surja inesperada. Una vez más. La visión de Lindo acrecienta el imaginario desde una perspectiva propia, la de la escritora y periodista que sabe transitarla y descubrirla desde las vivencias de quien la sueña y recrea en cientos de espejos.

FICHA DE LA PELÍCULA

Dirección: Jorge Torregrossa; **Producción**: Adam Folk, Lourdes Reyna, Leonel Vieiera; **Guión**: Elvira Lindo; **Fotografía**: Kiko de la Rica; **Montaje**: Alejandro Lázaro; **Música**: Lucio Godoy y Federico Jusid; **Dirección artística**: Maggie Ruder; **Vestuario**: Rocío Pastor.

Color. Dur: 108 min.
Estreno: 25 de abril de 2014

Intérpretes: Javier Cámara (*Juanito*), Raúl Arévalo (*Jorge*), Tammy Blanchard (*Jojo*), Carmen Ruiz (*Sandra*), Sarah Sokolovic (*Holly*), Gloria Muñoz (*madre*), Juan Villareal (*Claudio*), Hill Blechingberg (*Hill*), Luis Carlos de la Lombana (*Raúl*), Miguel Belmonte (*Nene*), Julia Murney (*Lisa*), Amy Gaita (*Carol*).

Sinopsis: Juanito es un actor que fue a Nueva York a triunfar. Los años han pasado, no ha conseguido el éxito que esperaba, y ahora se gana la vida trabajando en lo que puede. Un día llega a visitarle su primo, aparentemente un triunfador que tiene 'todo lo que uno espera tener'. Sin embargo, la convivencia entre ambos irá descubriendo la realidad que hay detrás de cada uno de ellos.

Premios:
Festival de cine de Málaga: Sección oficial largometrajes a concurso.
Premios de Cine Feroz: nominaciones a mejor comedia, mejor actor (Javier Cámara) y música.

REFERENCIAS

Battle Caminal, J. "*La vida inesperada*: Españoles en Nueva York". *La Vanguardia* 25 abril 2014. Web. 30 marzo 2018.
Boyero, C. "*La vida inesperada*: Una Nueva York para el olvido". *El País* 25 abril 2014. Web. 30 marzo 2018.
Bulnes, A. "Nueva York, en realidad. *Lugares que no quiero compartir con nadie*, Elvira Lindo". *Mercurio: panorama de libros* (2011): 35. Print.
Crespo, I. "*La vida inesperada*. New York, New York". *Cinemanía* (2014): 82-85. Print.
Ferrero, L. *Qué vas a hacer con el resto de tu vida*. Barcelona: Alfaguara, 2017. Print.

Heredero, C. F. "Un recital de mujeres. *La vida inesperada* de Jorge Torregrosa". *Caimán. Cuadernos de cine* (2014): 42. Print.

Köhler, A. *El tiempo regalado. Un ensayo sobre la espera*. Barcelona: Libros del Asteroide, 2018. Print.

Lindo, E. "Nueva York se cuela en lo que escribo". *Estados Unidos-España durante el postfranquismo (1975-2008)*. Valencia: Universidad de Valencia, 2011: 73-76. Print.

__. *Lugares que no quiero compartir con nadie*. Barcelona: Seix Barral, 2013. Print.

__. *Noches sin dormir. Último invierno en Nueva York*. Barcelona: Editorial Planeta/Seix Barral, 2015. Print.

Marañón, C. "La vida inesperada". *Cinemanía* 25 abril 2014. Web. 30 marzo 2018.

Martínez, B. "*La vida inesperada*. De sacrificios y renuncias". *Dirigido por…* (2014): 30. Print.

Sánchez Noriega, J.L. "La vida inesperada". *Cine para leer*. Bilbao: Mensajero, enero-junio 2014: 166-167. Print.

Santiago, J. M. "Vida inesperada en NY". *Versión original: Revista de cine* (2015): 28-31. Print.

Servén Díez, M. C. "Los barrios de Elvira Lindo". *Anales de literatura española* 24 (2012): 351-368. Print.

Torreiro, M. "*La vida inesperada*". *Fotogramas* (2014): 15. Print.

Ulled Nadal, T. "Esperando *La vida inesperada*". *Fotogramas* (2014): 105. Print.

Vall, P. "Cámara y Arévalo. Primos (y amigos) en Nueva York". *Fotogramas* (2014): 103-107. Print.

Weinrichter, A. "*La vida inesperada*: La línea del cielo". *ABC* 25 abril 2014. Web. 30 marzo 2018.

HEALING FROM VIOLENCE AND NEGLECT: ABSENCE, INVISIBILITY AND CULTURAL RECOVERY IN 21ST CENTURY AFRO-MEXICAN POETRY

Kathryn Méndez
Saint Andrew's Episcopal School in Austin, Tx

When considering the historical narratives of the Americas over the last several centuries, it is the meeting and clashing of cultures that has driven both the imagination as well as the collective psychology of the culturally mixed generations that have followed. A problematic part of this approach to history, however, is that exploration, discovery and conquest are often treated as innate human tendencies, therefore, the violent nature of the Spanish conquest of the Americas is normalized in a variety of storytelling formats. Such acceptance of violence is compounded by the human preoccupation over sorting and classifying others, which can lead to general fear of change and difference. It has been theorized that all of these peculiar human behaviors are leftovers from a time where we had to band together, fighting, excluding and fearing others as a matter of survival. At this point as we begin the twenty first century, many of these tendencies have become obstacles when we are trying to understand one another as a global community. How can we as a species overcome these obstacles? One of the many powers of art, music, literature and creative expression in general is that it allows our intellect and sense of something greater than ourselves to override negative instinctual behaviors and fears. It is for this reason that literary production from each culture is so very important when it comes to battling some of our most troubling human behaviors such as violence and racism. Participation in a culture's literary production and dissemination is one of the many possible ways we can try to connect and understand each other in an effort to move away from the darker parts of ourselves as a species. Poetry is something that makes us uniquely human, and it is a common ground we as humans can use to strive for positive change and equitable coexistence as a people. The purpose of this paper is to specifically explore contemporary Afro-Mexican poetry as a vehicle towards such positive change, even in the face of the historical links between Mexican blackness and the seemingly insurmountable obstacles of violence and silence that have persisted into the present day.

While there is no lack of creative expression from marginalized people in all parts of the world, there is a very noticeable lack of visibility and availability of this work in the markets of dominant cultures. Some of this creative invisibility has been eased by the Internet as a free, international forum for artists and their work. The oppression that drives humans to create art and literature as a part of healing from historical trauma is the very same oppression that blocks these artists from attaining recognition and a central place not only in history but also in the present. This particular contrast in levels of creation versus levels of exposure can be applied very precisely to Afro-Mexican artists. In the new century there has been some progress made in identifying and combatting the cultural isolation experienced by Afro-Mexicans from both coasts of the country; however, the creative and literary production from these communities needs more support, and this may actually be possible particularly in recent years since there has been a rise in recognition of Mexico's people of African ancestry. There is, however, still much work to be done. Recent recognition of the African diaspora by Mexico's government as Mexico's "third root" as well as a growing interest in artistic production by Afro-Mexicans does not mean that centuries of violence and neglect can easily be undone. For the sake of optimism, it is at least a starting place that has much potential for growth and study as scholars, artists and activists alike continue to press for artistic and cultural recognition of Afro-Mexicans in regions such as Guerrero's Costa Chica.

As a way of unpacking some of the complexities of racial and social identity in Mexican society, it is important to consider that one of the results of the European conquest in Latin America is the concept of *mestizaje*, or cultural mixture. Traditionally, *mestizaje* was specifically considered to be the mixture between indigenous and European people. Many traditions in Mexico are a combination of Indigenous and European practices; however, studies of the African diaspora have begun to question the lack of recognition of African influence in Mexican culture. A few scholars such as Matthew Restall, Ben Vinson and Paulette Ramsay have written about identity and social norms of black Mexicans (also referred to as Afro-Mexicans and Afro-Mestizos in a variety of sources) and yet, gaining access to the creative and literary heart of these coastal communities has proven to be a significant challenge. Manuel Apodaca Valdez writes in his study on oral tradition in Afro-Mestizo communities: "Sin embargo, los 300 años de colonización y la división social de castas basada en el color de la piel y la "pureza de sangre" dejaron su huella en el imaginario del mexicano. Aún en la Costa Chica el término "negro" al igual que el término "indio" conservan connotaciones ambiguas y por lo general son ofensivos en la mayor parte de los contextos" (232).

It appears that the scarcity of literary production from Afro-Mexican communities is a result of two equally damaging forces, historical violence throughout the conquest and colonial periods followed by a presently continuing trend of post-colonial cultural neglect. The Spanish conquest of Mexico was in itself a prolonged act of violence, followed by slavery, colonial rule and institutionalized racism, which again were politically and physically imposed (often through violence) on Mexicans of color. After Mexico broke ties with Spain, the same people were thrown into a state of cultural invisibility and neglect, leading to a significant disconnect between Afro-Mexicans and their own stories as well as a disconnect from the dominant Spanish and Indigenous-based culture that did not until recently recognize blackness as one of the many forms of *mestizaje*. This is one of the principle reasons there is so little literary criticism for writers who identify as Afro-Mexican. In order to have a fuller body of literary criticism in place, there must first be a steadier flow of literary production by people who identify as Afro-Meixcan.

This is not to undermine the body of work that already exists, but rather an attempt to remove these works from isolation and invisibility and add to them to a growing list of talented and valuable writers who are active with their craft in the twenty first century.

Another complicated piece in this puzzle is the accessibility to these works by a wider audience. This is not to say that a work's value only lies in its acceptance by the dominant culture, but rather it is quite the contrary. While acceptance by a dominant culture might be desirable for some writers, others find readers and followers through sources that circumvent popular culture and the media. Marginalized artists may prefer embracing a subculture within the dominant culture, thereby creating a more intimate group of followers that often grows with time, persistence and continued production on the part of the writer. For the purposes of this study, various poems from the 2006 publication Ébano: versos costeños y poesía regional compiled by Israel Reyes Larrea and Angustia Torres Diaz will be used as examples of 21st century Afro-Mexican poetry. This is a selection of poems that specifically address blackness in the context of present day Mexico. While Afro-Mestizo communities have traditionally flourished in coastal states such as Veracruz, Guerrero and Oaxaca, more communities throughout the country are beginning to grow and be recognized as an equal player in Mexico's narrative on *mestizaje* along with Spanish and Indigenous influences. Paulette Ramsay writes in her article titled "History, Violence and Self-Glorification in Afro-Mexican *corridos* from Costa Chica de Guerrero": "Before any kind of answer is posited, it should be established that this absence of clear reference to blackness fully reflects the fact that the black presence in Mexico is still not acknowledged, for Mexican culture and identity are defined as a combination of European and indigenous influences. This official concept of *mestizaje* totally ignores Mexico's 'third root' —blacks who are undeniably integral to a definition of Mexican heritage" (2004: 448). Ramsay's assessment of Mexico's blindness towards its black communities is relevant and accurate in a present day context in spite of a recent spike in national and transnational interest in reversing such damage. Much of this issue can begin to be addressed by exploring the complex identity politics embedded both in present-day Mexico while at the same time remaining conscious of its long and turbulent connection to the Spanish conquest and colonial aftermath.

When discussing identity, it was reported in several sources that a significant number of Afro-Mexican people prefer to be called "Mexican" without the additional recognition of ancestry suggested in the prefix. This is not too different in the United States where some people choose to identify as African-American while others prefer American and so on. In both countries there are deep histories of racial discrimination, and both Mexico and the United States continue to struggle in this aspect to this very day. This may be one of the reasons that Afro-Mexican or Afro-Mestizo people may feel reluctance or ambivalence about leaving the support system of their smaller communities and entering into a discriminatory world as a writer where they have been made to feel invisible and forgotten. It may also be that as economically disadvantaged individuals, many *costeños* do not have the resources to write, publish and distribute their work. Again, wider availability of social media and the Internet makes it possible for poets to distribute their work for free, but as mentioned, it is a slow process particularly when there is little cultural recognition or economic support for active writers who want to find an audience. In spite of all of these obstacles, Ben Vinson writes the following in his introduction to a book titled *Black Mexico*:

> A rise in identity politics has been enabled by a score of global incidents, including the decolonization movement in Africa, the U.S. Civil Rights movement, escalating indigenous social movements within Latin America, international forums on racism, discrimination and xenophobia (such as the 2001 Durban conference), and the evolution of neoliberal politics that has created distinct opportunities for racial and ethnic interest groups. Additionally, new and increasingly accessible technologies have produced more prospects for transnational networking that have in turn generated

collaborations between race-based interest groups within Latin America. (Vinson and Restall 3)

While this passage seems to suggest hope for the current century by the way of heightened social awareness and collaboration with technology to close gaps between world communities, Vinson's introduction also called to light something troubling about the existing historical narrative about black Mexicans. Vinson writes that there are essentially 3 distinct periods where Afro-Mexicans are recognized in writings from the past, but these writings are largely written about (not by) Afro-Mexicans and therefore risk a lack of authenticity and perspective. The interesting thing about these 3 epochs of writing is that they are all tied into the political movements dealing with colonial independence and the Mexican Revolution. They are outlined as (1) Mexico's colonial and independence era (1521-1821); (2) the pre-revolutionary period (1822-1910); and (3) the post-revolutionary period (1921-present) (Vinson and Restall 3). These historical periods, strongly steeped in the Spanish narrative of history, are too large to be comprehensive. Particularly the "post-revolutionary" period; the Afro-Mexican experience from 1921 has evolved over nearly a century to become a part of the visible, transnationally collaborative reality that Mexico has been starting to embrace. That is not to say that change has been easy, rapid or entirely equitable, but at least in this century there seems to be an active, multicultural, transnational response to Afro-Mexican culture that is not forcibly connected with Mexico's Eurocentric telling of history. This is why for purposes of analysis it might be worth suggesting a more concise literary period dealing with Mexican blackness that begins with 1990 and continues into the present. It is a timeframe that moves away from eras of violence and neglect to one of recognition and cultural preservation. It is building instead of destroying or deconstructing. This suggestion is threefold: First, this time frame is aligned with the global phenomenon of the Internet rather than the Eurocentric story of Mexico's recent history. Second, this timeline includes works not only about but also by Afro-Mexican writers and participants in the perpetuation of the oral tradition as well. Third, this literary timeframe is part of a movement primarily spearheaded by advocates of Afro-Mexican culture and artistic expression, as opposed to most literary production from previous time periods where people of color were kept silent and described in derogatory ways.

Interestingly enough, Jerome Branche breaks down the Afro-Hispanic literary experience in another way, excluding colonial and revolutionary periods all together, but also starting close to the middle of the 20th century. It is important to note here, however, the Branche's work covers all of Latin America and not just Mexico. Awareness about blackness and identity politics has moved at different rates depending on the region of Latin America. It is safe to say that many Latin American nations have recognized a much richer connection to their African heritage than Mexico, but it is also interesting to compare movements on a more transnational scale. Branche writes:

> Over the past few decades, the field of Afro-Hispanic literature may be described as having gone through three phases in its development. In the first phase in the 1970s, attention was paid to the historical presence of Africans and Afro-descendants in the Hispanic world – that is, the Iberian Peninsula and Latin America in a broad sense – and to their corresponding literary representation in the context of colonialism and the development of race in the modern period...A subsequent period focused on country studies and on Afro-descendant writers therefrom (for example, Peru, Argentina, Colombia, etc.). This produced an important mapping of black novelists and poets and their efforts... Current scholars of Afro-Hispanic literary criticism seek to build on this foundation and expand its parameters. (5)

This of course is not to say that Afro-Mexicans were entirely invisible during the five centuries since Europeans first arrived in the Caribbean. There are, of course, several instances of prominent black Mexicans (such as Gaspar Yanga, a 16th century leader who founded Mexico's first *palenque* and Vicente Guerrero, president from 1810-1821) that were recognized before the end of the 20th century, but for the variety of reasons stated in this research, their presence is disproportionately low during that time, as has often been the case for communities of color in the Americas. Irene A. Vasquez emphasizes in her writing on the African diaspora in Mexico that one must be cautious when considering "Africanness" versus "blackness", since each term has a different relationship to Spanish colonial rule and the social norms attached to it: "Still largely insufficiently recognized are the experiences that the subjects themselves, Afro-Mexicans, project upon the narratives of the African Diaspora... One could argue that in Mexico, Africanness is comprised of the maintenance of African historical, social, and cultural consciousness and connections, while the concept of blackness emerged and operated within European-imposed colonial processes of racialization. Thus, the meanings assigned to blackness were subject to change from one historical era to another, and African-descended peoples serve as one force in is changing conceptualizations" (184-186).

One last issue that must be addressed is the question of music as poetry. For the purposes of this study, music will not be included for analysis, although some verses from *fandangos, coplas* and *corridos* may be used as examples. The objective here is to address published poetry while at the same time respecting the role that oral tradition has in the creation of this art. Ramsay again contributes wisdom on the subject of oral tradition in black Mexican communities: "This revision of history in the *corrido* serves as a mythic distillation of colonization, dictatorship and other political systems to project them as periods that brought triumph to the Afro-Mexicans, rather than defeat and ignominy" (454). The reason for focusing specifically on published written work is in order to also address the scarcity of publishing resources for marginalized writers while at the same time taking into consideration the organizations and individuals that are dedicated to preserving and sharing their work. The poems from Ébano were difficult to access; there is a published copy in Oaxaca's Fundación Bustamente but it cannot be checked out or borrowed, only viewed by visitors specifically seeking it. Copies are also scarce in the U.S., although there are a few that belong to special collections at university libraries. It is not something that appears to be readily available for most readers, and this is where one of the greatest challenges lies for Mexican writers of color. However, what Ramsay describes as this "revision of history" is slowly beginning to find a place in the printed word as a way of coming to terms with the violence and subsequent silence of the past centuries, hopefully paving the way to a new century of tolerance, coexistence, visibility and authentic voice as a matter of daily existence for Afro-Mexican communities.

In conclusion, it would be appropriate to cite a segment of the poem "Costa negra" by the poet Abel Baños Delgado with the hopes that readers will find interest in the poems from Ébano. These poems are a small selection of a growing genre that will hopefully continue to insist upon a central place in Mexican culture. With a new generation of writers and a gradually growing national interest in Africanness and black identity in 21st century Mexico, poems such as "Costa negra" which recognize topics such as regional geography and nature, linguistic code switching between indigenous, European and African languages, recognition of the cultural enclaves of the "Costa negra" region of Guerrero and Oaxaca, and the normalization of cultural preferences such as food and rituals of attraction. All of these life affirming qualities are laid side by side with hardship and sorrow as equal parts in the core experience for many Afro-Mestizo people of the Mexican coastline communities. The selection is as follows:

> Costa que sabes a sal
> y a sudor de primavera,
> en estos versos quisiera
> tu cuerpo entero abarcar,
> desde tu cerro hasta el mar
> en tu anchura y longitud,
> y me quita la inquietud
> que me ha estado carcomiendo,
> de que vayan conociendo
> a toda mi negritud…

> Yo me crié entre tus breñales
> como fiera montarás
> en tu planicie feraz
> vi crecer a tus maizales,
> me abrigaron tus mangales
> de tu sol abrasador,
> y me bañe de sudor
> al duro golpe del hacha,
> y despertó en mi una muchacha
> las primicias del amor...
>
> Por eso costa
> te canto con una gran emoción
> se desborda el corazón
> en torrentera de llanto,
> pues yo que te quiero tanto...
> (Reyes Larrea y Torres Díaz 2006)

This poem embodies the geography and nature typical of the Mexican coasts, with references to saltiness, hot sun, corn fields and the sea. Blackness is specifically referenced as an important aspect of this imagery. This poem presents conflict, a kind of melancholy mixed with playfulness and sensuality. Such dual imagery pays homage to the complex relationship the writer has with Mexico, a place of intense natural beauty but also with its fair share of human discord. Perhaps some of this discord can be eased by the sharing of the written word; it is clear that artists are creating this work, but the next step should be helping these artists find avenues to share it with the world.

REFERENCES

Aparicio Prudente, F. *Cállate burra prieta: poética afromistiza*. Chilpancingo: Dirección General de Culturas Populares, 1992. Print.

Apodaca Valdez, M. "Coplas y fandangos de la Costa Chica de México". *Revista de Literaturas Populares* 16: 2. (2016). Print.

Bauman, Richard. "Verbal Art as Performance". *American Anthropologist* 77: 2. (June 1975): 290-311. Print.

Branche, J. C. Ed. *Black Writing, Culture and the State in Latin America.* Nashville: Vanderbilt University Press, 2015. Print.

Kanost, L. "Viewing the Afro-Mexican Female Revolutionary: Francisco Rojas González's 'La Negra Angustias'". *Hispania* 93: 4. (December 2010): 555-562. Print.

McDowell, J. *Violence and Poetry: The Ballad Tradition of Mexico's Costa Chica.* Urbana: University of Illinois Press, 2000. Print.

Ortega, M. "Photographic Representation of Racializd Bodies: Afro-Mexicans, the Visible, and the Invisible". *Critical Philosphy of Race* 1: 2. (2013): 163- 189. Print.

Ramsay, P. A. "History, Violence and Self-Glorification in Afro-Mexican 'corridos' from Costa Chica de Guerrero". *Bulletin of Latin American Research* 23: 4. (Oct. 2004): 446-464. Print.

__. *Afro-Mexican Constructions of Diaspora, Gender, Identity and Nation.* Kingston: The University of the West Indies Press, 2016. Print.

Reyes Larrea, I. and A. Torres Díaz. Eds. Ébano: Versos costeños y poesía regional Afromestiza. Oaxaca: Secretaria de Cultura, 2006. Print.

__. *Alma cimarrona: Versos costeños y poesía regional.* Oaxaca: Dirección General de Culturas Populares, 1999. Print.

Vasquez, I. A. "The Longue Durée of Africans in Meixco: The Historiography of Racialization, Acculturation, and Afro-Mexican Subjectivity". *The Journal of African American History* 95: 2. (Spring 2010): 183-201. Print.

Vinson, B. and M. Restall. Eds. *Black Mexico: Race and Society from Colonial to Modern Times.* Albuquerque: New Mexico Press, 2009. Print.

von Germeten, N. *Black Blood Brothers: Confraternities and Social Mobility for Afro-Mexicans.* Gainesville: University of Florida Press, 2006. Print.

BIODATA

Silvia Betti is the author of numerous publications on sociolinguistic aspects of Spanish in the United States, Spanglish, youth language and SMS, new technologies applied to the teaching of Spanish as a foreign language, etc. She has given lectures, courses and seminars in various Italian and European universities (Valencia, Alcalá, Liberec -Czech Republic-, Gand and Bruxelles - Belgium), as wells as Latin American (Costa Rica) and American universities (San Antonio, New York, Denver, Harvard, Miami-FIU, Chicago, Washington DC). She is an expert consultant for of the Observatory of Spanish and Hispanic and Latin Cultures at Harvard University. Silvia Betti is a Corresponding Member of the North American Academy of the Spanish Language and belongs to its Commission for the Sociolinguistic Study of Spanish in the United States. She is the director of *Glosas*, the academic journal published by the North American Academy of the Spanish Language: https://glosas.anle.us/. She also directs the editorial series *"Cruces y bordes: la voz de la otredad. El inglés y el español en contacto en los Estados Unidos"*. Rome, Aracne: http://www.aracneeditrice.it/aracneweb/index.php/collana.html?col=CYB

Silvia Betti es autora de numerosas publicaciones sobre aspectos sociolingüísticos del español en los Estados Unidos, el *spanglish*, el lenguaje juvenil y los SMS, las nuevas tecnologías aplicadas a la enseñanza del español como lengua extranjera, etc. Ha impartido conferencias, cursos y seminarios en diversas universidades italianas, europeas (Valencia, Alcalá, Liberec -Rep. Checa-; Gand y Bruselas, Bélgica), iberoamericanas (Costa Rica), estadounidenses (San Antonio, New York, Denver, Harvard, Miami-FIU, Chicago, Washington DC). Figura entre los expertos del Observatorio del español y las culturas hispánicas y latinas en el seno de la Universidad de Harvard. Es Miembro Correspondiente de la *Academia Norteamericana de la Lengua Española* y pertenece a su Comisión de Estudio sociolingüístico del Español en Estados Unidos. Directora de la revista *Glosas* de la Academia Norteamericana de la Lengua Española: https://glosas.anle.us/. Directora de la serie editorial *"Cruces y bordes: la voz de la otredad. El inglés y el español en contacto en los Estados Unidos"*. Roma, Aracne.

Héctor Aparicio es máster en Filosofía de la Ciencia por el Instituto de Investigaciones Filosóficas de la Universidad Nacional Autónoma de México y Especialista en Literatura Mexicana del Siglo XX por la Universidad Autónoma Metropolitana. Ha realizado estudios y publicaciones sobre la ciencia en la Nueva España, principalmente acerca del periodo del diecisiete. Actualmente es doctorando en Teoría literaria por la misma Universidad Autónoma Metropolitana con un proyecto de edición de los ensayos de Agustín Yáñez.

Francisco M. Balado Insunza es investigador y profesor-tutor en el departamento de Historia Contemporánea de la UNED. Participa en grupos de investigación sobre la historia política contemporánea española, el análisis de la biografía política y la utilización del patrimonio histórico como recurso para el desarrollo territorial. Entre sus últimas publicaciones, destacan, como editor y autor, *Gumersindo de Azcárate: la conciencia democrática de una época* (2019) y, como autor, *Participación y exclusión política. Causas, mecanismos y consecuencias* (2017) e *Historia de la Corrupción Política en la España Contemporánea* (2018).

María Dolores Elizalde Pérez-Grueso es investigadora científica en el Instituto de Historia, Consejo Superior de Investigaciones Científica, donde trabaja desde 1989. Es especialista en historia internacional, sociedades coloniales y procesos coloniales y postcoloniales en Asia y el Pacífico, así como en el período histórico de la Restauración española (1875-1918) y en Historia de las relaciones internacionales en esa misma época. Sus últimos libros son *Filipinas, siglo XIX: Coexistencia e interacción entre comunidades en el imperio español* (2017), editado con Xavier Huetz de Lemps; *Gobernar colonias, administrar almas. Poder colonial y órdenes religiosas en la renovación de los imperios ibéricos* (2018), editado junto a Xavier Huetz de Lemps y Gonzalo Álvarez Chillida; *Redes imperiales: intercambios, interacciones y representación política en Nueva España, las Antillas y Filipinas, siglos XVIII Y XIX* (2018), editado con Carmen Yuste; y *The Representation of External Threats* (2019), editado junto a Eberhard Crailsheim.

José Manuel Estévez-Saá es profesor titular de la Universidade da Coruña, especialista en Estudios Anglo-Norteamericanos y Europeos. Es director del Observatorio de Política Internacional y Relaciones Transculturales (OPIRET-UDC). Doctor en Historia y Cultura de los Países de Habla Inglesa (PhD), titulado y máster en Derecho de la Unión Europea (LLM.Eur), máster en Relaciones Internacionales y Comercio Exterior (MPhil), máster en Exclusión Social, Integración y Ciudadanía (MPhil), y diplomado en Políticas Sociales e Inmigración. Dirige varios proyectos de investigación I+D+i subvencionados por el Gobierno de España. Autor de doscientas publicaciones académicas, es conferenciante habitual en Europa, Asia y América.

Antonio Fernández Martín es tutor en el Instituto Franklin-UAH. Tiene un máster en Enseñanza del Español como Lengua Extranjera por la Bowling Green State University. Es licenciado en Filología Inglesa por la Universidad de Alcalá de Henares y, en la actualidad, cursa el grado de Historia del Arte por la UNED. Está especializado en lengua y cultura española.

Fernando Gómez Herrero es doctor en Estudios Románicos (Estudios Hispánicos y Latinoamericanos) por la Duke University. Ha investigado en diferentes universidades de Europa y Estados Unidos (Stanford, Harvard, Boston y Massachussets, entre otros). En la actualidad, es profesor en la Universidad de Birmingham. Está interesado en diversos temas como las relaciones comparativas y panorámicas entre el derecho y la literatura, la historia y la crítica de la filosofía europea.

Carmen de la Guardia Herrero es profesora del departamento de Historia Contemporánea de la Universidad Autónoma de Madrid y directora asociada del programa de estudios graduados de la Spanish School de Middlebury College en Estados Unidos. En los últimos años ha recibido diferentes ayudas nacionales e internacionales –Fulbright, Gilder Lehrman in American History, y Salvador de Madariaga, entre otras– que le han permitido realizar estancias de investigación en universidades estadounidenses y europeas. Interesada en la historia cultural de la política y en los estudios de género, en la actualidad está reflexionando sobre la relación entre escrituras del yo y la disciplina histórica. Entre sus últimos libros destacan: *Victoria Kent y Louise Crane en Nueva York. Un exilio compartido* (2016); *Moving Women and the United States. Crossing the Atlantic* (2016); *Historia de Estados Unidos* (tercera edición 2012).

Miguel-Ángel Hernández Fuentes es licenciado en Teología Dogmática por la Universidad Pontificia de Salamanca y doctor en Historia por la Universidad de Salamanca con una tesis titulada *En defensa de los sagrados intereses. Historia religiosa de la diócesis de Zamora durante la Restauración (1875-1914)*. Con una veintena de artículos y colaboraciones en obras colectivas, el autor desarrolla dos líneas de investigación centradas en la historia religiosa contemporánea y en la evolución histórica de la colonia hispanoparlante de Nueva York, ciudad en la que trabajó durante cuatro años. Entre las publicaciones dedicadas a esta última área podemos señalar "Españoles y católicos en Manhattan a mediados del siglo XIX" o "Los jesuitas de St. Francis Xavier's Church y su actividad con los hispanoparlantes de Nueva York (1851-1880)".

Manuel José de Lara Ródenas es profesor de Historia Moderna en la Universidad de Huelva. Ha publicado una decena de libros dedicados principalmente al estudio del Barroco y la Ilustración, entre los que se encuentran *La muerte barroca, Estructura social y modelos culturales durante el Antiguo Régimen* (Premio de Investigación Díaz del Moral) y *José Isidoro Morales. De Andalucía a París: la vida del padre de la libertad de imprenta*. Ha dirigido la obra colectiva *Releyendo. Estudios de lectura y cultura*. Es director del Centro de Estudios Húngaros y académico correspondiente de la Real Academia Sevillana de Buenas Letras.

Marianne Leijte, licenciada en Derecho por la Universidad de Leiden (Países Bajos) y doble máster en Derecho e Historia por la Universidad Autónoma de Madrid, trabaja como investigadora en formación en el Departamento de Historia Contemporánea de la Universidad Autónoma de Madrid. Actualmente está escribiendo su tesis doctoral, bajo la dirección conjunta de Carmen de la Guardia y José Teruel, sobre la revista del exilio *Ibérica: por la libertad*.

Yolanda López López es doctora en Historia del Arte por la USC donde realizó, además, estudios de Periodismo y completó su formación con un Postgrado en Teatro y un Máster en Edición. Durante dos décadas ha trabajado en gestión cultural, investigación y programación cinematográfica. Desarrolla su labor docente en másteres universitarios y cursos de cultura española para extranjeros. Su tesis, *El Siglo de Oro en el cine y la ficción televisiva*, fue publicada en 2017. Es miembro del CEFILMUS (Centro de Estudios Fílmicos de la USC) y ejerce, en la actualidad, como crítica de cine y televisión.

Kathryn Mendez tiene un máster en Español por el Middlebury College y un doctorado en Estudios Hispánicos y Luso-brasileños por la City University of New York. A lo largo de su carrera, ha publicado poesía, crítica literaria y artículos ensayísticos sobre educación. Actualmente es la Jefa del departamento de Lenguas en el Saint Andrew's Episcopal School en Austin, Texas. Sus intereses literarios se centran principalmente en el análisis de las obras del siglo veintiuno escritas por mujeres, aunque entre sus planes tiene previsto escribir libros bilingües para niños y novelas cortas para lectores adolescentes de español.

Santiago de Pablo es catedrático de Historia Contemporánea en la Universidad del País Vasco. Durante el curso 2009-2010 fue investigador invitado en la Universidad de Nevada, Reno (Estados Unidos). Es autor de numerosos artículos y libros sobre la historia vasca del siglo XX, así como sobre las relaciones entre la historia y el cine. Entre sus libros recientes cabe destacar *Creadores de sombras. ETA y el nacionalismo vasco a través del cine* (2017) y *La patria soñada. Historia del nacionalismo vasco desde su origen hasta la actualidad* (2015).

José Ramón Rodríguez Lago es profesor titular del área de Historia Contemporánea en la Universidad de Vigo. Investigador especializado en el análisis del factor religioso en el siglo XX, con especial atención a las relaciones entre la Iglesia Católica y los Estados-Nación y a las redes transnacionales de carácter confesional (catolicismo, protestantismo, ecumenismo, teosofía...). Ha realizado estancias de investigación en el Archivo Secreto Vaticano (ASV) y el Archivo Central de los Jesuitas (ARSI) en Roma; los Historical Archives of the European Union (HAEU) en Florencia; y los de la Catholic University of America (CUA) en Washington D.C.

Coro Rubio Pobes es doctora en Historia Contemporánea (1994) y profesora titular de la Universidad del País Vasco. Sus investigaciones se sitúan en el campo de la Nueva Historia Política y de las Culturas Políticas y es autora de *Revolución y tradición. El País Vasco ante la Revolución liberal y la construcción del Estado español* (1808-1868) (1996); *La identidad vasca en el siglo*

XIX (2003); *Pedro Egaña. Discursos y escritos* (2019); y coautora de *Breve Historia de Euskadi. De los fueros a la autonomía* (2011); *Diccionario ilustrado de símbolos del nacionalismo vasco* (2012); y *La creación de las culturas políticas modernas 1808-1833* (2014), entre otras publicaciones.

Alicia Ors Ausín es doctora en Estudios Norteamericanos por el Instituto Franklin-UAH. Licenciada en Periodismo por la Universidad CEU-Cardenal Herrera. Tiene un máster en Guion de Cine y Televisión por la UIMP. Ha trabajado en Radio Televisión Española, Radio Televisión Valenciana, agencia EFE, así como en la oficina de comunicación del presidente de la Generalitat Valenciana. Asesora en diferentes proyectos de comunicación política y startups, ponente y formadora, está especializada en estrategias de comunicación online y nuevos formatos en Internet. En la actualidad ejerce como profesora de Teoría de la Comunicación en la Facultad de Comunicación de la Universidad CEU-Cardenal Herrera.

Leonor Taiano es doctoranda en Estudios Hispánicos (University of Notre Dame du Lac), doctora en Ciencias sociales y humanidades (Universidad de Tromsø), Máster en Enseñanza del Español (Universidad Pontificia de Salamanca), Máster en Lenguas (Universitá degli Studi Roma Tre) y Licenciada en Filología (Universidad de Calabria). Ha escrito varios textos relacionados con argumentos diversos, entre los que destacan sus estudios sobre el antisemitismo en 'El Buscón', la ensayística de José Ingenieros, el tema de la migración en 'Perfumes de Cartago', el mecenazgo de Gaspar de la Cerda, la literatura colonial durante la Guerra de los Nueve Años (1688-1697), el cautiverio en 'Infortunios de Alonso Ramírez', la escritura de Reinaldo Arenas, el mito del "hombre nuevo", los estereotipos en la cultura latinoamericana y la persistencia y desacralización de 'memento mori' en la cultura occidental.

Ana Varela-Lago es profesora del departamento de Historia en la Northern Arizona University. Su investigación sobre la diáspora española en Estados Unidos se centra en los espacios transnacionales y la interacción de la migración, el imperialismo, el nacionalismo y la identidad étnica y de clases. Su publicación más reciente es un volumen coeditado titulado *Hidden Out in the Open: Spanish Migration to the United States (1875-1930)* (2019).

Ana Vázquez Barrado se licenció en Geografía e Historia por la Universidad de Zaragoza, donde también realizó los cursos de doctorado en Historia del Arte. Continuó sus estudios en Italia donde se diplomó en Gestión y Conservación de Bienes culturales en la P.U.G. de Roma. Es máster europeo en Gestión y Mediación del Patrimonio Cultural, máster universitario en Traducción, Posgrado en Didáctica de las Ciencias Sociales y Experta en Dirección de Organizaciones Culturales. Lleva dos décadas trabajando en el ámbito de la acción y la gestión cultural internacional por Europa, Norte de África y EE.UU.